느낌의 위상학

느낌의 위상학

화이트헤드 사유에서의 연장적 결합 : 그 전개와 영향들

행크 키튼 지음

김영진 옮김

이문출판사

Hank Keeton

The Topology of Feeling

Extensive Connection in the The Thought of Alfred North Whitehead : Its Development and Implications

1984 by Berkeley, California

<Graduate Theological Union> PH.D 1984

느낌의 위상학

펴낸곳 / 이문출판사

(변경등록:1994. 6. 3. 제7-20호)

발행인／지경원

지은이／행크 키튼

옮긴이／김영진

초판 발행／2018년 6월 18일

주소／42425 대구시 남구 중앙대로40길 11-14 101호

／03728 서울 서대문구 모래내로24다길 15-5

전화／02) 359-8250, 053) 624-3113

팩스／02) 359-8251

값 25,000 원

ISBN 978-89-7334-157-3 93160

종교란,

변천해 가는 직접적 사물의 추이를 넘어서
배후에, 그 내부에 있는 그 무엇,

실재하는 것, 하지만
실현되기를 기다리고 있는 그 무엇,

머나먼 저편의 가능태인 것, 하지만
최고의 현재적 사실인 그 무엇,

추이하는 모든 것에 의미를 부여하는 것, 하지만
좀처럼 파악되지 않는 그 무엇,

그것의 소유는 궁극적인 선이 되는 것, 하지만
결코 손이 미치지 않는 곳에 있는 그 무엇,

궁극적인 이상이 되는 것, 그러면서도
그것에 대한 탐구가 가망이 없는 일이 되고 마는 그 무엇,

그 무엇에 대한 비전인 것이다.

Alfred North Whitehead
「Science and the Modern World」

나의 최고의 친구이자 아내인 로즈(Rose)에게

그녀는 내가 이 책을 준비하고 완성해 가는 동안
끊임없이 나를 격려하고 도와주었다.
그녀의 흔들림 없는 지지와 헌신적인 노력 덕분에
이 책은 탄생할 수 있었다.

저자의 말

1973년 가을에 글의 구성에 대한 분명한 윤곽을 잡지 못한 채, 나는 이 글을 쓰기 시작했다. 알프레드 노오스 화이트헤드(Alfred North Whitehead)의 관념들을 전해들은 이후로, 줄곧 그것들을 이해하고 해석하려고 전력을 다했다. 현재의 연구 계획은 화이트헤드의 우주론을 다루기 쉬운 규모로 만들기 위한 지속적인 노력의 과정에서 이루어진 것이다. 처음에는 뚜렷하지 않았지만 서서히 나의 생각들은 현재의 형태로 드러나기 시작했다. 이 글이 지금은 비록 작은 씨앗에 불과하지만, 앞으로 활발한 연구를 거쳐 보다 풍성한 과실이 맺히기를 바란다. 아마도 화이트헤드의 관념의 중요성은 20세기에 혹은 심지어 21세기에도 간과될지도 모른다. 그의 관념들은 이미 한계에 직면한 오늘날의 개념적 조건으로는 받아들이기가 어려우며, 25세기쯤이 되어서야 날개를 펼칠 수 있을 지도 모른다. 아마도 이 글에서 개략적으로 밝힌 연구자들의 노력이 모여서, 현재 전개 중인 우주론의 기초에 무언가를 기여할 수 있을 것이다. 그 결과 멈춤 없이 전개되는 우주론적 도식이 그 복잡성에서 벗어나서 점차적으로 이해될 수 있는 형태로 바뀌게 될 것이다. 이 목적을 위해서 나는 화이트헤드가 자신의 우주론적 실험을 해나갈 때 했던 말을 길잡이로 삼았다. "철학적 논의에서, 진술의 절대성에 관하여 독단적으로 확실시하는 가장 작은 암시조차도 오류를 드러내는 것이다"(PR xiv).

차례

원전 약어: 연대기적 순서

1898 UA : *A Treatise on Universal Algebra*

1905 MC : "*On Mathematical Concepts of the Material World*"

1906 APG : *Axioms of Projective Geometry*

1907 ADG : *Axioms of Descriptive Geometry*

1910-13 PM : *Principia Mathematica*

1910 NG : "*Non-Euclidian Geometry*" in ESP

1911 IM : *Introduction to Mathematics*

1911 M : "*Mathematics*" in ESP

1914 RTS : *The Relational Theory of Space*

1915 STR : "*Space, Time and Relativity*" in IS

1916 OT : "*The Organization of Thought*" in AE

1917 ASI : "*Time, Space and Material*" in IS

1919 PNK : *The Principles of Natural Knowledge*

1919 CN : *The Concept of Nature*

1920 ET : "*Einstein's Theory*" in IS

1922 IET : "*The Idealistis Interpretation of Einstein's Theory*" in IS

1922 PA : "*Philosophical Aspects of the Principle of Relativity*" in IS

1922 R : *The Principle of Relativity*

1922 UC : "*Uniformity and Contingency*" in IS

1923 FPS : "*The First Physical Synthesis*" in IS

1923 PS : "*The Problem of Simultaneity*" in IS

1925 SMW : *Science and the Modern World*

1926 RM : *Religion in the Making*

1927 T : "*Time*" in IS

1927 S : *Symbolism*

1927 PR : *Process and Reality*

1929 AE : *The Aims of Education and Other Essays*

1929 FR : *The Function of Reason*

1932 OS : "*Objects and Subjects*" in IS

1933 AI : *Adventure of Ideas*

1934 ICNV : "*Indication, Classes, Number, Validation*" in ESP

1937 MT : *Modes of Thought*

1939 MG : "*Mathematical and the Good*" in IS

1941 I : "*Immortaliy*" in IS

1948 ESP : *Essays in Science and Philosophy*

1961 IS : *Interpretation of Science*, ed. A. H. Johnson

서 론

화이트헤드의 우주론은 복잡하게 상호 연관된 관념과 평가들이 모인 습지로서, 다소 위압적이면서도 아주 매혹적이다. 화이트헤드의 사유와 처음 만나는 사람은 처음에는 어느 정도 호기심을 가지게 되지만 점차 혼란스러워질 것이다. 하지만 거기에서 더 나아가게 되면, 호기심이 증폭되고 처음에 기대했던 것보다 훨씬 더 강력한 흐름 속에 빠져들어 갈 것이다. 그의 철학적 전개를 철저하게 검토하려는 자는 누구나 자신의 전 생애를 걸어야 할 것이다. 왜냐하면 그의 철학적 연원이 19세기 중반에 나타났던 수학의 혁명적인 전개들까지 거슬러 올라가기 때문이다.

이 글의 목표는 화이트헤드의 주저 「과정과 실재」(PR)에서 지배적인 역할을 하는 '연장적 결합(extensive connection)'이라는 특수한 개념의 출현과 그것이 함축하고 있는 의미를 탐구하는 것이다. 화이트헤드의 저서들 속에서 이 개념만을 따로 탐구한다는 것은 복잡하게 얽혀 있는 개념들 내에서 일관된 사고를 제시하기보다는 종종 좌절감만을 안겨준다. 나는 단순한 가정에서 이 연구에 착수했는데, 그 가정의 단순성을 오해해서 결국 나 자신을 궁지로 몰아넣었다. 대부분의 경우와 마찬가지로, 다 익은 과실로 자라난 것은 그 씨앗과는 다른 유전적 유사성만을 가진 것이었다. 이 글의 과제 중의 하나는 과실이 다 익기 전에 그것을 배태하고 있는 씨앗 속의 유전인자를 가능한 한 명백하게 그려내는 것이다.

화이트헤드는 대단히 뛰어난 수학자로 알려져 있다. 그는 수학적 숙련과 통찰에 근거하여 이론 물리학과 최종적으로는 철학과 우주론의 구조를 세운다. 우리가 이 근본적인 실제 상황을 간파하지 못한다면 화이트헤드의 완성된 철학을 생겨나게 한, 그 철학의 기초가 되는 동기와 결단의 대부분을 모호하게 이해할 것이다. 그러나 화이트헤드의 전공자 중의 일부는 여전히 그의 초기 저서에 대한 자신들의 관심 부족을 은폐하기 위해서 이와는 반대되는 주장을 한다. 우리가 그의 사고의 기초를 인식한다는 것은 곧 축복이자 저주이다. 왜냐하면 축복이라는 것은 그것이 그의 사고의 도정이 특수화된 어휘와 개념적 관련을 갖고서 너무 멀리까지 나아갈 때 안내자로서 기여하기 때문이며, 저주라는 것은 그것이 그의 우주론의 내부적인 작업에 착수한 이들을 두렵게 하기 때문이다. 즉 그의 글의 대부분의 형식은 외관상 수학적인 모습을 하고 있다. 그러나 축복과 저주로서 이 기초에 관한 인식은 그의 완성된 철학적 설명을 이해하는 실마리가 될 것이다. 간단한 안내서가 없다면, 지지자와 반대자에게 똑같이 혼란을 불러일으키는 지도를 만들어서 어떤 점들은 너무 상세하게 설명되고, 다른 점들은 불충분하게 설명되고 말 것이다. 화이트헤드는 자신의 수학적 훈련과 통찰 때문에 앞으로 크게 전개될 개념적 도식에 대한 씨앗의 보호막을 갖게 된다.

동시에 화이트헤드의 수학적 배경은 장점이 되기도 하고 단점이 되기도 한다. 그것이 장점인 까닭은, 지금 전개 중인 우주론에서처럼 화이트헤드가 자신의 관심이 어떠한 활동과 관련이 있든 간에 결국에 가서는 근본적인 요인들을 탐구한다는 것에 있다. 그는 이러한 수학적인 훈련을 통해서 어떤 기획의 구조적인 특성을 추구하는 기술을 익혔으며, 다시 이러한 특성을 가장 기본적인 요인들에게로 환원하고, 마지막으로 이 요인들에서 그의 목적에 기여할 수 있는 매우 정교하거나 특수화된 최종 구조의 단계를 도출한다. 이 기본적이고 공리적인 방법이 화이트헤드에게는 제2의 천성인 것 같다. 그리고 그는 수학자로서 전념했던 기간 동안에 그 공리적인 방법을 결코 전에는 시도되지 않았던 극단까지 추구해 나갔으며, 결국에는 버트란트 러셀(Bertrand

Russell)과의 공동 작업에서 이 본성을 발휘했다.[1)]

어떠한 방법도 그 적용에는 한계가 있기 마련이다. 가령 1924년 쿠르트 괴델(Kurt Gödel)은 자신의 흥미롭고 복잡한 일련의 논문에서 궁극적인 자기—일관성에 관계하는 공리적인 방법의 약점을 비판한 바가 있다.[2)] 그럼에도 불구하고 그 공리적인 방법은 화이트헤드의 우주론을 전개하는데 매우 큰 기여를 하였다. 이 공리적인 방법의 장점은 어떤 문제에 적용해 나갈 때, 분석되는 각 여건들의 단계에서 근본적인 본성에 관해서 예리하게 주의를 기울이게 한다. 마치 그것은 어떠한 체계에서 각 요인들의 가장 기초가 되는 것을 추구하려는 환원주의자의 동기와 유사하다. 우리는 4장에서 우주론을 특징짓는 가장 기본적인 존재들의 단계를 결정하기 위해서 화이트헤드가 이 방법을 어떻게 사용하는가를 살펴볼 것이다.

그러나 화이트헤드의 수학적 배경은 이와 유사한 방식에서 적용해 보고자 한 철학적 전망에서는 하나의 단점으로 작용할 수 있다. 종종 그가 자신의 우주론을 전개하고자 할 때, 우리는 그 자신의 저서에

---

1) Alfred North Whitehead and Bertrand Russell, *Principia Mathematica*, Cambridge: Cambridge University Press, 1910-1912.
이 작품은 수학의 내용을 논리의 기초로 탐구하려는 시도이다. 이것은 근본적인 약점이 드러나는 극단적인 단계에까지 그 공리적인 방법을 적용한다. 그 방법은 오히려 이 작품이 원하는 계획이 결코 도달할 수 없다는 것을 도출한다.(이후부터는 PM이라고 한다.)

2) 1931년에 괴델은 "On Formally Undecidable Propositions of Principia Mathematica and Related System"이라는 난해한 논문을 출판한다. 이 논문은 대단히 뛰어난 것이다. 그것은 일반적인 공리적 방법, 특히 화이트헤드와 러셀의 작품에 적용된 방법에 대한 근본적인 불충분성을 진술한다. 이 중요한 논문에 대해 합리적 이해를 할 수 있도록 도와주는 글은 다음과 같다. James R. Newman, *The World of Mathematics*, New York: Simon & Schuster, 1956, pp. 1~25.

나타나는 수학적인 것과 철학적인 것 사이에서 위험할 정도로 팽팽한 긴장을 느낄 수 있다. 예를 들어 인과성 혹은 지각에 관계해서 그는 자신이 만든 언어로 진술했는데, 그것이 문장 안으로 들어가면 웬일인지 일부 독자는 그것과 다른 이미지를 상기시키거나 혹은 수학에서의 대응물을 떠올리도록 만든다. 또한 그 저서들의 이러한 이중적 특성 때문에 그는 정확하게 자신의 생각을 표현하지 못한다. 왜냐하면 그는 가끔 성가신 문법의 주-술 구조를 넘어선 관념과 느낌의 특수한 진입을 생각하고 있는 것 같기 때문이다. 결과적으로 그의 사고 훈련은 매우 모호한 것처럼 보인다. 나는 이것이 논리적-수학적 담화와 철학적 담화 사이의 표현에서 직접적인 기능의 차이 때문이라고 생각한다. 그는 주체-객체 담화를 넘어서는 자신의 사유를 표현하기 위해서 간결한 논리적 형식, 평범한 표현 방식, 및 새로이 만들어낸 관념과 어휘를 사용한다. 때때로 그 결과는 참혹하다. 하지만 어떤 경우에는 그런 시도들은 더 이상의 부연 설명 없이 명쾌하고 현명한 방식으로 제시된다. 이 정도로도 지도를 그리기는 충분할 것이다.

하지만 화이트헤드의 수학적 경력은 여전히 큰 부담으로 작용한다. 관례적으로 화이트헤드의 연구가들은 그의 개인적인 발전과정을 연대기로 기술하기 위해 그의 출판된 저서들의 피상적인 범주에 거의 전적으로 기초를 두고 있다. 나는 이것을 피상적이라고 생각한다. 왜냐하면 이렇게 나뉜 범주는 실제적으로 그의 사고의 보다 더 많은 요소들을 설명하지 못하고 간과하기 때문이다. 그의 저서의 시기들 사이의 일반적인 경계선은 관련된 작품의 수학적 성격에 기초하여 확립되었다.[3] 물론 화이트헤드의 저서에 대한 여러 가지 시기들의 구분뿐만

3) Janet A, Fitzgerald, *Alfred North Whitehead's Early Philosophy of Space and Time,* Washington, D. C.: University of America Press, 1979, pp. 1~

아니라 그 시기들의 각각에 대한 상대적인 중요성에 관해서 현재도 논쟁이 되고 있다.

화이트헤드의 대부분의 수학적인 저서들은 캠브리지에서 수행되었거나 혹은 착수되었으며, 1891년과 1913년 사이에 출판되었다. 일반적으로 이것은 첫 번째 시기로 언급된다. 1910년 학기말에 화이트헤드와 그의 가족은 런던으로 이주하였다. 그 이후 출판되었던 저서의 제목들을 간단히 조사해 보면, 우리는 그의 관심이 캠브리지의 엄격하고 수학적인 관심을 넘어서 다른 분야로 확대되고 있음을 알 수 있다. 실제로 화이트헤드 자신도 런던 체류 동안에 그의 철학적 저술이 시작되었음에 대해 인정하고 있다.[4] 그러나 나는 여기서 실마리가 되는 것은 "저술"이라는 단어라고 생각한다. 나는 그의 철학적 저술이 훨씬 더 일찍 시작되었고, 전문적인 그의 수학적 작업들과 연구 계획에 그것이 이미 표현되어 있음을 주장한다. 그의 런던 체류 기간은 제2시기로서 언급되며, 이 시기는 과학 철학으로 분류되는 1914년부터 1923년까지 출판된 자료들을 포함한다.

제3시기는 화이트헤드가 63살 되던 해, 1923년 하버드 대학 철학과에 합류하도록 초청을 받았던 시기부터 시작된다. 게다가 미국으로의 이주는 약 40여 년 전에 캠브리지에서 시작된 수학적 기초에 상당한 변화를 불러일으켰다. 철학과 교수로 임용되면서 1947년에 죽을 때까지 화이트헤드의 저서의 내용들은 쉽게 철학과 형이상학으로 범주화될 수 있었고, 적어도 본래 수학적인 것으로 받아들여지는 저서들 대부분도 이때 출판된다.

---

25. 이 책에서 여기에 대한 설명이 매우 잘 요약되어 있다.

4) 여기에 대해서는 Paul A. Schilpp이 출판한 화이트헤드의 자필 노트에 기술된 내용이다. *The Philosophy of Alfred North Whitehead,* New York: Tudor Publishing Co., 1941, p. 13.

일반적으로 구분되는 이 세 시기는 다음과 같다. Ⅰ = 수학적 저서, Ⅱ = 준 수학적인 저서와 과학 철학, Ⅲ = 철학적 저서이다. 화이트헤드의 수학적 경력이 이 범주 속에서 어떠한 역할을 했는지는 분명하다. 세 시기로 나뉘면서 그 분류의 바탕에는 근본적으로 대립되는 입장을 가진 세 집단의 연구가들이 나온다. 이 연구가들은 각 시기들 사이에서 전개된 수학적-연대기적-지리적 분류를 받아들였으나, 그 기간들 사이의 관계에 대해서는 일치하지 않는 의견을 드러내었다. 메이즈(Mays)와 로렌스(Lawrence)[5]에 의해 대표되는 첫 번째 연구가들은 Ⅰ기간과 Ⅲ기간 동안 그의 주요한 관심 사이에는 본질적으로는 큰 변화가 없었다고 주장한다. 이들은 약간의 변화가 있기는 하나, 실제적인 화이트헤드의 관심은 캠브리지에서의 대학원생 시절의 저서를 통해서 확립되었으며, 이것은 죽을 때까지 큰 변화 없이 지속된다고 주장한다. 즉 MC의 주제는 PR과 MT에서조차 직접적으로 유사하고 본다.

한편, 본질적으로 약간의 변화를 인정하는 연구자들이 있다. 그들은 사실상 화이트헤드가 그의 방향, 지향점, 그리고 형이상학적 관심을 바꾸었지만, 그것들의 연속성과 결합성은 훼손하지 않고 아주 약간만 바꾸었다고 주장한다. 팔터(Palter)와 로위(Lowe)[6]가 이러한 주장을 한 대표적인 인물이다. 세 번째 연구가(전혀 예기치 않았던)들은 화이트헤드가 사실상 그의 형이상학적 전망을 Ⅰ시기와 Ⅲ시기 사이에서 상당히 바꾸었으며, 세 시기들 중의 어떤 시기이든 그 시기의 요소들을

5) Wolfe Mays, *The Philosophy of Whitehead*, New York: Macmillan, 1959, 그리고 Nathaniel Lawrence, *Whitehead's Philosophical Development*, Berkeley: University of California Press, 1956.

6) Robert M. Palter, *Whitehead's Philosophy of Science,* Chicago: University of Chicago Press, 1960, 그리고 Victor Lowe, *Understanding Whitehead,* Baltimore: Johns Hopkins Press, 1966.

이해하려고 노력할 때에는 이 시기들 사이의 급진적인 변화를 설명해야만 한다고 주장한다. 이를 대표하는 연구가들은 레클레어(Leclerc)와 플라몬돈(Plamondon)[7]이 있다. 그런데 나는 이 연구자들의 상이한 입장에 대해서 어떤 관심도 갖고 있지 않으며, 다만 이 글에서 위의 각 입장들에 관한 기본적인 방향만을 제시했다.

나는 이 모든 연구자들이 화이트헤드의 연구에 근본적으로 기여했다고 보며, 그것을 인정한다. 한 연구가는 화이트헤드의 시기구분에 대한 근본적인 재검토가 그의 사상만큼이나 중요하다고 말하였다. 그러나 나는 규준화된 연대기적 역사적 도구를 적용하려는 노력에 큰 의미를 두지는 않는다. 주체와 객체를 분리함으로써 시간과 공간이 분리되고 결과적으로 실재의 균열로 점차적으로 이끌어 가면서, 가끔 화이트헤드의 해석은 치명적인 손상을 입었다. 화이트헤드의 형이상학 전체는 이러한 분리를 거부한다. 주체와 객체라는 근본적인 전제들은 철학적 전통에서는 아리스토텔레스의 철학에 연원을 두고 있다. 화이트헤드는 이 전개를 자연의 이분화(bifurcation of nature)[8]라고 말한다. 화이트헤드가 "이분화"라는 용어를 사용하고, 또 주체와 객체에 관계된 용어들을 사용하면서, 이들이 발달되고 충분히 적용 가능하지만 전체적으로는 불충분하게 해석될 수 있는 도구라는 기본적인

---

7) Ivor Leclerc, *Whitehead's Metaphysics* London: George Allen and Unwin, 1958, Ann L. Palmondon, *Whitehead's Organic Philosophy of Science,* Albany: State University of New York Press, 1979.

8) 자연의 이분화에 대한 화이트헤드의 개념은 단순히 일시적인 분석과는 다른 목적을 위해 실재의 요소들을 분리하는 기능에 대한 화이트헤드의 불신에서 비롯된 것이다. 그는 이 개념을 1919년에 언급했으며, 그의 동태적 우주론에 그것을 결부시켰다. 화이트헤드의 *The Concept of Nature*를 참조하라. Cambridge: Cambridge University Press, 1955, pp. 26-48. (이후부터는 CN이라고 명명한다.)

한계를 지적할 때, 나는 화이트헤드에 관한 것을 전달하는 데 있어서 핵심적인 문제에 다다르게 된다. 즉 그것은 언어이다.9)

다른 연구가와 마찬가지로 나는 언제나 화이트헤드가 실재라고 한 것을 이해하기 위해서 계속 노력하는 동시에, 그것을 보다 더 생산적인 것으로 바꾸기 위해 의식적으로 노력했다. 나는 앞에서 "시기"라는 용어를 언급했으나, 이제까지 개념적, 언어적 훈련에 의해서 나의 한계를 설정했던 것과는 다른 방식에서 "시기"를 생각하려고 시도한다. 나는 마틴 하이데거(Martin Heidegger)가 그의 저서 「사유는 무엇인가?」(*What is Called Thinking?*) 그리고 「사유에 대한 이야기」(*Discourse on Thinking*)에서 논의했던 것과 동일한 어려움에 봉착하게 되었다. 이 저서들의 주제는 사유에 관하여 말하지 않거나 혹은 생각하지 않음으로써, 그것은 정확하게 획득되고 설명된다는 것이다. 우리가 사용하는 도구, 즉 언어와 사유의 개념적 구조가 화이트헤드 형이상학의 주된 요소들 속에 전혀 없는 것은 아니지만, 그것이 그의 철학 속에서 거의 발견되지 않을 때 어떻게 화이트헤드를 이해할 것인가? 나는 이 글에서 그 문제에 관한 대답을 얻는 데 조금이나마 도움을 주고 싶다.

화이트헤드의 우주론은 변화(change)의 형이상학이다. 그럼에도 불구하고 설령 변화가 있었다고 하더라도 화이트헤드가 일생 동안 두드러지게 변하지 않았음을 주장하는 연구자들이 있다. 또한 그의 초기 저서가 후기 저서보다 적절치 못하다고 의미를 단정짓는 것 역시 정적인 우주에 머물기를 선택한 이들에게만 어울리는 평가이다. 화이

9) 화이트헤드는 공식적으로 언어의 불충분성에 대해서 비판하였다. 특히 그는 *Process and Reality*, New York: The Free Press, 1978, pp. xiii, 12, 324에서 그 같은 비판을 감행하고 있다. (이후부터는 PR이라고 부른다.)

트헤드의 저서 속에서 어떤 변화를 이해하기 위하여, 우리는 그 변화를 그의 세계 안에서 찾아야만 한다. 그것은 변화하는 우주이다. 이러한 방식에서 그가 어떠한 변화를 받아들였든 간에 이 변화는 그 이전 시기의 관점에서만 의미가 있다. 일부가 주장하는 바대로, 만약 우리가 Ⅲ시기의 저서들만 고려할 것을 주장한다면—왜냐하면 그 저서들이 화이트헤드에게 변화의 형이상학의 마지막 단계를 반영하기 때문인데—우리는 그의 사고의 최초의 요소들을 통찰하지 못함으로써 그 변화의 중요성을 놓치게 될 것이다. 만약 우리가 화이트헤드의 용어로 형이상학을 하고자 한다면, 우리는 그것의 중요성을 결정하는 어떤 최종적인 이미지에만 단순히 의존할 수는 없다. 우리는 변화의 요소들과 대비되는 불변의 요소들을 계속 유지하는 것으로, 변화하는 전체를 파악해야만 할 것이다.

이 글에서 집중적으로 검토하고자 하는 것은 화이트헤드의 우주론에서 수학적 배경이 장점으로서의 좋은 사례가 되는 여러 가지 요소들에 관한 것이다. 또한 이와 더불어 이 글은 그의 수학적 배경이 부담이 되는 여러 요소들을 고찰해서 부족한 점을 보완하고자 한다. 물론 이 글에서는 화이트헤드의 수학적 통찰의 범위와 깊이를 설명하고 적용시키지는 않을 것이다. 그것은 나의 능력을 넘어서는 일이다. 이 글은 결합(connection, 이것이 발전된 형태가 연장적 결합이 된다)이라는 근본 개념과 연속(continuity)이라는 개념을 다루는 것으로 제한할 것이다. 우리는 철학적으로나 수학적으로 이 개념들에 대한 역사적 재구성을 시도하지는 않을 것이다. 그것을 탐구하는 것은 이 글에서 설정한 범위를 넘어서는 일이다.

화이트헤드의 도식에서 결합과 연속의 개념들을 제외한 다른 개념들과 요소들이 그 도식의 구조에 명백하게 관련될 수 있듯이, 이 두 개념들이 그의 우주론에서 핵심적인 구조로 충분히 기여할 수 있다는 점은 아직까지 알려지지 않았다. 이 글에서는 결합과 연속의 개념의 관점에서 그 도식의 구조를 해명함으로써 어떤 결과가 일어날 수 있는지를 밝혀보고자 한다. 이러한 시도가 화이트헤드 자신의 범주적 조건들과 결부되어서 그 특성이 전개된다는 점을 알아야 할 것이다. 예를 들면, 사건-우주론에서와 기계적 우주론에서의 결합 개념의 역할이 다르다는 것이 드러날 것이다. 결합(connection)의 메커니즘은 연결의 동력학(dynamics)에 부차적인 것이다. 이것은 연속(continuity)에 있어서도 마찬가지이다.

화이트헤드가 도제수업을 받은 전문적인 수학자이었음을 잊어서는 안 된다. 그는 수학과 물리학의 교수에서 물러난 후에야 비로소 강의 형식으로 자신의 철학적 관념을 공식적으로 제시하기 시작했다. 1914년에서 1924년까지 그의 관심들이 광범위한 대화와 연설, 출판을 위하여 특별하게 쓰인 저서들 속에서 표현되고 있음을 발견할 수 있다. 다른 분야에 대한 관심과 이해력은 그의 수학에 대한 도제수업과 그것의 뛰어난 능력이 바탕이 된 것이다. 만약 이것을 간과한다면, 화이트헤드의 저작들에서 이 사실이 떠받치고 있는 명백한 설득력을 즉시 잃게 될 것이다. 화이트헤드의 연구가들 대부분이 그의 수학에 관해서는 탐구하지 않으려고 한다. 그러나 만약 우리가 그의 수학적 기초를 탐구하지 않는다면, 그가 갖는 전체의 진가를 보지 못하고 말 것이다. 또한 화이트헤드의 유기체 철학은 전체에 관한 것이다. 하지만 이 글에서는 어떤 형태로든 화이트헤드의 수학 혹은 논리학을 탐구하지는 않을 것이다. 다만 화이트헤드의 철학적 개념과 그것의 발전과정을 탐구해 나가면서 이들의 이해와 관련될 때만 수학을 다룰 것이다. 이런 맥락에서 이 글에는 수학적 표기법, 수학 이론에 대한 참고 문헌, 본성적으로 명백하게 수학적인 기술, 의역, 그리고 어휘가 나올 것이다. 그렇다고 독자들은 그것에 대해 낙담하거나 혹은 당황할 필요는 없다. 그런 구절들은 상대적으로 단순하고, 이 글의 주제가 전개하는 논증의 길을 자연스럽게 만들어 줄 것이다.

수학적으로 표현된 화이트헤드의 철학적 전개에서 의미 있는 요소들 중의 하나는 **공간의 동력학**(dynamitization of space)이라는 개념이다. 이것은 시간의 **동적인**(dynamic) 성격을 크게 강조하면서 동시에 시·공간이라는 전통적으로 분리된 두 개의 개념들을 결부시킨 것이다. 이러한 철학적이고 수학적인 전개는 아이슈타인의 특수 상대성 이론의 직접적 결과이며, 더 나아가서 그의 수학 선생인 헤르만 민코프스키(Herman Minkowski)에 의해서 이루어진 것이다. 화이트헤드는 이들과 비슷한 직관을 공유하며, 이 전개를 매우 진지하게 받아들인다. 화이트헤드의 철학적 전개 과정을 고려하기 위해서는 시공간의 동적인 연결에 대한 그의 이해를 설명할 필요가 있다. 즉 그것은 **공간의 동력학**이다. 앞으로 이 개념에 관해서 언급할 경우에는 보다 상세하게 설명할 것이다. 지금부터 독자들은 새로운 방식으로 사용된 낡은 단어와 어구들뿐만 아니라 새로운 단어들과 어구들에 의해 표현되는 새로운 개념을 받아들여야 한다.

이 글에서 제시된 화이트헤드 저서의 약어표는 이 글을 읽기 쉽도록 하기 위한 것이다. 여러 경우에서처럼, 초기의 참고문헌을 모두 다 인용한다는 것은 이 글이 전개해 나가는 사고의 흐름을 방해할 수 있다. 그 밖의 경우에도 그것을 다 인용해서 고생할 필요는 없다. 이와 같은 여러 가지 이유들로 인해서, 이 글 속에서 화이트헤드의 저서들 중의 하나를 언급해야 할 경우에는 여기서 정한 표기법이 사용될 것이다. 인용되는 저서는 약어표에 적혀진 약어와 동일하다. 예를 들면,

「과정과 실재」(*Process and Reality*)는 (PR)로, 「과학과 근대 세계」(*Science and the Modern World*)는 (SMW)로 줄여서 사용할 것이다. 개개의 페이지에 대해서는 괄호 속에 페이지 수를 적는다. 즉 (PR 352), (SMW 49)의 형태로 줄여서 표기할 것이다. 페이지 수에 사용된 특정한 판들은 참고문헌에 있다. 몇몇 특수한 경우에는 이해를 돕기 위해 그 자료가 처음 제출된 연도를 실을 것이다. 이 또한 동일한 형태를 취한다. 즉 (1927: PR 352)라는 형태로 표기된다. 여기서 1927년이라는 해는 그 저서의 최초 발표 년도이며, 출판 년도가 아니다. 이 저서는 1927-1928 사이에 기포드 강의로서 에딘버그 대학(University of Edinburgh)에서 행해진 강의가 약간의 변화와 편집을 거쳐서 1929년 말에 「과정과 실재」로 출판된 것이다. 그러나 앞에서 언급된 페이지 수는 실제로 1978년 개정된 판에 해당되는 것이다. 이러한 인용 방식을 언급하는 것은 출판의 역사적 설명을 위해서가 아니라, 개념의 전개에 대한 정확한 역사적 맥락을 전달해 주기 위해서이다.

일부 장에서, 그 장의 제목인 첫 번째 개념은 이 글의 전반적인 목표에서 제시된 순서에 따라서 두 번째, 세 번째 개념을 요구한다. 두 번째 개념을 쉽게 나타내기 위하여, 부제를 각각의 장들에 제시했다. 부제목은 언제나 각 장의 목적으로부터 두 번째 개념이 나타나는 것을 강조하는 역할을 할 것이다. 어떤 부제는 간단하지만, 어떤 부제는 보다 더 많은 것을 포함하고 있다. 우리는 각 장의 주된 목적을 명심해야 한다. 왜냐하면 각 장의 구분은 그것의 고유한 전망이 이 글의 전반적인 규모 내에서 유지되는 것에 있기 때문이다.

여기에 나오는 화이트헤드의 저술과 그에 대한 연구서들은 연장적 결합이라는 개념에 대해서 논의하고 있다. 이 연구서들은 화이트헤드의 창조적인 생애 중 일부를 다룬 것이다. 그런데 화이트헤드의 생애를 체계적으로 설명하기 위해서는 현재 나와 있는 연구서들을 넘어 그의 철학적 발전에 대한 훨씬 광범위한 조사가 진행될 필요가 있다. 이 글은 여러 시기에 속하는 연구서들을 다룰 것이지만, 그것들이 취하고 있는 개별적인 입장에 대한 세부적인 분석을 행하지는 않을 것이다. 여기서 중요한 점은 연구서들이 그 이상의 언급을 위해서 강조된다는 것이다. 우리가 염두에 두어야 할 것은 범위가 한정되고 유지될 때에만 이 글이 성공할 수 있다는 것이다. 즉, 이 글에서 연구서들 간의 차이점을 논하지 않는 이유는 범위를 한정하기 위해서이다.

이 서론을 안내서로 삼아서, 우리는 알프레드 노오스 화이트헤드의 사유에 있어서 연장적 결합의 전개와 함축된 의미를 탐구해 볼 것이다.

제1장

의미관련의 학설

- 연장적 결합의 직관 -

이성에 대한 신념이란,

사물의 궁극적인 본질들은 독단에 지나지 않는다는 사실을 배제하면서 서로 결부되어 조화를 이루고 있다고 하는 믿음을 말한다.

또한 그것은 사물의 밑바닥에 어떠한 독단적인 신비도 존재하지 않는다고 하는 신념이기도 하다.

과학의 발달을 가능하게 해왔던, 자연의 질서에 대한 신념은 보다 깊은 신념의 한 가지 특수한 사례이다.

이러한 신념은 어떠한 귀납적 일반화로도 정당화될 수 없다. 그것은 우리 자신의 현재의 직접 경험에 나타나는 사물들의 본질을 직접 통찰함으로써 생기게 되는 것이다.

우리는 우리 자신의 그림자로부터 떠날 수 없다.

이러한 신념을 경험한다는 것은 우리가 우리 자신 이상의 것임을 인식한다는 것을 말한다.

즉 그것은, 우리의 경험이 흐릿하고 단편적이긴 하지만 실재의 가장 깊은 곳을 타진한다는 사실,

흩어져 있는 개별적인 것들은 그것들로서 단순히 존재하기 위해서도 한 사물 체계의 부분을 이루어야만 한다는 사실, 또한 이 체계는 논리적 합리성의 조화 및 미적 성취의 조화를 포함한다는 사실, 덧붙여 말하면,

논리의 조화는 냉혹한 필연성으로서 우주에 깔려있는 데 반해, 미적인 조화는 우주가 보다 섬세하고 보다 미묘한 것을 산출하려고 하면서도 지속적으로 이를 실현시키지 못하곤 하는 그 우주의 전반적인 흐름의 방향을 마련해 주는 살아 있는 이상으로서 그 우주를 향해 미소짓고 있다는 사실 등을 인식하는 것을 말한다(SMW 27-8).

근본적 요인들에 대한 화이트헤드의 탐구

이 장의 목적은 화이트헤드가 사유를 전개할 때 근본적 요인에 대한 뚜렷한 방향성이 있다는 사실을 보여주는 것이다. 특히 그가 수학을 연구하던 시기에 초점을 맞출 것이다. 1898년 그는 대수학의 기초를, 1900-1910년 사이에는 논리학의 공리에 대한 산수의 기초를, 1910-1925년 사이에는 시간, 공간, 그리고 물질의 기초를, 1927년에는 경험의 세계에서 의미의 기초를 탐구하였다. 이 근본적 요인을 향한 활동의 결과로서 의미 관련의 학설(the Doctrine of Significance)이 나오는데, 그것은 이 장에서 매우 잠정적이고 암시적인 형태로 드러낼 것이다. '연장적 결합'(extensive connection)이라는 개념은 의미 관련 학설에서 구조적으로 주된 요인이 되며, 1장에서는 연장적 결합이라는 개념의 전개에 기여하게 될 아주 독창적인 관념들을 소개할 것이다.

화이트헤드의 수리 철학은 「수학 입문」(*An Introduction to Mathematics*)이라는 작고 간결한 책에 훌륭하게 요약되어 있다. 이 책에서 화이트헤드는 수학의 기본전제들을 약술하고, 과학의 가장 일반적인 의미를 전달하는 기본전제들의 특징을 강조한다. 그는 그 책에서 다른 수학자가 다르게 생각할 수 있는 수학의 어떤 양상들을 포함하고 배제함으로써 자기 자신의 철학을 특징짓는다. 이 저서에서 그가 포함한 것은 관계의 학이며, 이것은 새로운 수학에 대한 그의 경향에 대한 분명한 표현이다. 반면에 그가 배제한 것은 수와 양의 수학이며, 이것은 낡은 수학으로부터 벗어나는 것이다.[10]

10) A. N. Whitehead, *A Treatise on Universal Algebra*. Cambridge:

나는 화이트헤드의 수학 저서를 통해서 그의 수학의 기초를 명확히 설명하고 이해시키려는 강한 충동을 느낀다. 그는 자신의 초기 저서를 통해서 기하학의 여러 양상에 초점을 맞추었으며, 기하학의 기초적인 본성을 제공하기 위하여 보편 공간(generalized space)을 탐구하였다. 그러나 1905년 "물질 세계의 수학 개념들에 관하여"(On Mathematical Concept of the Material World)라는 논문에서, 화이트헤드는 수학의 기초를 기하학보다는 논리학으로 파악하였다는 분명한 증거를 제공한다. 물론 이러한 시도의 결과로서 논리학이 수학의 기초적 본성으로 인정되는 「프린치피아 마테마티카」(*Principia Mathematica*)라는 러셀과의 공동작업 속에서 그것은 최고점에 도달하였다. 그러나 PM에서 사용된 공리적 방법의 약점, 논리학이 수학의 참된 의미라는 주장의 결과, 그리고 러셀의 유형 이론(theory of type)에 대한 점증하는 불만 때문에 기하학에 관한 네 번째 책이 완성되기도 전에, 그들의 공동 작업은 종결되었다.[11] 전하는 바에 따르면, 화이트헤드의 사후에 그의 부인이 출판되지 못한 그 미완성 원본을 파기시켜서 이용할 수 없게 되었다는데, 이것은 슬픈 일이다. 필자의 생각으로는 대부분의 화이트헤드의 원숙한 기하학적 통찰은 그 미완성 원본에 포함되어 있을 것으로 추정된다. 그래서 이 글의 과제는 그 통찰의 일부가 무엇이었는가를 살펴보는 일이다. 그러나 화이트헤드가 학문을 탐구한 최초의 시기, 그의 관심은 기하학이다. 따라서 우리가 볼 때, 그의 원숙한 철학적 저서들에서 기하학은 러셀과의 공동작업이 끝난 후에도 오랫

Cambridge University Press, 1898, p. viii. 이후부터는 UA라고 표기할 것이다. *Essays in Science and Religion*, London: William Brendon & Son, 1948, p. 201.

11) Granville C. Henry, Logos, *Mathematics and Christian Theology*, London: Associated University Press, 1976, pp. 241-249.

동안 그의 사고에 계속해서 영향을 주었다.

1898년에 화이트헤드는 수학의 특정한 한 분야(19세기의 새로운 대수학)를 이해하는 일정한 기초를 제공하기 위한 지속적인 노력의 결과로서 그의 첫 번째 저서, 「보편 대수학과 그 응용에 관한 논문」(*A Treatise on Universal Algebra with Applications*)을 내놓았다. 여기서 그는 "여러 가지 대수학에 대한 해석의 일정한(uniform) 방법을 형성"하려고 시도하였다(UA, v). 화이트헤드는 해밀턴(Hamilton), 그라스만(Grassmann), 그리고 부울(Boole)에 의해 수립된 새로운 대수학적 체계가 회의적이라기보다는 오히려 이것이 이전의 대수학의 기초와 결합해야 한다고 생각했다. 이러한 결합을 완성시키기 위해, 그는 이전의 대수학과 새로이 수립된 여러 대수학이 공유하는 근본적인 기초를 탐구하였다. 화이트헤드의 철학적 전개와의 관계 하에서 볼 때, 대수학들 사이의 결합의 기저에 있는 일정성(uniformity)에 대한 그의 관심은 이러한 방향의 중요성을 이해하는 실마리가 된다. 앞으로 우리는 일정하고 근본적인 구조를 밝히고 이해하기 위한 화이트헤드의 이 직관적인 충동이 그의 다양한 경력을 통하여 얼마나 중요한 역할을 하는가를 살펴볼 것이다. 화이트헤드에게 일정성은 결합성(connectivity)과 연속성(continuity)의 개념의 기저에 놓여 있으며, 또한 아인슈타인의 중력 이론과 화이트헤드의 이론 사이의 차이점으로서 그것은 그의 과학철학에서 주요한 위치를 차지한다.

UA[보편대수학]와 그의 과학 철학 및 형이상학의 저서들을 통하여 반복되는 또 하나의 주제는, 어떠한 개념적 도식이든 그것이 경험적으로 적용될 수 있어야만 한다는 관념이다. "수학의 이상은 모든 사고의 영역 내지 외적 경험과 관계해서 추론을 용이하게 하는 계산을 정립하는 것이다. 또한 이를 통해서 사고 혹은 사건의 연속이 분명히 규정되고 정확히 진술될 수 있다"(UA viii). 사고와 관련된 추론과 경험과 관련된 추론 사이의 상호 작용은 화이트헤드의 거의 모든 저서 곳곳에서 여러 양상으로 제시되어 있다. 우리는 화이트헤드가 수학에서 철학으로까지 자신의 다양한 탐구를 성취시킬 수 있었던 기본적인 직관들 중의 하나로서 경험주의를 들 수 있다. 사실 1928년 「이성의 기능」이라는 짧지만 아주 중요한 것을 담고 있는 저서를 출판하였을 때, 화이트헤드는 위에서 말한 이성의 두 가지 영역의 관점에서 자신의 원숙한 철학의 가장 근본적인 범주(창조성이라는 궁극자 범주, 혹은 존재들 사이의 벡터 관계들)를 그 책에서 요약한다. 두 가지 이성의 영역이란, 사유의 영역에서 사용되는 방법을 특징짓는 사변적 이성과 경험의 영역에서 사용되는 방법을 특징짓는 실천적 이성이다.

> 수학적 정의는 존재론적(existential) 의미를 갖거나 약정적(conventional) 의미를 갖는다. 존재론적 의미를 갖는 수학의 정의는 순수한 추상 행위의 결과이다…. 약정적인 수학의 정의는 존재론적 의미와는 다르다. 이것은 상상력의 작용을 통해서 충분히 한정되고 자기모순이 없는 관계 유형들을 갖는 사물의 집합을 우리에게 제시한다. 중요한 수학이 약정적 정의가 되기 위해서는, 약정적 정의에 의해 창조된 존재들은 존재하는 사물들의 성질들과 어떤 유사성을 지녀야만 한다(UA vii).

이 인용의 저변에 놓인 직관은 사유와 경험의 영역이 서로 얽혀서 분리되지 않는다는 사실이다. 화이트헤드의 우주론에서 근본 주제가 되는 두 영역 사이에는 활동적 관계가 있다. 즉 창조성이 유기체 도식에서 물리적 파악과 개념적 파악을 묶는다. 화이트헤드에 따르면, 수학의 이상이 실현되려면 수학의 약정조차 경험에 적용될 수 있어야만 한다. 화이트헤드는 거의 모든 수학적 정의를 경험의 영역에서 추상시키는 대신에, 약정을 사용할 때는 가장 최소한도로 그 사용을 제한하려고 노력했다. 그가 이용한 이 방법을 연장적 추상화의 방법(the Method of Extensive Abstraction) 혹은 범위가 축소된 수렴의 원리(the Principle of Convergence with Diminution of extent)라고 부를 것이다. 그러나 상상력의 도구로서의 약정은 「과정과 실재」에서 혼성적 물리적 파악(hybrid physical prehensions)과 개념적 발생(가치평가)으로서 작용할 것이다. 상상력의 도구로서의 약정은 존재론적 의미를 가진 수학의 정의들과 그 정의들에서 전개되는 실천적인 이성과의 활동적 관계에서 새로움의 유효성을 드러낼 것이다.

화이트헤드에게서 수학의 이상은, 존재론적인 수학적 정의와 이것과 유사성을 가진 상상적이고 약정적인 수학적 정의에 근거해서 경험과 사유 양쪽에서 이성을 용이하게 하는 근본적 도식을 창출하는 것이다. 이성의 도식은 존재론적(혹은 실천적)인 것과 상상적인(혹은 사변적) 것을 결합한다. 이것은 하나의 도식을 두 개로 이원화한 것이 아니며, 오히려 이 두 개가 상호 작용하는 구성요소들의 관점에서 활동적인 하나의 도식을 분석하는 것이다. 구성 요소들 사이의 관계성이라는 개념은 3장에서 별도로 진술될 것이며, 활동의 개념 혹은 공간의 동력화는 4장에서 설명될 것이다. 여기서 화이트헤드의 수학을 살펴보면, 그의 원숙한 철학적 전개와 수학이 직접적으로 관련되어 왔다는 사실을 알 수 있을 것이다. 그는 존재론적이고 상상적이라는 양 측면에서 이성의 계산으로 수학을 보았다. 그는 존재론적 이성과 상상적 이성을 분리하지 않았으며, 이성의 이 두 가지 측면의 활동을 일정하게 떠받쳐 줄 만큼 충분히 넓고 일반적인 수학적 기초를 탐구하였다.

화이트헤드가 이와 같이 탐구한 증거로서는 그의 모든 저서에서 볼 수 있다. 나는 이 글을 전개할 때, 그것과 관계된 예비적인 여러 가지 실례들을 보여줄 것이며, 특히 「이성의 기능」이라는 책에서 간결한 실례를 찾아볼 것이다. 「이성의 기능」에서 화이트헤드는 실천적인 것으로 존재론적 이성을 기술했고, 사변적인 것으로 상상적 이성을 기술했다. 이는 작용인(efficient causation)과 목적인(final causation)의 경험에 각각 영향을 미친다. 이성의 기능은 인과성의 기능에 상응한다. 경험의 산출에서 작용인의 존재론적 의미와 목적인의 상상적 의미가 상호 작용하는 어떤 통합된 인과적 도식에서, 우리는 행위를 통해서 그것들을 가장 분명하게 드러낼 수 있다. '활동'이라는 개념보다는 못하나, 우리는 '욕망'(desire)을 통해서도 그 관계를 드러낼 수 있다.

UA에서 새로운 것과 이전의 대수학을 통합하기 위한 매개물은 공간에 대한 보편화된(generalized) 개념이다. 기하학에서 직접적으로 산출된 공간의 보편화된 개념이라는 것은 물리적 사례 내지 설명으로서가 아니라 관계의 기초를 제공하기 위해서만 고려되었다. 엄격히 말해서 수학적 공간은 물리적인 공간과 유사한 관계만을 지닌다. 화이트헤드에게서 "가장 넓은 의미에서 수학은 형식적, 필연적, 연역적 추론의 모든 유형들을 전개하는 것이다"(UA vi). 공간의 보편화된 개념은 그 체계적인 추론의 전개에 대한 기초로 사용하기 위해 기하학으로부터 자연스럽게 추가된 개념이다. UA가 출판된 후 2년도 되지 않아서, 화이트헤드와 러셀은 귀세페 페아노(Guiseppe Peano)의 기호 논리학을 발전시켰으며, 공동작업을 통해 그들은 보편화된 공간보다도 논리학의 영역 내에서 수학의 기초를 발견하는 일에 착수했다. 앞에서 언급했듯이 그들의 공동작업은 그 당시의 다른 어떤 체계적인 연구보다도 훨씬 더 상세하게 논리학의 기초를 탐구한 것이었으며, 불후의 작품인 PM(*Principia Mathematica*)을 내놓을 수 있게 되었다. 그들은 공동작업이 한계에 다다랐을 때 자연스럽게 결별한다. 왜냐하면 그들은 PM의 성과에 관해서 다른 결론을 끌어내었기 때문이다.

1905년의 화이트헤드의 기하학적 방향

PM의 시기인 1905년 12월 7일에 화이트헤드는 런던에서 왕립 협회의 회원으로 선출되어 기념연설을 하게 되었다. 그는 이 연설에서 당시에는 특별한 명칭이 없었던 과학(나중에 위상학[topology]이라고 명명된다)에 포함된 근본적인 공리들을 제시하였다. 이때 그는 자기 자신이 직관적으로 그것을 이해하고 있음을 보여주는 명백한 증거를 제시하였다. 그곳에서 발표된 "물질 세계의 수학적 개념들에 관하여"(On Mathematical Concepts of the Materials World[MC])라는 논문은, 이후에 그의 과학 철학과 우주론에서 꽃을 피울 근본적 관념들의 대부분을 제시하고 있다. 이 논문이 기여한 바는, 먼저 화이트헤드의 이후의 작업 전개 과정을 예시해 준 것이며, 아울러 그의 수학적 기초를 탐구하는 방식이 이전의 저서에서 보이는 '공간의 보편화된 개념'에서 '논리학의 원리'로 바뀌었음을 보여준 것이다. 현재 위상학에서 사용되는 연속(continuity)과 결합(connection)의 관념은 MC에서 두드러지게 사용되고 있다. 이것은 화이트헤드의 후기 저서에서 이 개념들이 사용되고 확장되는 것이 단순히 우연적으로 발생하지는 않았다는 점을 보여주는 것이다.

일부 화이트헤드의 연구자들의 관점에 따라서 MC에 관한 몇 가지 훌륭한 논의들이 존재한다.[12] 화이트헤드 자신은 MC를 자신의 최고

---

12) Wolfe Mays, "The Relevance of 'On Mathematical Concepts of the Material

저서 가운데서 하나로[13] 평가했을 뿐만 아니라, 화이트헤드 연구가들도 그 저서를 그의 학문적 시기 동안에 중요한 분기점이라는 데에 대체적으로 동의한다. 하지만 이러한 논의는 신중하게 진행되어야 할 것이다. 여기에서 화이트헤드가 저서를 저술한 하나의 방법론이 드러난다. 여러 경우에서 화이트헤드는 한 저서에 대한 해석에 이어서 그것을 요약한다. 예를 들어서 「과정과 실재」 이후에 나온 「관념의 모험」(*Adventures of Ideas*)과 「이성의 기능」(*The Function of Reason*)이 이런 경우에 해당한다. 이 저서들의 일반적인 개념들과 요약된 형태는 PR의 복잡한 관념들을 쉽게 풀어 쓴 것이었다. 그리고 이 저서들을 통해서 화이트헤드는 일반 독자에게 쉽게 다가갈 수 있게 되기를 희망했다.

더욱이 「자연 인식의 원리」(*The Principles of Natural Knowledge* [PNK])에 이어서 거의 정확하게 대등한 노력이 들었던 「자연의 개념」(*The Concept of Nature*[CN])은 PNK의 전문적인 형태보다도 읽기 쉬운 양식으로 바뀌었고, 이와 더불어 화이트헤드는 중요한 몇 가지 항목들을 고쳐 나갔다.

또한 「상대성 원리」(*The Principles of Relativity*) 이후에 두 개의 논문, 즉 "아인슈타인 이론의 관념론적 해석"(The Idealistic Interpretation of Einstein's Theory)과 "상대성의 철학적 양상들"(Philosophical Aspects of Relativity)이 나오는데, 이것들은 수학의 특수 용어와 공식들로 되어있는 「상대성 원리」(R) 속의 대부분의 내용들을 요약한 것이다. 비록 이러한 방법론을 실행하는 것이 큰 의미를

---

world' to *Whitehead's Philosophy*"를 참조하라. 그리고 Palmondon, pp. 9~13, Lowe, pp. 157~175, *The Relevance of Whitehead*를 참조하라. Ivor Leclerc, New York: Humanities Press, 1961, pp. 235~262.

13) Lowe, p. 157.

가진다고 할 수는 없지만, 우리는 이 방법론을 따를 수 있으며, 어쨌든 MC이후에 출판된 저서들이 이러한 중요한 기획에 무엇을 밝혀주는가를 알아보기 위하여 이를 조사할 수 있다.

주목해야 할 점은, 연속적으로 출판된 이 저서들과 그 속의 관념들이 PM의 논리학과 동시적으로 발생했다는 것이다. 사실상 MC라는 저서는 러셀과의 공동 노력으로 논리적 기호체계가 처음으로 완성되는데 기여한 것이라 할 수 있다. 또한, 1910년 PM의 1권에서 비로소 MC의 발전된 형식이 나오게 되었다. 처음에 이와 관련해서 나온 논문들은 1906년 말에 쓰인 "사영 기하학의 공리"(The Axioms of Projective Geometry, APC)와 1907년 초에 쓰인 "화법 기하학의 공리"(The Axioms of Descriptive Geometry, ADG) 이다. 이 두 논문에 대해서 화이트헤드는 여러분에게 사영 기하학과 화법 기하학의 기초들에 대한 간결한 요약을 보여주는 듯하다. 그런데 이것은 화이트헤드 자신에게 매우 확실한 어떤 전망을 제시한 것이다.

화이트헤드는 ADG에서 주장된 사유의 기초를 위해서 APG에서 사용된 관념들을 이용한다. 이 논문에서 그는 사영 점(projective point)을 복합체(사영 직선들의 다발)로 간주하는 공리를 처음으로 제안했으며, 또한 점을 직선으로 간주하고 직선을 점으로 간주하는 근본적인 변환을 시도하였다. 한 직선 위에서 점들의 순서를 보존하는 조화공액(共軛, harmonic conjugates)의 변환과 관련된 사영 기하학의 특성은 이후 PR에서 드러난 인과적 효과성(causal efficacy)이라는 복합적인 개념으로 전개되는데, 이것은 놀라운 것이었다. 수학적 배경이 있는 독자에게는 이 두 논문이 수학의 기초에 관한 연속 간행물에 지나지 않는 것으로 보일 것이다. 그러나 화이트헤드 연구가에게 있어 이 논문들에서 제시되는 것들은 단순한 호기심을 넘어서서 주목을 끌게 하는 요소들을 가지고 있다. 사영 직선 위에서 점들 사이에 방향이 정해진 연결의 폐쇄된 순서는 화법 기하학에서 점들의 열려진 순서와 대비된다. 화이트헤드는 기하학을 관계의 학으로 기술하며, 여기에서 점들과 직선이라고 말하는 점들의 집합을 관계항(relata)으로 간주한다. 사영 기하학은 존재들 사이의 가장 일반적인 혹은 근본적인 관계성의 형태라 할 수 있다. 하지만 우리는 이 글에서 존재들 사이의 관계에 대하여 사영 기하학보다 위상 기하학이 더 근본적인 기초를 제공한다는 것을 밝힐 것이다.

화이트헤드는 무엇이 관계들과 존재들에 있어서 가장 근본적인 단계인가를 탐구하고자 하는 목적을 가지고 있었다. 이 때문에 그는 APG에서 존재들 사이의 관계들에 관심이 있음을 드러낸다. 다시 말해서 그는 다른 모든 관계들이 도출될 수 있고 다른 모든 존재들이 만들어질 수 있는 단계에 주목했다. 화이트헤드의 근본적 요인에 관한 거의 직관적인 이러한 경향은 그의 전 생애를 통해서 지속된다고 할 수 있다. 방금 언급한 APG와 ADG라는 이 두 논문을 통해서 ADG에서 진술하기를 원했던 기초들을 APG에서 개괄적으로 드러냄으로써, 그는 자신의 이러한 직관적인 충동을 보여준다. 나는 이 글에서 APG와 ADG라는 두 논문의 관련 사항 전체를 검토하지는 않을 것이다. 다만 MC와 화이트헤드의 후기 철학 간의 관계를 살펴보기 위해 APG와 ADG라는 이 두 논문에서 가장 분명한 것으로 여겨지는 일부의 내용을 언급할 것이다. 예를 들어 사영 직선들의 선분들(segments)이 점들의 쌍들에 의해서 분할된다는 관념은 화법 공간에서 직선들의 선분들이 단 하나의 점에 의해서 분할된다는 ADG에서의 관념과 대비된다. 방향이 정해진 순서 공리들은 PR에서 존재들 사이의 벡터적 관계들(vectorial relations)이라는 구조물과 많은 유사성을 갖는다. 조화

(harmonic) 공액의 속성을 가지는 사영기하학은 연속성을 위한 기초로서 구성되며, 그것이 ADG의 볼록 영역에 적용될 때 그의 후기 작품에 사용된 연속성의 개념과 이것이 유사점이 있다는 사실을 보게 될 것이다.

APG를 통해서 화이트헤드는 존재들의 순서가 지켜지지 않는 사영누승(involutions)을 검토하며, PNK와 그 이후의 작품에서 매우 흥미로운 방식으로 사용되는 공-철점(copunctuality)과 교차(intersection)의 개념에 대한 기본 원리를 세운다. 존재들 사이에서 가장 근본이 되는 관계의 일부를 구성하기 위해, 화이트헤드는 ADG에서 기하학의 화법 공간에 이러한 관계의 일부를 적용하는 데 관심을 가진다. 그것은 사이성(betweenness)이라는 개념이 근본적 관념임을 즉각적으로 드러낸다. 사이 관계라는 개념은 존재들 사이의 연결이라는 관념이다. 그는 분할(separation)에 대한 데드킨트(Dedekind) 공리를 탐구했는데, 그의 후기 저서 대부분에서 이 공리는 변형된 형태로 사용된다. 그는 평행하고 교차하는 직선의 할선(secant)과 비-할선의 성질(non-secant nature)을 검토하며, 유클리드 공리로 그것을 환원시킨다. 또한 화이트헤드는 사영 공간의 볼록 영역으로서의 화법 공간이라는 매우 유용한 정의를 제공했는데, 이것은 PR에서도 사용된 것이다. 이때 APG의 사영 점들은 ADG의 이상적(ideal) 점들과 관계한다. 이것은 화법 공간이 실제로는 사영 공간의 특수한 한 사례라는 화이트헤드의 결론에 대한 일단의 기초를 제공한다.

기하학의 공리들에 대한 두 개의 논문을 통해서 화이트헤드는 직선의 집합(class)으로서의 점들의 복합성에 관한 관심을 명확하게 드러낸다. MC에서 제시된 물질 세계에 대한 철점(punctual)개념과 선형개념을 통해서, 우리는 이 관념에 대해서 다시 한번 고려하게 될 것이다. 그리고 최종적으로 기하학의 점-존재들이 그의 우주론인 PR에서 사건-존재들로 될 때, 이 진행 과정이 복잡한 도식을 가진다는 것을 기억해야 할 것이다. 화법 공간에서 교차하지 않는 직선들 사이의 결합은 사영 기하학의 사영 점의 관점에서 정의되었으며, 지금은 이것을 화법 기하학의 이상적 점이라 부른다. 나는 화이트헤드의 '연장적 추상화 방법'(Method of Extensive Abstraction)의 개념적 기초가 이 정의에 가장 가까운 것이라 생각한다. 또한 연장적 추상화 방법은 과학철학에 대한 그의 가장 중요한 공헌으로서 여겨진다.[14] 그러나 전반적으로 이 논문에서 탐구된 것은 APG와 ADG에서 드러난 개념들과 화이트헤드의 후기 저서에서 나타난 개념들 사이의 전개 궤도를 분명하게 설정하는 일이다.

화이트헤드는 조화(harmonic)와 비조화(anharmonic)변환에 관한 근본적인 사영 공리들을 가진 순서공리들을 이용하여, 직선 위에서 점들의 근본적인 관계성으로부터 거리개념과 연합된 합동군(congruence groups)에 대한 개념의 기초를 설정할 수 있었다(APG 41-64). APG의 이러한 개념들은 연속적인 운동 혹은 연속적인 변환의 개념으로 나아감으로써, ADG에서의 변환 군들의 전개를 위한 기초를 제공하게 된다. 두 직선들의 점들 간에 정의되는 일 대 일 관계 혹은 변환의 개념은 근방(neighborhood) 내에 있는 연속적인 변환의 개념으로 보편화된다. 점이 일 대 일로 대응하는 보편적인 사영 군(general projective group)에서는 직선 위에서 점들의 집합 사이의 모든 사영 관계가 변경되지 않고 그대로 지속된다.[15] 우리는 존재들 사이의 일 대 일 대응으

14) Palter, pp. 99~105.

15) A. N. Whitehead, *The Axioms of Descriptive Geometry*, Cambridge: Cambridge University Press, 1907, p. 42. 앞으로 ADG로 표기함.

로써의 변환과 운동에 대한 근본적인 관념들이 MC에서뿐만 아니라 화이트헤드의 원숙한 모든 철학에서 결정적인 역할을 하는 것임을 알고 있다.

화이트헤드는 1868년에 나온 헤름홀츠(Helmholtz)의 작업에 근거해서 1890년도에 나온 합동(congruence)에 대한 소푸수 리(M. Sophus Lie)의 분석과 정의를 받아들인다. 그리고 그는 그것들과 페아노(Peano)의 작업 및 그 자신의 이론을 결합시킨다. 화이트헤드는 리(Lie)가 거리나 측량에 관계없이, 엄밀한 기하학적 용어로서 소위 합동군이라고 부르는 운동(motions)에 대한 완전군의 성질을 정의하는데 성공했음에 주목했다. 그러나 그는 주의깊게 리(Lie)의 합동군 이론에서 기술한 동일한 성질에 대하여 다음과 같이 밝히고 있다.

> 정말 우리가 물리 세계에서의 자신의 감각들이 물리적 공간에서 하나의 한정된 군에 대한 특별한 지성을 가진 것으로 생각될 때, 운동에 대하여 하나의 한정된 군이 있다고 암암리에 가정한다. 그러나 운동들의 완전군의 성질에 대한 리(Lie)의 정의를 만족시키는 일 대 일 점 변환들의 군들의 수가 무수히 많이 존재하는 것을 알게 될 것이다. 따라서 어떤 특별한 군 속에 있는 운동은 다른 군 속에 있는 운동과 다르다.[16]

이 진술은 화이트헤드의 경력에서 논쟁을 유발시키기 때문에 중요하다. "유한(finite) 연속 군의 개념이 분석적으로는 아주 단순할지라도, 그것은 감각-지각에 의해 제시된 합동-변환의 명백하고 직접적인 성질의 것과 대응하지 않는 것 같다"[17]라는 화이트헤드의 주장은 그룬트바움(Gründbaum)과 다른 이들에 의해서 거듭해서 비판받았다.

16) Ibid., p. 46.
17) Ibid., p. 47.

그러나 이미 초창기에 화이트헤드는 합동-변환의 정의와 지각(perception) 사이의 이 차이점을 느꼈으며, 그 시대의 규준이 되는 견해와 그의 견해를 중재하고자 무진 애를 썼다. 이러한 사실은 중요한 의미를 가진다. 그의 우주론에 대한 대부분의 논쟁은 다음의 두 가지 직관에 그 근원이 있다. (a) 일반적으로 감각-지각은 수학의 기초라는 것이며, (b) 감각-지각에 대한 의견 가운데 하나는, 그것이 개체적(particular) 합동 군(congruence group)이라는 것이다.

이 직관의 정확한 기원에 관해서 말하는 것은 어려운 일이다. 그러나 이 직관이 그의 개념적 발전의 여러 가지 단계들 중에서 가장 중심적인 것으로 확고히 놓여 있다는 것은 화이트헤드가 내놓은 이후의 논문에서 분명히 드러난다. 화이트헤드는 리(Lie)의 것과 유사하지만, 그것을 명백하게 수정하고 확장한 네 가지 합동 공리를 제시했다. 네 가지 공리는 다음과 같다:

1) 합동-변환들의 집합은 일반적인 사영 군의 부분 군이다.
2) 그 군은 그것에 속하는 모든 변환의 역변환을 포함한다.
3) 임의의 두 점 o 와 o′, 그리고 각각 o와 o′를 통과하는 임의의 두 직선 l과 l′, 각각 직선 l과 l′을 통과하는 임의의 두 평면 π와 π‘를 고려할 때, o를 o′로, l을 l‘로, π를 π‘로 변형시키는 군에서는 오직 하나의 변환이 존재하며, 그래서 직선 l 위에서 점 o의 두개의 근방은 직선 l′ 위에서 점 o′의 두개의 근방과 어떤 할당된 방식에서 대응하며, 직선 l에 의해서 나뉘어진 평면 π 위에서 점 o의 두개의 근방은 l′의 나뉘어진 평면 π’ 위에서 점 o′의 두 개의 근방과 어떤 할당된 방식에서 대응한다.
4) 임의의 직선과 그 직선 위에서 임의의 점에 대하여, 그 군의 무한소의 변환이 그 직선과 점에 잠복해 있다는 것이다.[18]

18) Ibid,. p. 48.

이 글의 전개 과정에서 그의 합동 공리들의 중요성은 분명해질 것이다. 왜냐하면 실제로 그것들은 요소들 사이의 결합을 이해하는 데 근거를 제공하기 때문이다. 이 근본적인 직관은 오직 유일한 하나의 변환만이 하나의 집합(한 직선 상에서의 점들)의 존재들과 다른 집합(또 다른 직선 위에 있는 점들)의 존재들 사이의 관계성을 설명한다는 근본적인 정리를 가진 사영 기하학 속에 근거해 있다. 합동의 공리들은 실제로 운동들의 군인 합동 군의 특징이다.

사영 기하학에 대한 화이트헤드의 경향을 이렇게 간단히 표현하는 나의 목적은 두 가지이다. 첫째로 이것은 임의의 특수한 분야 속에서 근본적 요소에 대한 화이트헤드의 경향을 어떤 개략적인 방식에서 그려내기 위한 노력이라 할 수 있다. 그의 주요한 직관은 그 체계에 머무르고 있는 구조에 대한 공리적인 기초 위에서 하나의 특수한 분야 속의 요소들에 초점이 맞추어져 있는 것 같다. 둘째로 그 목적은 "물질세계의 수학적 개념들에 관하여"라는 1905년의 논문에 관한 예비적인 이해를 위한 어떤 기초를 세우는 것이다. 이 논문이 아주 중요한 이유는 그 논문이 경험 안에 있는 존재들 사이의 근본적인 결합성을 이해하는 데 기초가 된다는 것에 있다. 따라서 이 결합성의 근원은 사영 기하학의 공리 속에서 발견되며, 그것의 성숙한 결실은 경험의 현실적 계기(actual occasions : 현실적 존재자[actual entities]라고 부르는) 사이의 연장적 결합이라는 이론으로서 「과정과 실재」 에 나타난다. 화이트헤드가 결합성에 대해서 끊임없이 의미를 부여한 것은 인과적 변환의 경험 속에서 불변하는 근본적 성질을 탐구하기 위함이다. 근본적 요소에 대한 화이트헤드의 경향은 경험적 구조를 탐구하는 것이다. 사영 기하학에 대한 그의 방향은 당시에 발달 중인 위상학과 분명히 병행하는 것으로 보일 수 있는 수학적 용어들로 MC의 도식을 만들어

내는 직관적 기초를 그에게 제공한다. MC 속에 있는 결합, 연결, 그리고 폐/개 급수(series)의 근본적 성질에 관한 그의 결론은 이러한 개념들이 위상학적 변환의 구조를 이해하는 데 보여주는 역할과 놀랍도록 유사하다.

사영 기하학과 1905년의 화이트헤드의 전반적인 수학적 맥락

당신은 화이트헤드의 철학적 작업이 사영 기하학(projective geometry)과 PM의 논리적 결과에만 영향을 받았다고 생각해서는 안된다. 우리의 탐구 방법은 화이트헤드가 MC 이후에 출판한 간결한 저서들을 조사하는 것이다. 특히 「수학 입문」(*An Introduction to Mathematics*, IM)이라는 간단명료한 소책자에 명시되어 있는 수학 전반에 대한 화이트헤드의 깊이 있는 사유에 주의할 필요가 있다. 이 책은 수학에 대한 단순한 입문서가 아니다. 그럼에도 불구하고 우리가 쉽게 입문서라고 단정 짓는 이유는, 이 책이 수학의 특성을 상세하게 드러내고 연속적으로 제시해 주기 때문이다. 사실상 기하학에 관한 ADG 와 APG라는 두 논문과 관련해서 볼 때, 이 소책자(IM)는 화이트헤드의 수학적 관심의 규모와 깊이를 아주 간결하면서도 정확하게 보여준다.

> 따라서 우리는 자신들의 모든 감각들이 다양한 시간대에서 공간 속의 사물들의 변화된 배치를 비교한 결과라는 근대 과학의 중요한 근본적인 관념에 이르게 된다. 그러므로 운동 법칙은 즉 사물들의 배치에 대한 변화 법칙은

물리과학의 궁극적 법칙이라는 것이 도출된다(IM 31-32).

우리는 이 배치들(configurations)의 변화를 앞에서 언급한 사영 기하학의 변환으로 기술할 수 있다. 일반적인 의미에서 볼 때, 변화하거나 변환된 사물들은 화이트헤드의 원숙한 철학에서 존재자가 되는 점들(교차하는 직선, intersecting lines)과 직선들(점들의 집합, classes of points)이다. 더욱이 어떤 점 A에서 다른 점 B로의 변환은 점 A와 B 사이의 관계로서 특성이 부여된다. 점 A는 그 체계의 최초의 상태이며, 점 B는 최종적인 상태이다. 점 A에서의 근원과 그 두 상태 사이의 차이점을 설명함으로써 최종적인 상태인 B를 특징지울 수 있다. 그 근원을 통해서 우리는 그 체계가 어디서 왔는가를 말하며, 상태 사이의 차이점은 그 변환에 포함된 변화의 정도를 가리킨다. 이 두 가지 상태 사이의 결합은 벡터(vector)로서 표시되며, 벡터는 근원(그 변환이 나아간 방향)과 차이(포함된 변화의 크기)라는 두 가지를 예시한다. 벡터는 두 점 혹은 두 상태 사이의 관계성의 크기와 방향을 상징하는 두 점 사이의 직선으로 나타난다. 만약 우리가 신중하지 않다면, 이것이 사영 기하학의 영역으로 환원되었다고 생각할 것이다. 물론 그것은 상당한 정도까지 되돌아 간 것도 사실임이 틀림없다. 역학(dynamics)의 벡터와 사영 기하학의 변환의 벡터는 동일한 근본적인 사실에 대한 두 가지 표현이다. 이 양자는 모두 변화를 표현하고 있는 것이다. 나중에 공간의 동력화[19]를 다룬 절에서 우리는 보다 더 철저

19) 공간의 동력화(dynamitization)는 아인슈타인의 특수 상대성 이론에서 시공간 개념을 결합한 결과로 나온 직접적인 산물이다. 공간의 동력화라는 문구는 시공간 속에 활동의 의미를 부가한다. 이 점에 대한 의미와 관련된 항목들을 보고자 한다면, Milic Capek, *The Philosophical Impact of Contemporary Physics*, New York: Cambridge University Press, 1919, p. 86 참조.

하게 변화의 의미에 대해 탐구할 것이다. 그러나 화이트헤드가 생각한 역학과 사영 기하학에 대한 그의 관심 사이에 유사한 부분이 있음을 우리는 알아야만 한다. 한 점과 다른 점들의 결합성을 구성하는 최종적인 벡터(많은 벡터들의 합성)가 임의의 점을 완전히 결정한다는 개념은 매우 중요하다.

사영 기하학과 화법 기하학에서 드러나듯이, 임의의 한 점의 중요성은 다른 점들과의 관계에 있어서 순서와 구조의 관점에서 주어지며, 이는 위상학적 특성으로서 드러난다. 우리는 여기에서 화이트헤드의 경향을 감지할 수 있다.

관계항의 표현들로서 점들과 관계들의 표현들로서 방향이 있는 직선들에 대한 그의 관심은, 한 점에서 다른 점으로 이행하면서 어떤 요소들은 변하지만 구조의 특수한 요소들은 보존되는 변환의 형태로 표현된다. 이러한 경향은 PR과 요약의 형태를 띤 FR과 AI라는 작품에서 화이트헤드의 우주론의 철학적 입장으로 거의 전적으로 성숙해 간다. 이러한 일련의 과정을 살펴볼 때, 그 개념들 사이의 유사성이 너무나 강하므로 그것을 단순히 우연의 일치로 볼 수는 없다. 따라서 다음 연구에서 필자는 화이트헤드의 철학적 저서 속에서 특수한 철학적 공식을 도출시키는 개별적인 수학적 개념들의 정확한 계보를 보다 더 충분히 탐구해 보고 싶다. 결국 그가 창조한 것은 경험의 장(field) 내에서 사건들 사이의 관계를 나타내는 우주론적 대수학 혹은 벡터들의 계산이다.

우리는 직선에 관한 화이트헤드의 사유 경향을 통하여, 그에게 수학, 철학 및 우주론 모두에서 단일하면서도 근본적인 요소들을 탐구하려는 충동이 있다는 사실을 엿볼 수 있다. 그는 그리스인들이 무한 직선(infinite)의 관념 대신에 두 점들 사이에 놓여 있는 선분에 의해 정의되는 직선의 정의를 이용하였다는 사실에 주목하였다. 예를 들면, 삼각형은 한 직선 위에 있지 않은 세 점의 쌍들을 상호 연결하는 세 선분에 의해 닫힌 영역으로 정의된다. 화이트헤드에게 이러한 유형의 정의는 단순하지도 않고 충분히 일반적이지도 않다. 그는 하나의 직선을 "양 방향에서 끝이 없는 길이로 펼쳐져 있는 직선의 전체로서 생각하고자 하였다."[20] 화이트헤드는 이 직선을 기하학에 대한 근본적인 관념으로 간주한다. 우리는 결코 하나의 전체적인 존재로서 주어지는, 경계가 없는 이러한 직선을 전체적으로는 인식하지 못하지만, 일반적으로 다만 그 직선의 선분의 관점에서는 알게 된다. 그러나 이 선분은 하나의 존재로서 전체의 직선에 대한 존재를 부정하지는 않으며, 그 대신에 이 존재는 자신의 선분화된 상태에서조차 전체의 존재에 대한 성질을 지닌다. 전체의 직선을 특징짓는 성질들이 그 직선의 선분에서 발견된다는 개념은, 화이트헤드의 수학과 철학 사이를 교차하는 중심부에 매우 근접해 있다. 달리 진술해 본다면, 많은 선분들의 성질은 유일한 존재로서 하나인 전체의 직선 속에서 구현되는 연장에서 발견된다. 그것들이 공동으로 유지하고 있는 성질들은 완전한 직선의 선분들 사이의 일정한 결합성의 의미를 제공하며, 이들의 동일한 성질들은 그 선분들의 장소(locus) 혹은 군의 관점에서 직선의 구조를 정의한다.

그 구성원들이 공동으로 유지하고 있는 성질들로 정의된 점과 선분의 장소라는 관념이나 존재들의 관념은 화이트헤드의 수학이나 철학적 저서에서 중추적인 역할을 한다. 하나의 존재로서의 장소의 통일성은 존재들 사이의 관계성의 일정성(uniformity)을 전제한다. 그것은 존재들이 동일한 구조(혹은 유사한 성질들)의 구별에 근거하여 다수

20) A. N. Whitehead. *An Introduction to Mathematics,* New York: Cambridge University Press, 1919, p. 86. (이후부터는 IM이라고 부를 것이다.)

의 존재들에 관한 군으로 관계될 수 있는 질서(cosmos)를 요구한다. 이 글에서 구조적 동치(equivalence)를 통한 이 관계성의 관념은 여러 시각에서 조사될 것이다. 느낌의 위상학(topology of feeling)은 존재들 간의 변환을 통해 동일시될 수 있는 그러한 구조적 요소들을 정의할 것이다. 여기에서 공간 이론들과 기하학 이론에 관하여 개괄적으로나마 언급하는 것이 앞으로의 논의를 이해하는 데 도움이 될 것이다.

구조의 관념이 보편화된 공간 개념과 관련될 때, 우리는 자연스럽게 그 공간의 곡률에 관하여 생각한다. 리만(Riemann)에 의해 공식화된 비유클리드 기하학의 견해들 중의 하나는, 공간의 곡률이 전체 공간을 통해서 일정한 것이 아니라 점에서 점까지 바뀔 수 있다는 것이다. 보편 공간은 다양한 배치(configuration)가 가능하므로 넓은 범위를 특징짓고, 여러 가지 기하학적 법칙들의 적용에 있어서도 공간에서의 각각의 점에 따라 그것은 달라질 수 있다. 이러한 공간들은 비동형(non- homgeneous)이라고 부른다. 왜냐하면 그것들도 공간 속의 다양한 점들에 따라 곡률이 바뀌는 특징을 가지기 때문이다. 예를 들면 우리가 일반적으로 어떤 지형의 산맥이나 계곡에 대해서 말할 때, 산등성이와 언덕의 정상은 양-곡률(positive-curvature), 계곡은 음-곡률(negative-curvature), 평야는 영-곡률(zero-curvature)이라고 한다. 그래서 일반적으로 지형은 점에서 점까지 변화하는 곡률의 정도를 가진다. 따라서 점의 쌍들 사이에 적용된 거리 공식은 곡률에서의 이 변화에 적응하기 위하여 변화해야만 한다. 모리스 클라인(Morris Kline)은 공간에서 점들 간에 적용될 수 있는 특수 기하학을 결정하는 기준은 그 동일한 점들에 대한 분리를 특징짓기 위하여 선택된 거리 공식이라고 말한다.[21] 거리 공식이 공간의 변화하는 곡률에 적용되기

21) Morris L. Kline, "Geometry", *Scientific American, September* 1964, pp. 67ff.

위하여 바뀔 때, 그 공간을 특징짓는 기하학의 유형 또한 바뀌게 된다.

이 글에서는 거리(distance), 측정(measurement), 합동(congruence) 사이의 관계를 여러 가지 측면에서 소개하기 위해 이러한 개념들의 사용과 의미를 밝히고, 그것들 사이의 관계를 세부적으로 드러내고자 한다. 우리가 선택한 거리 공식은 특수한 측정 개념에 달려 있는데, 이는 분리된 존재들 사이의 매우 특수한 합동 관계를 전제로 한다. 그러나 일반적 공간의 곡률이 이 점에서 저 점으로 바뀐다면, 거리 공식과 측정 절차 또한 바뀌며, 가장 중요한 변화는 거리를 설정하는 합동 관계도 이 점에서 저 점으로 바뀐다는 사실이다. 리만 기하학과 그 외의 비유클리드 기하학들은 주로 가능한(possible) 공간들을 다루며, 매우 특수한 경우에만 경험의 현실적(actual) 공간과 관계한다. 예를 들면 그것은 중력장에서 빛의 곡률을 설명하는 것과 관련되어 있다. 이 비동형적 공간은 점들의 공간이다. 화이트헤드는 관계를 유지할 수 있는 관계항으로서 체계적으로 기능하기에는 점은 너무 복잡하고 오해의 소지가 있다(알기 어려울 뿐만 아니라)는 직관 속에서 작업했다. 그래서 화이트헤드는 넓은 범위에 걸쳐있는 수학과 철학의 작업을 위한 기초로 기여할 수 있는 보다 일반적인 개념을 찾았다.

수학의 기초적인 요소들을 추구하는 화이트헤드의 근본적인 경향은 점들에 관한 비동형적 공간보다 확장된 개념을 추구하도록 한다. 즉 그는 관계의 공리들을 끌어낼 수 있는 기초적인 관계항으로써 기능하는 점보다 훨씬 더 일반적인 것을 추구했다. 처음의 작품 속에서 화이트헤드는 어떤 철학적 논의도 회피했다. 실제로 이에 대하여 그가 어떠한 의식도 갖지 않았다 하더라도, 그의 후기 작품인 우주론에서 이러한 논의들은 기초적인 토대로 작용한다. 앞에서 기술했던 사영기하학에서의 그의 작업은 점들 간의 변환 관계에 대한 지침서로 작용한다. 이 작업은 보편화된 공간 속에서 점들 사이에 존재하는 결합성을 함축한다. 점들 그 자체보다 훨씬 더 중요한 것은 이 결합성이다. 예를 들어 처음의 세 개의 좌표는 공간적이고 네 번째는 시간적인 $A=(p_1,p_2,p_3,t_0)$라는 점을 고려해보자. A만으로는 의미 관련에 대해서 많은 것을 말할 수 없다. 그러나 그것이 $B=(p_1,p_2,p_3,t_1)$라는 다른 점과 비교될 때, 우리는 A, B라는 이 점들이 발생하는 시-공간에 관하여 여러 가지 것들을 추론할 수 있다. 클라인(Kline)이 제시하듯이, 우리는 이 두 가지 점들 간의 분리—이 예의 경우에 분리는 오직 시간적이다—를 결정하기 위하여 거리 공식을 설정할 수 있다. 그러나 A, B라는 두 점이 실제로 다른 시간에 발생한 동일한 점이라고 말할 수 있는가? 그런 일은 결코 일어날 수 없다. 왜냐하면 공간과는 별도로 시간을 고려할 때, 그것은 인위적으로만 가능하다는 것이 민코프스키(Minkowski)와 상대성 이론의 작업을 통해서 최종적으로 확정되었기 때문이다. A, B라는 두 점들 간의 시간적 거리는 실제적으로 그것들 사이의 분리 혹은 간격(interval)을 예시한다. 이러한 예에서 드러나는 중요한 점은, 그 두 점들 간의 간격이나 분리, 혹은 결합은 점들 그 자체보다 훨씬 더 근본적인 지위를 갖는다는 것이다.

결합은 관계된 점들보다도 훨씬 더 근본적이다. 여기서 화이트헤드의 관심은 결합의 활동적인 의미이다. 점들의 시-공간에서 작용하는 결합의 기능에 점들 자체는 종속한다. 점들 간의 결합에 관한 기하학은 근본적인 작용을 결정하기 위해 훨씬 더 일반적인 것이 되었다. 이 작용을 통해서 점들은 공간 안에서 다른 점들로 변환되며, 이때 그 점들은 다른 점들과 어떤 관계를 유지해 나간다. 변환을 통해서도 여전히 동일한 어떤 결합을 허용하는 이 조건들은 무엇인가? 그리고 어떤 결합이 여전히 동일하고, 어떤 결합이 그 변환과 함께 바뀌는가? 이것은 단지 점에 관해서만 다루는 기하학이라기보다는 시-공간 내의 근본적인 구조의 단계에 관한 물음이라고 할 수 있다. 이것은 점들 간의 결합에 대한 구조이며, 점들은 처음에 관계된다. 이후 그 점들의 관계는 변화를 통해서도 여전히 영속할 수 있는 조건에 달려있다.

그런데 경험의 영역에서 우리가 동일성과 차이성의 판단을 내리고 그 판단으로 행위를 한다는 것은 경험적 사실이다. 비록 그는 자신의 작업을 통해 이러한 입장에서 경험의 구조를 체계적으로 해명하는 일에 드러내 놓고 관심을 표명하지는 않지만, 그것에 관심이 있는 것처럼 주장도 하고 단언도 한다. 당신은 기억할 것이다. 앞에서 언급했던 화이트헤드의 수학에 대한 작업에서 매우 두드러진 특징들 중의 하나는, 수학에 대한 정의가 상상력에서 전개되었다고 하더라도, 그것의 정의는 어떤 존재론적 의미를 가져야만 한다는 것이다. 그러나 비동형 우주에서의 존재론적 의미는 동일성/차이성의 판단을 가로막는다. 존재론적 사실은 우리가 그런 판단을 내려야만 한다는 것이다. 비록 우리가 대상들(점과 같은 사물)에 관해서 그러한 판단을 내려야 한다고 생각하더라도, 화이트헤드는 우리가 실제로 대상들 간의 관계 혹은 결합을 통해 그런 판단을 내린다고 주장했다. 대상들 간의 이러한 결합이나 대상들 간의 관계는 사건이라고 부르는 제한된 영역에서 발견되며, 다시 그 관계는 실제로 그 사건의 경계[다시 말하면 표면(surface)]를 결정짓는다.

따라서 우리는 대상들 사이에서 동일성/차이성의 판단을 내리지 않으며, 대상들 속의 결합 사이에서 동일성/차이성의 판단을 내린다. 실제로 판단은 사건들 속에서 일어나는 대상들의 결합의 집합들(sets) 사이에서 내려진다. 어떤 결합의 집합(한 사건)이 다른 집합과 동일한지/다른지를 결정하는 유일한 방법은, 두 집합을 결합의 어떤 일정한 기초 위에서 비교해 보는 것이다. (다음 장에서 살펴보겠지만, 우리는 두 사건이 그 대상들 혹은 점들이 다르기 때문에 정확하게는 동일하지 않으나, 그 결합에 있어서는 여전히 동일할 수 있음을 알게 될 것이다. 덧붙여서, 우리는 사건을 특징짓는 대상들 속에서의 결합은 또한 사건들 그 자체 사이의 결합의 구조를 드러낸다는 사실도 알게 될 것이다. 앞으로의 논의를 통해서 이것이 밝혀질 것이다.) 다양한 곡률을 특징짓는 비동형 시-공간에 대한 리만 기하학의 제안은 동일성/차이성의 판단을 내리는 일정성의 기초를 암암리에 부인한다. 리만이 수행한 비유클리드 기하학에 관한 중요한 공헌과 우리가 매번 판단을 내리기 위해 사용하는 일정성이라는 가정 사이에서, 우리는 이 양자를 어떻게 조화시킬 수 있을까? 앞으로 이 문제에 대해 조사해 나갈 것이다. 여기서는 다만 다음과 같은 암시를 줄 수 있을 뿐이다. 리만 기하학에서 시-공간의 비동형 특성은 개별적인 대상들 사이에서 작은 규모(scale)인(이것은 물리적 크기가 아니라 중요성의 범위를 말한다) 결합의 단계에서 적용될 수 있으며, 사건들에게서 동형인 시-공간의 특성은 보다 큰 규모인 결합의 집합들 혹은 사건들의 집합들에서 적용될 수 있다. 개별적인 분자들과 가스와 같은 집단적인 분자의 집합 사이의 관계에 대한 두 가지 전망을 바라볼 때, 우리는 브라운 운동의 특성들 사이의 대비가 공정한 유추로 작용한다. 개별적 분자들의 관계는 서로 비일정하고 비동질적이다. 가끔씩 그것들은 양전 효과를 내고, 음전 효과를 내고, 또 중성 효과(neutral)를 만든다. 그러나 일반적으로 가스와 같이 대규모로 형성된 분자들 간의 결합의 집합을 고려할 때, 그 압력은 여전히 한결 같거나 일정하다(이것은 온도와 체적이 동일함을 가정한다). 가스들을 비교할 때, 우리는 다른 가스들의 개별적인 분자들 사이의 관계들을 비교하지는 않으며, 오히려 각각의 가스들 속에서 개별적인 분자들 간에 전반적으로 대규모의 결과를 내는 결합의 집합들을 비교한다. 이것이 유일한 유추이다. 그리고 이것은 리만 시공간의 비-동질적인 특성과 화이트헤드의 사건 시공간의 동질적이고 일정한 특성에 대하여, 적용 가능한 영역 사이의 차이를 정확하게 표상한 예시를 의미하지는 않는다. 그러나 우리는 개별적인 대상들 사이의 개별적인 결합들과, 개별적인 사건을 한정하는(개별적 대상들 사이의) 결합의 일반적인 집합 사이를 구별하는 일에 주목해야만 한다.

다음 예는 사영 기하학에서 직선을 둘러싼 그림의 단면도이다. 이 그림은 화이트헤드에게 아주 깊은 영향을 미쳤다(그림 #1를 보라).

그림 #1에서 각각 직선 속의 그림을 구성하고 있는 두 가지 결합된 점들 사이의 거리 관계는 (ABCD)에서 (A′B′C′D′)까지 비일정하다. 즉 (AB) ≠(A′B′), (CD) ≠ (C′D′) 등등. 그래서 개별적인 점들 사이에서 작은 규모인 결합의 구조에 있어서의 기하학은 비일정하다. 그러나 그 그림에서 보다 일반적이며 큰 규모인 결합들의 집합들의 구조에 있어서는, (ABCD)는 (A′B′C′D′)와 위상학적으로 대등하다. 즉 B′는 A′와 C′ 사이에 여전히 있으며, A′는 B′와 D‘사이에 있으며, A′는 직접적으로 B′와 D′ 양자와 결합되어 있다. 후자의 경우의 점들에 있어서 요소들 사이의 구조에 대한 일정한 기초가 존재한다. 이것이 그 그림을 정의한다. 직선 대신에 곡선을 고려해서 복잡하게 만들더라도, 밑의 삼각형과 위의 삼각형의 그림에 있어서 근본적인 구조적 동일성은 변경되지 않는다.

그러나 점은 비동질적 본성을 보다 분명하게 강조함으로써 점들 사이의 개별적 결합에서 그것의 본성을 급진적으로 바뀌게 될 것이다.

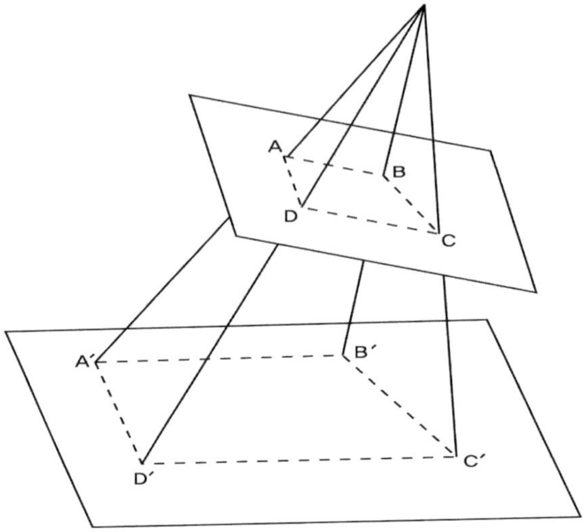

Figure #1

<그림 #1>

모리스 클라인(Morris Kline)이 강조하듯이,[22] 보편화된 공간이나 추상화된 공간에 대한 연구는 이들 용어의 기하학적 의미로만 단순히 제한되어서는 안 된다. 예를 들어, 양자 역학에서는 함수 분석이라는 도구가 사용된다. 이 도구의 사용 여부는 함수와 함수들의 집합들 사이의 관계를 결정하는 함수의 기하학적 분석에 달려 있다. 기하학적 관념들의 역할은 요소들 간의 직관적인 상호작용에 대한 방법을 제공한다. 이것들은 너무나 복잡하고 추상적이어서 수학의 형식주의에서만 명확한 형태로 나타날 수 있을 것이다. 요소들 사이의 관계를 결정해주는

22) Ibid., p. 69.

기하학적 형태 그 자체는, 일반적으로 전통적인 기하학의 점들에 대한 조사에서 나온 것이 아니라 오히려 요소들 간의 관계를 통해서 나오게 된다. 이것은 화이트헤드가 대상-대상, 사건-대상, 사건-사건 간의 관계를 분석하기 위하여 사영 기하학에서 나온 개념들을 사용했다는 점에서 분명하게 밝혀진다. 그는 이 관계들을 느낌들(feelings)이라고 부른다. 그것들은 근본적으로는 사건들의 함수이며, 오직 파생적으로만 대상들의 함수로서 고려된다. 이리하여 이 저서의 목표는 화이트헤드의 우주론에서 느낌의 위상학을 존재들 간의 관계의 기하학으로 조사해 보는 것이다. 이 글에서 대상들은 전통적인 우주론에서 사용되었던 실재의 주된 요소가 아니라, 사건들의 특성들이나 느낌들의 패턴으로 보일 것이다. 각 사건의 주된 구조는 그 사건을 특징짓는 느낌들 사이에 있는 관계들의 집합이다. 즉 주체가 되는 사건과 다른 사건들을 관련시키는 느낌들의 집합이다. 어떤 사건들은 일상적 언어로는 대상들이라고 부르는 느낌들의 패턴이라는 특성을 지닌다. 이 느낌의 패턴들은 다양한 형태를 취하는데, 즉 물리적 대상들(나무, 책상, 망치), 정서적 대상들(사랑, 두려움, 즐거움), 개념적 대상들(관념들, 명제들, 판단들), 과학적 대상들(렙톤, 열, 쿼크), 정신적 대상들(신, 진리, 은총) 등 아주 많은 대상들을 가진다. 대상들로 규정된 이 모든 느낌들의 패턴은 사건들의 관계를 설정하기 위하여 체계적인 방식으로 사용된다. 이와는 달리 보다 근본적인 것으로 사건들 사이의/내의 관계성은 대상들이라고 부르는 느낌들의 패턴을 드러낸다.

MC(1905)에 대해 간략하게 살펴본 것처럼, 처음에 그는 존재들 간의 근본적인 수학적 관계들에만 관심을 가진다. 그러나 그가 주로 추구한 일은 존재들 사이의 관계성이라는 가장 근본적인 양상들에 대해 이해하는 것이다. 당시에 전개 중이던 위상학을 인식하였다는 공개적인 증거는 없지만, 하지만 화이트헤드가 자신의 작업에서 최종적인 결론을 이끌어 낼 때 위상학에 포함된 개념들과 전개들을 사용한 것 같다. 마치 그 자신의 마음속에 위상학적 관념들의 함축을 명백히 갖고 작업한 것처럼, 그는 연속적인 변환, 결합과 일정성의 관념들을 사용한다. 측정과 거리와 차원은 일반화의 기초가 되기에는 너무 제한된 개념들이다. 오히려 그는 어떤 차원에 속하는 시공간보다 보편화된 시공간을 추구한다. 이것의 특성은 가장 넓은 범위에 적용가능하다는 것이다. 그는 동일성/차이성의 판단 근거인 일정성에 대한 수학적 기초를 드러내기 위해 혼신의 힘을 다했다. 이것은 오직 부차적으로만 이 문제를 다루고자 했던 우리의 대부분의 이해를 넘어서는 정력과 능력을 요구하는 것이다. 그는 경험하는 피조물인 우리가 차원이나 거리보다 더 근본적인 개념에 근거한 합동의 규준을 사용해야 한다고 생각했다. 이것은 명백하게 변화 혹은 변환을 통해서 기능하는 합동 공리들의 집합이며, 따라서 관련의 어떤 개별적인 형태보다 훨씬 더 근본적인 것에서 합동공리들의 기초를 가지는 것이다. 합동 공리들의 기초는 변환이 보여주는 무한하고 자의적인 점들 중의 하나에서 발견되는 것이 아니라 현실적인 변화의 기능 내에서 발견되어야만 하는 것이다.

위상학이나 분석적 장소에 대한 간명한 진술로는, 1932년 오스발트 베브렌(Oswald Veblen)이 라이스 인스티튜트(Rice Institute)[23]에서 행한 일련의 강의를 들 수 있다. 이것은 화이트헤드가 그 연구를 시작한 지 30년이 지나서야 나온 것인데, 이를 통해 화이트헤드가 생각했던 개념들이 얼마나 결정적인 것인지 입증된다. 이 강의에서 베브렌은 위상학의 성질을 "하나의 값이 각각 단 하나의 역원 값과 대응하는

23) Oswald Veblen, "Certain Aspects of Modern Geometry", *The Rice Institute Pamphlet*, 21, October 1934, p. 223.

연속적인 변환 군으로, 변화하지 않는 성질들의 집합"이라 규정했다. "그런 변환을 위상동형사상(homeomorphisms)이라고 부른다."[24)]

이와 마찬가지로 화이트헤드 역시 위상동형사상의 성질들 혹은 경험의 시공간에서 이중-연속적인 변환을 탐구했다. 그는 처음에는 수학적으로, 나중에는 보다 철학적인 용어로 그것들의 기초를 찾아나갔다. 그러나 그의 잠재의식 속에는 언제나 수학적 이해의 기초가 작용하고 있다. 위상학의 개념들은 뒤에서 보다 깊게 조사될 것이다. 적어도 여기서는 이 초기 시절에 화이트헤드가 염두에 둔 전반적인 위상학적 관심에 대해 개략적으로 그려보고자 한다.

화이트헤드는 실재의 전체적인 구조를 기초짓는 근본적인 요소들을 드러내고자 한다. 이것은 미분 기하학처럼(균등하게 굽어 있는 곡면 연구) 보이며, 후반기의 작품에서 화이트헤드는 어떤 특수한 우주(cosmos)에서 존재들 사이에서의 범위가 짧은 국소적 관계들에 집중한다. 그의 이러한 관심은 미분기하학으로서 쉽게 특징을 지울 수 있다. 그러나 그가 끝까지 추구한 것은 변환을 통해서 불변하는 것으로 남는 다양체의 성질들이다. 즉 인과성의 변환이다. 이것은 경험의 위상학적 공간의 성질들의 일부를 탐구한 것이다. 이 성질들은 연속적인 변환을 통해서 여전히 불변하며, 동일성과 차이성의 판단을 내릴 수 있도록 한다. 비록 국소적 구조가 급진적으로 변하더라도, 심지어 한 국소에서 다른 국소로 상이한 합동 공리가 요구되더라도, 다른 좌표(보다 전통적인 언어로는 다른 위치)를 갖고서 사건들을 비교할 수 있는 보다 근본적인 구조가 있다. 각 사건의 국소적 구조는 각 사건의 범위 내에서 어느 정도 변화된 기하학을 사용하도록 강요할 수 있다. 그러나 개별적 사건들을 비교해 보면, 그것은 그 비교된 사건들에 의해

---

24) Ibid., p. 224.

서 공유된 합동 구조를 내포한다. 이것은 위상학에 대한 기초를 제공한다.

이와 유사한 양식에서, n 차원(dimension)의 산술적 공간의 위상학의 정리들은

> n 차원의 유클리드 공간에 관한 정리들이거나 n 차원의 유클리드 공간에서의 구의 내부에 관한 정리들이다. 왜냐하면 이 양자의 그림은 n 차원의 산술적 공간을 가지는 위상동형사상이기 때문이다. 그런 공간에 대한 일반적 용어는 "n-cell"이다….[25]

> 복합체의 의미를, 임의의 차원을 가지는 유클리드 공간에서 n-차원 다면체와 상반되고 연속적인 일-대-일 대응을 하는 어떤 위상학적 공간으로 하자. 다면체는 가장 넓은 의미에서 평탄한 경계들을 갖는, 유한하게 평탄한 n-cell로 구성된 그림으로 이해된다. 어떤 n-cell도 서로 내부의 점을 공유하지 않는다.[26]

> 위상학적으로 관련된 것은, 각 점이 n-차원의 산술적 공간에서 n-cell과 일-대일(1-1)로 대응하는 하나의 "n-cell"에 의해 둘러싸여 있으며, 이 "n-cell"들은 아주 평범한 방식으로 서로 간에 중첩한다[27].

> … 복합체의 위상학적 성질들은, 유한 개의 조건들이 어떻게 n-cell들이 함께 결합되는가를 지정하자마자 모두 결정된다.[28]

n-cell의 결합 내지 화이트헤드의 언어로 영역들은 복합체의 위상학적 성질들을 결정하기 위한 필수조건이다. 여러 가지 결합이 지정될 때 위상학적 성질들이 추론될 수 있으며, 여기서 공간의 불변하는 구조

25) Ibid., p. 224.
26) Ibid., p. 231.
27) Ibid., p. 229.
28) Ibid., p. 232.

가 드러난다. 이 공간의 근본적인 성격은 대체로 균등해야만 한다. 왜냐하면 불변이라는 바로 그 개념은 어떤 성질의 동일성을 제공하는 균등한 적용가능성을 포함하기 때문이다. 화이트헤드에게 있어서 이것은 경험의 구조이다. 국소적 구조는 비-균등할 수도 있으며, 개별적인 영역들은 각각의 영역 속에서 여러 가지 거리 공식(다른 합동 정리들에서 도출된)들로 결정된 다른 기하학에 의해서 특성화될 수도 있다. 그러나 전체적인 위상학적 구조는 불변하는 성질들을 유지한다. 근본적 요소들에 대한 화이트헤드의 기본적인 동향은 그를 직접적으로 이 위상학적 성질들로 이끌며, 그의 원숙한 우주론은 이 성질들과, 과정 철학이라고 부르는 복잡한 도식에서 그들의 관계된 영역들(사건들이라고 부르는)을 구체화시킨다.

영역들 사이의 결합이 복합체의 위상학적 성질을 드러낸다는 결론을 강조하는 것은 중요하다. 화이트헤드의 원숙한 철학에서의 연장적 결합은 이 결론의 직접적인 산물이라는 것이 이 연구의 논점이다. 위상학이라고 부르지 않더라도, 혹은 어떤 다른 이름으로 부르더라도, 화이트헤드는 우주에서 요소들 사이의 관계가 그들 가운데 작용하는 구조를 드러낸다는 결론을 도출한다. 그가 발견하고자 한 것은 관계항(relata) 혹은 요소들, 이들 사이의 관계 혹은 결합이다. 그리고 그는 결합들 가운데서 가장 일반적이고 근본적인 범주들을 발견하고자 했다. 이 결합들에서 모든 다른 결합들이 도출될 수 있다. 정확히 이것은 근본적 요소들을 향한 그의 충동으로부터 나온 것이다. 그리고 훨씬 광범위한 규모에서 요소들을 구체화시켰듯이, 그는 자신의 관념의 도식을 구축하기 위하여 필요한 여건들을 만들 수 있었다.

위상학에서 결합 개념의 중요성은 윌더(R. L. Wilder)[29]가 "결합된

29) R. L. Wilder, "Evolution of the Topological Concept of 'Connected'",

것이라는 위상학적 개념의 발전"이라고 한 글에서 찾을 수 있다. 그는 그리스 사유에서 나타나는 연속(continuous)과 선형 연속체(linear continuum) 개념의 기원으로부터 19세기 초기의 예비적인 발전 단계를 거쳐서 20세기의 현대적인 공식화에 이르기까지 이 '결합된' 개념과 그것의 전개에 대해 철저하게 검토했다. 윌더(Wilder)에 따르면, 동류이지만 별개의 개념인 연속성에 결합성 개념이 의존하고 있었음을 보여준다. 서양 사유에서 볼 때, 그리스로부터 칸토어(Cantor)까지 이러한 사고는 지배적이었다. 그러나 윌더(Wilder)는 연속성과 결합성이 독립적인 개념이며, 결합성은 실제로 연속성보다 더 근본적인 개념이라고 주장했다.

화이트헤드가 "물질 세계의 수학적 개념에 대해서"라는 논문을 발표하기 얼마 전에, 이미 결합성이라는 개념은 위상학의 근본적인 성질로 확정되었다. 화이트헤드는 위상학에서의 결합성 개념과 유사한 방식으로 그것을 사용하였다. 그러나 이것에 대해 그가 의식적인 인지를 하고 있었는지는 알 수 없다. 물론 화이트헤드는 다른 수학자들과 무관하게 혼자서 작업하지는 않았다. 그러나 그때조차도 수학의 분야는 너무나 다양해서, 개인으로서는 수학의 여러 다른 분과들의 발전 상황을 충분히 다 인식할 수는 없었다. 위상학은 새롭게 막 피어난 학문이기 때문에, 비록 자신의 관심의 범위 내에 위상학과 유사한 개념들이 있다 하더라도, 그가 직접적으로 위상학에 많은 관심을 갖고 있지는 않았던 것으로 보인다. 윌더(Wilder)가 진술하듯이, 결합성 개념의 구원은 "물리적 공간 · 시간 · '실체' 에 대한 숙고 속에 포함되어 있다".[30] 공간, 시간, 물질 사이의 관계에 대한 고찰은 1905년 그의 논문에

American Mathematical Monthly, November 1978, p. 85 .
30) Ibid., p. 724.

서 처음으로 공식화된다. 앞으로 이 논문에 대해 간단히 검토해 볼 것이다. 화이트헤드의 관심과 그 시기에 나타나기 시작했던 위상학자들의 관심 사이의 유사성은 중요하다. 화이트헤드는 위상학이라는 새로운 학문의 기초를 형성하던 요소들을 가지고 자신의 우주론적 탐구를 시작했다. 이것은 그의 원숙한 사유의 전개와 관련해 강력하고 새로운 탐구의 수단이 된다. 만약 그 유사성이 단순히 피상적이라면, 이 저서는 아무런 성과도 얻지 못할 것이며, 여기서 탐구하는 문제는 아무런 의미도 없을 것이다. 그러나 이 결과가 성과가 있는 것으로 증명된다면, 앞으로 훨씬 더 많은 결실을 가져올 수 있을 것이다.

결합성 개념의 근본적인 특성이 1930년대까지는 충분히 혹은 공식적으로 인지되지 않았다는 것을 언급하는 것은 중요하다. 1910년대에 레네(Lennes), 리츠(Riesz), 그리고 하우스도르프(Hausdorff)[31]라는 세 명의 수학자가 각기 독립적으로 결합성 개념에 대한 정의를 내렸다. 위상학자들은 앞의 학자들에 대한 중요성을 1930년대가 되어서야 깨달았다. 또한 화이트헤드가 동일한 시기에 이와 같은 개념들에 대해서 작업을 했다는 것이 단지 우연의 일치라면, 이 연구의 전제는 문제시될 수가 있을 것이다. 그러나 단순히 우연의 일치만으로 이 연구를 단념한다는 것은 충분히 납득할 만한 일이 아니다. 윌더(Wilder)는 이 기초적인 기획과 관련해서 그 시기와 여러 시도에 관한 설득력 있는 관찰을 행했다.

> 초창기의 수학은 그 학문적 특성으로 인하여 한 지역에서 다른 지역으로의 확산이 빠르지 못했다. 더욱이 결합성이라는 위상학적 개념의 전개는 시기적으로 훨씬 더 진척 속도가 늦었다고 볼 수 있다. 1910년대에 저명한

---

31) Ibid., p. 724.

> 저널에 실렸던 레네(Lennes)와 리츠(Risez)의 논문은, 그러나 1920년대 「*Fumdamenta Mathematicae*」라는 저널이 출판될 때까지는 일반적으로 알려지지 않았다. 금세기의 1901년부터 1925년까지 세 명의 다른 수학자들이 출현한 사실은 아주 주목할 만한 일이다.[32)]

이 인용문은 화이트헤드의 관심과 물리적 시간 · 공간 · 물질의 관계를 숙고했던 다른 수학자들의 관심과의 두드러진 일치점을 드러내기 위한 것이다. 1920년대가 되기 전에 결합성은 일반적으로 폐집합(closed sets)과 관련하여 고려되었으며, 1930년대가 되어서야 비로소 개집합(open sets) 사이의 관계들이 동일한 결합성의 관점에서 조사되었다. 그러나 위상학적 변환 하에서 결합성의 주요한 불변성이 명백하게 확립되었으며, 결합성의 독립적인 본성이 위상학적 성질로 받아들여졌다.

화이트헤드가 결합성의 의미를 근본적으로 중요하다는 의식을 갖고 진전시켰는지, 혹은 직관적으로 이러한 의식을 갖고 있었는지는 그의 전기에서 다루어야 할 문제이다. 그러나 여기서 이것을 완전히 무시할 수는 없다. 내가 생각하기에는, 그의 작업의 형태로 볼 때 그가 직관적인 요소만으로는 그것을 수행했다고 말할 수는 없는 것 같다. 새로운 대수학을 하나의 포괄적인 수학의 도식에로 통합하려는 초기의 관심, 사영 기하학의 근본적 공리를 향한 경향, 논리학 분야에서의 수학의 기초에 대한 탐구, 경험의 시공간 내에서의 변화의 존재를 설명하는 도식 속에서 근본적인 요소들을 일반화하려는 기본적 활동이라는 이 모든 힘들이 결합되어, 궁극적으로 화이트헤드에게 그 자신의 원숙한 우주론이 나아갈 동기가 부여되었다. 과정 철학의 많은 연구가들은 그의 초기 작품에 나타나는 수학적 기초를 설명하지 않은 채,

32) Ibid., p. 725.

화이트헤드의 우주론을 설명하고 확장하고자 한다. 그의 초기 저서인 「대수학」의 주제와 약 30년 후에 나온 그의 「상대성 이론」의 주제와의 강력한 연관을 일관된 것으로 보기에는 어려울 것이다. 그러나 이것은 화이트헤드가 자신의 연구 방향에 대한 강한 직관을 가지고 작업했음을 의미한다. 그의 연구 방향은 시공간에 대한 확고한 기초를 탐구하는 것이었다. 화이트헤드는 관념들이 사실 속에 어떤 기반을 두어야 한다고 생각했다. 그래서 그는 순수하고 일반적인 관념은 회피하였다. 따라서 그는 자신이 고안할 수 있는 최고의 관념 체계를 가지고 이러한 경험적 요구에 응해야만 했다. 그러나 그가 경험의 기초가 되는 가장 일반적인 관념들을 탐구했을 때, 그는 수학과 논리학의 엄격하고 논리적인 공식화로부터 형이상학과 우주론이라는 다루기 힘든 영역까지 나아가게 된다. 이 모든 것을 통해서 볼 때, 그의 경향은 실용적이고 경험적이다. 경험의 시공간과 관계해서 여러 가지 관념의 도식이 어떤 가치나 중요성을 가지는가? 그는 경험의 영역과 일치하는 형이상학적 원리의 선험적인 집합(혹은 일부 독단론자가 제시했던 선험적 기하학)을 창출하려고 하지는 않았다. 대신에, 그는 변화의 변환을 통한 가장 일반적인 표현을 찾았다.

근본적 요소들을 향한, 특히 수학의 기초에 대한 그의 작업에 드러난 화이트헤드의 경향에 대한 요약은, 그의 다양한 경력을 통한 작업의 일반적인 방향과 색조를 보여준다. 여러 번 언급했듯이, 그의 수학적 철학적 작품을 함께 묶어주는 특수하게 전개되는 주제들을 광범위하게 탐구하는 것은 본 연구의 범위를 훨씬 넘어선다. 수학과 철학에서 사용된 '결합성' 개념의 유형과 범위를 대략 살펴보는 것은, 이 글의 나머지 장에서 중요한 기초로 작용할 것이다. 우리는 수학의 기초를 향한 화이트헤드의 경향에 있어서 40가지 이상의 중요한 측면들에 대해서 간단히 언급했다. 이것의 대부분은 이 글의 나머지 장에서 진술할 것이다. 분명히 앞에서 언급된 이 관념들은 화이트헤드의 초기 작품에서의 연장적 결합의 근원을 해명하기 위해 암묵적으로 선택된 것이다.

이 장에서 요약된 견해들은 앞으로 전개될 결합성의 의미를 분석하기 위한, 그리고 그의 우주론에서 그것의 역할을 분석하기 위한 확고한 구조적 기초를 제공할 것이다.

의미 관련 학설의 범주들

앞으로 논의될 시도는, 위에서 언급된 근본적인 양상들을 세 가지 주된 범주들의 분석을 통해서 구체화시키는 것이다. 이 범주들은 현재 연구의 초점인 의미 관련 학설을 위한 구조적 뼈대로 기여한다. 이 세 가지 기본 범주들은 앞의 논의에서 여러 가지 형태로 진술되었다. 그러나 특별히 세부적인 방식으로 설명하지는 않았다. 중요성의 순서에 따르면, 이 세 가지의 범주는 다음과 같다. 즉 일정성(uniformity)과 순서(order), 존재들 사이의 관계성(혹은 결합성), 그리고 사실의 요인들(혹은 존재들과 이들을 위한 가능태를 제공하는 배경)이다. 1장과 2장의 목표는 일반적으로 이 세 가지 범주의 중요성을 해명하는 것이고, 특히 지금까지 개략적으로 밝혔던 수학적 기초에 근거한 첫 번째 범주를 해명하는 것이다.

3장은 특히 두 번째 범주 즉 관계성에 초점이 맞춰져 있다. 이것은 일반적이고 특수화되지 않은 집합으로 고려된 존재들 사이에서 얻어진 근본적 관계를 해명하면서 이루어진다. 4장은 화이트헤드가 사실들의 요인(factor)이라고 부르는 근본적 존재들 혹은 관계항의 결정에 초점을 맞출 것이다. 그의 의미 관련 학설은 이 세 가지 범주들 사이의 복합적인 상호 작용이다. 이것은 활동(action)을 통해, 연장적으로 결합된 존재들의 구조를 가진 그의 원숙한 우주론의 전개를 촉진시킨다. 이 관계와 관계항은 이 학설에서 제 1 범주인 일정성과 순서 개념을 통해 설명된다. 이 학설의 나머지 요소들은 이후에 우주론에서 보다 정교한 형태로 나타나며, 이 글의 후반부에서 보다 상세하게 진술될 것이다.

의미 관련 학설이 제공하는 구조적인 근거는 관계항과 관계에 대한 보다 발전된 형태의 전개를 위해서 필요하다. 이 학설을 보다 잘 드러내기 위해, 우리는 일반적으로 이 학설의 세 가지 기본 범주의 역할과 중요성의 본보기로서, 특히 첫 번째 범주인 일정성과 순서의 본보기로서 1905년에 나온 "물질 세계의 수학적 개념들에 대해서"(On Mathematical Concepts of the Material World, MC)라는 화이트헤드의 논문을 이용할 것이다.

제 2 장

일정성과 순서

- 연장적 결합의 기초 -

물질 세계의 수학적 개념들에 대하여

왕립 협회의 회원으로 선출된 것을 기념하기 위해서 화이트헤드가 1905년 12월에 이 논문(MC)을 제출했을 당시는 물리학과 경험의 기초가 되는 기하학은 유클리드 기하학(앞에서 언급했듯이, 물론 수학적 기하학은 새로운 길을 탐구하고 있었다)이었다. 화이트헤드는 비-유클리드 기하학과 그것의 중요성을 잘 알고 있었으나, 대부분의 수학자나 기하학자와 마찬가지로, 일반적인 유클리드 공리에 비해서 평행 공리가 매우 특수화된 경우로서 비-유클리드 공리를 바라보았다. 내가 보기에 화이트헤드는 특정한 하나의 기하학에 흥미를 갖고 천착하기보다는 여러 기하학적인 조망 속에서 현상에 대한 설명을 추구해 나갔는데, 그것이 일반적인 의미에서 요구되는 유클리드 기하학과 만났다는 사실은 중요하다. MC의 목표가 존재들(entities)과 공간 사이의 관계들(relations)을 탐구하는 것이라면, 여기서 고려된 공간이 명백히 위상학적 공간(위상학적 공간 내에서는 많은 기하학이 적용될 수 있다)이 아니라, 보다 일반적이고 상식적으로 사용되는 유클리드 기하학의 공간 개념이라는 사실은 그렇게 놀랍거나 비난받을 일이 아니다. MC의 공간이 확실히 유클리드적이라면, 여기서 우리의 탐구는 그 기하학의 범위를 넘어서서 위상학의 기초를 형성하는 구조의 요소들을 탐색하는 것이다. 우리의 목표는 MC라는 이 중요한 논문을 통해, 나중에 나올 연장적 결합의 개념을 밝힐 수 있는 실마리를 찾는 것이다. 이 장을 통해서 우리는 의미 관련 학설(significance)의 처음과 이후의 전개에 연장적 결합의 개념이 얼마나 중요하게 되었는가를 알게 될 것이며, 우주론이 전개될 때 얼마나 그 중요성이 점차적으로 확장되었는가를 보게 될 것이다.

화이트헤드에게 MC라는 논문은 풍부한 개념적 생산물이다. 이 관념들은 최근에 나온 새로운 것이 아니다. 물론 화이트헤드의 앞선 저술에서 이와 같은 생각이 어떤 체계적인 양상으로 그의 심중에 있었다는 조짐은 보이지 않는다. 그럼에도 불구하고, 이 논문에 포함된 개념들은 복잡하게 상호 연관되어 있으며, 그가 그것들을 오랫동안 고려하고 있었다는 증거를 제공한다. 사실상 MC를 제출한 지 30년이 지난 후에, 화이트헤드는 빅토르 로위(Victor Lowe)[33]와의 개인적인 대화에서 MC를 자기 자신의 최고의 논문 중의 하나라고 고백하였다. MC에 포함된 여러 가지 개념들의 풍부함을 고려해 볼 때, 그런 가치 평가는 수긍이 가는 일이다. 화이트헤드의 초기 저서와 이후에 전개될 철학과의 관계에 관심을 두는 사람들은 다양한 탐구를 하는 데 기본적인 초점으로써 MC에 기반을 두어야 할 것이다.

그의 경력을 통해 볼 때 화이트헤드의 작업의 특징은, 한 특정한 작업에서 의도하는 것을 명백하게 진술하려는 노력이다. 그가 착수했던 것이 실제로 얼마나 효과적으로 성취되었는지에 대해서는 논쟁의 여지가 있다. 그러나 대체적으로 어떤 작업을 시작할 때, 그는 자신의 목표를 마음속에 확고하게 정하고서 그것을 독자에게 제시한다. MC에서 화이트헤드는 자신의 주된 관심을 논리적으로 드러냈다. MC가 나오고 30년이 지나서 볼 때, MC에서 한 그의 작업들이 논리학에서 자연/과학 철학을 거쳐서 우주론에까지 진행되는 다양한 단계의 기초가 됨을 알 수 있다. MC의 서문에서 화이트헤드는 일반적인 철학적 문제에 어떠한 관심도 없음을 주장하고서 자신의 연구 범위에 대한

33) Lowe, p. 157, n. 1.

한계를 세심하게 설정한다. 그는 자신의 이 논문에서 물질 세계를 수학적으로 인식 가능한 방식으로 탐구할 것이며, 그러한 수학적 개념들이 의미하는 바를 단지 탐구할 뿐이라고 한다.

화이트헤드는 마음속에 세 가지 목표를 가지고 물질 세계의 여러 가지 개념들을 탐구했다. 그는 교점 이론(theory of Inter[section] points), 새로운 공간의 차원이론(Theory of dimensions), 그가 매우 자랑스럽게 생각하는 어떤 특수한 개념(V개념)을 제시하고 발전시키고자 했다. 그가 MC에서 탐구한 그 외의 다른 개념들은 이 세 가지 개념을 고찰하기 위한 기반을 제공할 뿐이다. 교점 이론과 차원 이론은 실질적으로 동일한 문제에 대한 별개의 대답이며, 이것은 사영 기하학에 대한 화이트헤드의 관심에서 나왔다. 즉 어떻게 점은 선의 관점에서 정의될 수 있는가? 기존에 부여되었던 점의 궁극적 본성에 관한 화이트헤드의 불만은 MC에서 명백히 드러나며, 점의 복잡한 본성을 진술하려는 그의 일관된 노력은 평생 계속된다. 그는 점의 존재를 가정하지 않고도 선을 정의하는 방식을 찾고자 했다. 후기 저서에서는 보다 철학적인 양태로서 점-대상들(point-objects), 혹은 사물들(things)의 존재를 가정하지 않고도 실재(reality)를 정의하고자 한다. 세계에서 변화하고 있는 존재는 점이나 사물로는 충분히 설명될 수가 없다. 왜냐하면 점이나 사물은 정태적이고, 또한 그것들에 대한 정의에서 볼 때 그것들은 상호간에 무관하기 때문이다. 즉 화이트헤드는 세계가 변화라는 특성으로 설명될 때, 그 기초를 제공하기에 점이나 사물은 명백하게 적합하지 않다는 것이다. 정태적인 점에서 운동을 설명하려는 시도는 모순을 초래한다. 이것은 수천 년 동안 실재에 대한 인간의 개념화를 괴롭혀 왔던 것이다. 예를 들자면 서양에서의 그 주된 본보기가 바로 제논의 역설이다.

기존에 부여되었던 점의 근본적 본성에 관한 화이트헤드의 회의와 불만은 사영 기하학에 대한 그의 관심의 직접적인 결과이다. 사영 기하학에서 점은 선들의 다발로 볼 수 있다. 또한 사영 기하학에서는 선에서 사용되는 의미와 언어를 동일하게 점에 관한 공리들을 진술하는데 그대로 사용할 수 있다. 부가적으로 벡터 해석 공리에 의해서 이러한 회의는 더욱 가속화된다. 여기서 점들은 보다 복합적인 표상으로 보인다. 여기서 점은 크기와 방향을 가진다. 이것은 최초의 한 점이 실제로는 고립된 어떤 것이 아니라 오직 다른 점들과의 관계 속에서만 존재함을 뜻한다. 따라서 한 점은 그 자신과 다른 점 사이의 간격을 함축하며, 또한 상호간의 방향성을 함축한다. 점을 이렇게 이해할 때, 점은 결코 단순한 것이 아니다. 이 기본적인 직관—점은 복합적이며, 변화는 근본적이다—은 그의 수학적인 배경에서 연유한다. 그리고 이 직관은 그의 개념적 활동의 가장 근원적인 단계에서 작동된다. 그는 이 직관에 의해서 작업을 수행해 나갔다. 궁극적으로 그는 이 두 가지 직관에 근거해서 차후의 우주론을 전개해 나갔으며, 바로 MC는 그러한 전개의 최초의 단계를 보여주고 있다.

우리는 실제로 벡터 이론의 도움을 받아서, 좀 더 철학적인 직관을 추구할 수 있다. 이 직관에서 시간이 모든 개념적 도식 속에 포함되어야만 한다. 이것은 '변화는 근본적이다'라는 직관을 진술하는 또 하나의 방식이다. 간단히 살펴보건대, 시간의 요소는 임의의 개념적 도식 속에 부가된다. 그런데 처음에 시간은 '점이 단순하다'라는 개념과 양립할 수 있는 형태에서만 부가된다. 이때 시간은 연장되지 않는 통일성, 즉 순간 속에 위치한다. 벡터 이론과 차원 이론의 영향으로 인해 우주론적 도식 속에서 그런 단순한 존재들의 약점이 입증될 것이다. 점은 그것이 다른 점들과 분리, 고립되어 존재하는 것으로 가정된다는 약점을 가진다. 시간을 순간으로 정의하는 것 역시 동일한 약점을 지닌다. 즉 그 약점은 연장되지 않는 순간이 다른 순간들로부터 고립되어 있다는 가정이다. 화이트헤드에게 있어서, 그런 고립은 실재하지 않는 것이다. 그는 수학자이자 기하학자로서 수학과 기하학의 요소들 사이(between)의 관계에 대해 연구하였다. 그는 직관적으로 고립되고 분리된 것을 근본적인 본성으로 여기는 데에 반대했으며, 근본적인 것은 관계 혹은 결합이라는 것이다. 바로 여기서 우리는 언제나 요소들이 관계되어 있음을 도출할 수 있다. 만약 요소들을 오직 근본적인 것으로 본다면, 우리는 그것들 사이의 결합을 도출할 수 없다. 그것들은 여전히 고립되어 있으며 결합되어 있지 않다. 이 결합의 전망에서 바라볼 때, 이전의 고립된 요소들은 실제로는 훨씬 더 근본적인 결합의 복합적인 의미를 드러낸다. 일반적으로 요소들은 결합의 크기와 방향에 대한 생략이거나 혹은 상징들(symbols)이다. 사영 기하학의 용어로서, 점은 실질적으로는 직선의 다발이거나 혹은 벡터 결합이다.

관계 내지 결합의 개념은 MC에서 전개되는 물질 세계의 개념에 있어서 가장 중요한 것들이다. 실제로 물질 세계의 여러 가지 개념들은 대단히 논리적-수학적으로 관련된 형태로 제시된다. 왜냐하면 각각의 개념은 공리들의 집합이며, 이 공리들에서 정의들과 명제들(propositions)이 나오기 때문이다. 물론 이 형식은 MC의 논문이 나온 시기에 화이트헤드와 러셀이 수학의 기초를 탐구하기 위해서 저술한 「프린키피아 마테마티카」(*Principia Mathematica*)에서 행했던 작업의 형식과 유사하다. 공리적 방법은 MC와 PM에 사용된 주요한 도구이다.[34] 보다 일반적으로 말하자면, 물질 세계의 각각의 개념은 관계의 집합(set of relations)이며, 그러한 관계 하의 존재자들의 집합(set

---

34) 공리적 방법에 대해서는, 위의 주 3번을 참조하라.

of entities)이라고 할 수 있다. 여기서 우리는 일정성과 순서라는 주된 범주를 강조하지 않더라도, 의미 관련 학설(Doctrine of Significance)이라는 근본주제가 되풀이된다는 것을 발견하게 된다. 우리는 이 학설이 1905년(MC) 당시에는 미완성이었음을 명심해야만 한다. 그러나 이 학설의 근원지가 분명히 MC라는 것은 명백하다. 이 글에서 관계(relations)와 관계항(relata)에 대한 것은 명백히 진술되었지만, 일정성과 순서에 대한 근본적인 가정은 그 배경 속에 깔려 있다. 그러므로 MC에서 전개된 물질 세계의 개념들을 간단히 검토한 후, 의미관계 학설이라는 이 주된 범주가 MC 안에서 어떤 의미를 지니는지를 도출할 것이다. 그런 후에 이 장의 후반부와 3장에서 보다 더 현실적인 관계와 거기에 관련된 관계항을 자세히 탐구할 것이다.

MC에서 화이트헤드의 전개과정은 분명하고 아주 명료하다. 우선 그는 개념 내에서 작용하는 근본적인 관계들을 설정했다. 둘째로, 그는 이 관계들에 의해서 결합된 존재자들을 그 관계들의 관점에서 정의했다. 셋째로, 그는 근본적인 관계들을 성립시키기 위해 그 개념에 필요한 성질들의 일반적 공식인 공리들(axioms)을 구성했다. 넷째로, 그는 그 체계를 보다 완벽히 하는 데 필요한 좀 더 충분한 연역을 제공했다. 분명히 화이트헤드가 각각의 개념에서 추구했던 명료성은 오직 각 개념의 본질적인 관계(essential relation)에서만 구체적으로 설명된다. 그런 관계는 모든 개연성(probability) 속에서 다가적(polyadic)이거나 다항적(many-termed)일 수도 있지만, 개념 내에서 좀 더 많은 특수화된 관계들을 포괄하기 위해서도 그 관계는 모든 조건을 포함해야만 한다. 이러한 유일하고 본질적인 다가적인 관계에서만 그러한 특수한 개념을 특징짓는 기하학의 모든 공리들이 도출될 것이다. 존재자들 사이의 관계들로부터 도출된 기하학에 대한 이 개념들은 화이트헤드가 그의 전 생애 동안에 추구한 주제이다. 그리고 화이트헤드가 그의 중력법칙을 전개하면서 선험적(prior) 혹은 불변하는 기하학에 의존했다는 비난이 잘못되었음을 밝히기 위해, 후반부에서는 그가 기술한 기하학에서 이 개념에 대한 함축을 탐구할 것이다.

화이트헤드는 기존의 우주론에서는 존재들이 수학적인 점으로 제시된 물리적 대상들이었음을 알고 있었다. 그러나 그는 또한 그 점이 다른 점들에 관계되는 한에 있어서만 중요성을 가진다는 것을 인지하고 있었다. 만약 어떤 식으로든 그것이 관계되지 않는다면, 그 점은 우주에 대한 어떤 합리적인 설명을 하는데도 적합하지 않을 것이다. 점들이 중요한 것은, 그것들이 다른 점들과 관계되어 있다는 혹은 결합되어 있다는 어떤 기초적인 가정 때문이다. 그 결합성은 한 점과 다른 점을 결합하는 직선들에 의해서 나타난다. 그리하여 만약 우주의 존재들이 점으로 나타난다면, 존재들 사이의 관계들은 직선들에 의해서 나타난다. 임의의 한 점 A와 다른 점들을 결합시키는 직선들은 그 시작점인 A에서 교차하는(intersect) 것으로 말해질 수 있다. 그래서 점 A와 다른 점들의 관계들은 집합 혹은 직선들의 다발로 기술될 수 있으며, 그 관계들은 점 A와 다른 점들 간의 결합성을 표시한다. 그러나 점은 우주의 가장 근본적인 단위라는 가정에서 시작하여, 지금 그 점이 실질적으로 직선들의 다발이라는 결론에 다다랐다. 점들 사이의 결합성을 나타내는 이 직선들은 점 A보다 더 근본적인 것임에 틀림없다. 이제까지는 점을 사물의 근본적인 개념으로 여겼으나, 그러한 점-대상들이 실제로는 교차하는 직선들의 다발이라는 생각에 다다랐을 때, 우리는 우주를 어떻게 개념화할 것인가? 우주 속의 존재들에 대한 우리의 점 개념은 선형 개념으로 대체되며, 이 선형 개념들 간의 관계들의 영역은 기존의 개념들의 규모보다 훨씬 더 포괄적이다. 왜냐하면 변화의 범주는, 근본적인 구조에 의해서 단지 설명되기보다는 그 구조 내에 포함되기 때문이다.

이러한 관계들, 관계항, 그리고 공리들의 형식으로 화이트헤드는 물질 세계의 여러 가지 개념들에 대한 분석을 시작했는데, 이 모든 개념들은 수학적 형태로 제시되었다. 그가 각각의 개념을 위해 사용한 근본적인 관계들은, 세 가지 범주 안에서 설명된다. 즉, 본질적인 관계들(essential relations), 시간관계(time relation), 그리고 외적인 관계들(extraneous relations)이다. 본질적인 관계는 각각의 개념 속에서 가장 기본적인 특성이며, 각 개념에서 기본적인 존재들 간의 다항적인 결합을 나타낸다. 이 본질적인 관계야말로 구조의 근본적인 단위이며, 각각의 개념들의 상대적인 가치는 그 본질적인 관계가 가지는 합리적인 본성에 의해서 좌우된다. 하지만 본질적인 관계만으로는 각각의 개념 속에 있는 존재들 사이의 결합성을 완전히 설명해주지 못한다. 그래서 외적인 관계들이 본질적인 관계의 부족한 점을 보완하기 위해서 나오게 된 것이다. 즉 본질적인 관계의 기능을 완성하기 위해서 외적인 관계들이 요구되며, 결국 각각의 개념은 그러한 순전히 외적인 관계들의 수에 의해 판단된다. 여기에 덧붙여서 시간 관계는 시간의 순간들 간의 연속적인 두 쌍의(dyadic) 관계로서 각각의 개념에 부가된다. 본질적이고 외적인 관계들과 시간 관계들의 합성으로 인해 존재들 사이의 근본적인 관계들을 형성하는 완전한 범주가 기능을 하게 된다. 근본적인 관계에 대한 이 세 가지 세부 범주들 사이의 상호작용은 화이트헤드의 다양한 학문 시기 동안에 여러 가지 변화를 겪을 것이다. 그리고 그것들은 「과정과 실재」 에서 연장적 결합으로서 근본적인 관계들이라는 성숙된 개념으로 나타날 것이다. 앞으로 결정적인 순간에 그 변환이 어떻게 강조되는가를 밝히도록 노력할 것이다.

MC에서 처음으로 이 관념들이 발아된 형태를 보는 것은 중요하다. 왜냐하면 이 개념들이 이후에 의미 관련 학설과 연장적 결합의 개념으로 발전하기 때문이다.

MC 속의 용어들은 대부분 수학적이다. 그리하여 엄밀한 수학적인 표현은 보다 추론적인 형식과 용어로 풀어서 사용될 것이다. 이러한 작업은 상당한 대가를 치를 것이다. 왜냐하면 화이트헤드의 모든 수학적 기획의 목표는 극단적인 정확성과 엄격한 정의라 할 수 있는데, 수학적인 공식들과 증명들에 대한 추론적인 변경은 반드시 그 정확성을 손상시킬 수 있기 때문이다. 나는 이러한 작업이 다만 MC의 본래 의미와 모순되지 않기를 바랄 뿐이다. MC에서 화이트헤드는 어떠한 철학적 양상들을 위해서 개념들을 다루지 않았음을 단언했다. 그러나 이 말은 화이트헤드가 자신의 철학적 근원들에 대하여 철저하게 조사하라는 것에 다름이 아니다. 왜냐하면 그는 철학적인 문제들에 매우 관심이 있기 때문이다. 당시에는 분명히 그는 자신의 생각을 철학적 형식으로 제시하기에는 자신감과 경험이 분명히 부족했을 것이다. 하지만 그러한 생각은 MC에 존재하며, 화이트헤드 자신이 한계를 지웠음에도 불구하고, 그의 철학적 시작점을 결정하기 위해서는 이러한 생각은 진술되어야만 한다.

근본적인 관계들을 정의하면서, 화이트헤드는 그러한 관계들의 영향으로 결합되는 그러한 요소들로서의 관계항 혹은 존재자들을 정의해 나간다. 그는 이 존재자들을 각 개념에서의 궁극적인 존재자들(Ultimate existents)로 본다. 그리고 그것들은 이전에 언급했던 시간의 순간들을 포함한다. 시간의 순간을 고려하지 않을 때의 존재자들을 대상적 실재(Objective Reals)라고 한다. 대상적 실재라는 용어는 물질 세계의 전통적인 개념들 속에서 일반적으로 물질이라고 부르는 그러한 구성요소들과 관계한다. 그러나 그는 후기 개념에서 시간과 물질을 하나의 범주로 결합시킬 작정이었기 때문에, 고전 개념을 고려할 때 하나의 구성요소로 시간을 배제한 하위 범주가 필요했었고, 따라서 대상적 실재라는 용어를 창조했던 것이다.

개념들

MC에서 화이트헤드의 용어들은 전반적으로 그 자체의 기획을 오해시킬 소지가 있음을 우리는 분명히 염두에 두어야 한다. 이것은 실제적으로 매우 위험한 일이며, 결코 가벼운 문제가 아니다. MC에서의 목표는 교점이론(Theory of Inter[section]), 차원이론(Theory of Dimensions), 그리고 물질 세계에 대한 개념, 즉 개념 V(Concept V)를 제시하는 것이다. 이를 위해 화이트헤드는 물질 세계의 몇 가지 전통적인 기존의 개념들을 배경으로 삼았다. 이것들은 엄밀히 논리적-수학적 용어로 윤곽을 드러낸다. 개념 V의 전개에서 화이트헤드의 목표는 단순한 선형 존재들로부터 복합적인 점들의 파생을 드러내는 것이며, 교점이론과 차원이론은 이 개념 V의 전개를 떠받치고 있다. 그리고 MC에서 몇 가지 개념들에 대한 철저하고 간결한 분석을 제시하는 것은 화이트헤드가 원하는 바가 아니다. 오히려 그는 개념 V라는 자신의 목표를 작업해 나가면서, 그 개념들 사이의 관계를 드러내는 것과 그 개념들이 어떻게 서로를 떠받치고 있는가를 드러내는 것이 훨씬 더 중요하다고 보았다. 그는 가능한 한 물질 세계의 논리적 개념들의 집합이 포함되도록 독자에게 제시했으며, 이것을 위해 역사적 언급에만 의존하지 않았다. 비록 화이트헤드 자신이 그런 역사적 관련성에 대해서 말하지 않는다 하더라도 MC에서 이미 역사적 입장에 대한 특별한 실례들이 있음을 일부 과학 철학자들은 깨달을 것이다.

MC에서 일곱 가지 개념들이 설명된다: I, II, IIIa, IIIb, IVa, IVb, 그리고 V이다. I-IIIb는 기본적 관계항이 본래적으로 점인 개념들이다. VIa-VIb는 실제로 IIIa-IIIb에 대응하는 선형에 관한 것이며, 이것은 점의 관계항 대신에 선형 관계항과 결부되어 있다. 개념 V는 MC의 가장 중요한 개념으로, IVa-IVb와 더불어 공식화된 선형 개념이다. 화이트헤드가 개념 I-IIIb에서 집중적으로 그 개념들을 분석할 때, 그의 관심이 폭넓다는 것을 알 수 있다. 그가 개념 IVa-V를 고려해서 그런 논의를 전개하였음을 알 수 있다. 화이트헤드는 각각의 개념 속에서 존재자들 사이의 관계들의 기하학이 어떻게 도출되는가에 관심을 가졌다. 관계들과 관계항이 변할 때, 기하학도 바뀐다. 화이트헤드는 MC의 전반부에서 이 관계들의 기하학에 대한 가장 근본적인 단계를 발견하려 하며, 존재자들 사이의 결합과 그런 결합을 떠받치기 위해 요구되는 우주 내의 조건들에 거의 직관적으로 초점을 맞추려는 것 같다. 그는 수학적인 용어로 위상학의 결합성의 개념이 기초적인 요소로 기여하는 것에 매우 큰 관심이 있었다. 비록 그가 이 새로운 과학을 인지했다는 증거는 없지만, MC에서의 설명은 위상학적 범주들의 현대적인 전개와 분명히 병행하고 있다. 따라서 필자는 이 글의 제목을 바로 「느낌의 위상학」(*The Topology of Feeling*)이라고 정하였다.

개념 I에서 고전적이고 전통적인 개념의 본질적인 존재들은 공간의 점들과 물질의 입자들이다. 당연히 그 주된 초점은 공간의 점들에 있으며, 이 점들 사이의 본질적인 관계는 선형적 도형 속에 있는 임의의 세 가지 점들 사이의 삼중(triadic)적 관계이다. 물질의 입자들은 진실로 공간의 점들과 시간의 순간들 사이의 매개체로 기능을 한다. (시간의 순간들은 본질적인 관계항으로 고려되지 않으며, 오직 경험적 세계의 설명을 완성하기 위해 필요한 것으로만 고려된다. 즉 시간의 순간들은 공간의 점들과 물질의 입자들 사이의 관계의 기하학에서 어떤 역할도 하지 않는다.) 그리하여 본질적인 관계는 공간 속에서 점들의 결합성을 드러낼 뿐이다. 이전에 언급했듯이, 여기서 시간 관계는 연속적(serial)이며 이중적(dyadic)이다. 그리고 외적인 관계의 역할은 물질의 입자에 의해서 행해진다. 이 개념 Ⅰ은 점(정태적인 공간의 점들 사이에서 기하학이 발생한다)과 쌍방적(dualistic, 본질적인 존재들은 점들과 입자들이거나, 혹은 점유되지 않은 공간과 점유된 공간이다)이다.

개념 Ⅱ는 실제적으로 바로 개념 Ⅰ의 주제에 대한 일원론적인 변형이다. 화이트헤드는 그 제시에 대한 공적을 러셀에게 돌린다. 개념 Ⅱ에서는 일원론으로의 전환을 위해서 물질의 입자 혹은 점유된 공간의 개념은 본질적인 것으로부터 제거된다. 여기서 정태적인 공간에서 점들 사이의 본질적인 관계는 여전히 동일하다. 즉, 그것은 임의의 선형 도형에서 임의의 세 가지 점들 사이의 삼중적(triadic)인 관계이다. 시간의 순간들이 최종적으로 부가되는데, 이는 개념 Ⅱ가 실제 세계에 적용되는 것을 돕기 위함이다. 그러나 이 개념에서 본질적인 관계들의 기능을 완성하기 위해 요구되는 외적인 관계들의 역할은 개념 Ⅰ의 것과는 약간 다른 구조를 가지고 있다. 전자에 있어서 점들과 순간들은 입자들의 매개를 통해서 결합된다. 각각의 입자에 있어서 공간 속에 있는 특별한 한 점과 시간의 특별한 한 순간 사이의 하나의 유일한 외적 관계가 존재한다. 개념 Ⅱ에서 점들과 순간들은 여전히 외적인 관계들에 결합되지만, 이곳에서는 입자들의 매개적인 기능이 없다.

기하학은 여전히 동일하나, 개념적 구조는 이원적인 것 대신에 일원론적인 것이 되면서, 아주 위대한 단순성의 정교함이 덧붙여진다. 이 개념에 함축된 것은 물질의 입자들이 더 이상 실재 세계에서 지각되는 사물들이 아니라는 것이다. 대신에 감각 경험에 의해 직접적으로 지각되는 것은 점들과 순간들 사이의 관계 그 자체이다. 이러한 함축은 MC에서 철학적으로는 어떤 의미도 가지고 있지 않다. 그것은 그 논문의 규모를 넘어서서 커져가며, 또한 후기의 개념에 작용한다. 그리고 그것은 화이트헤드의 후기 철학에서 인과적 결합의 전개에 있어서 주된 가정으로 자리잡는다.

개념 Ⅲ은 점 개념들 중의 마지막 것이며, 제한된-점(point-limited) 세계로부터 연장된(혹은 선형)-점 세계로의 전이를 만드는 데 중요한 자리를 차지한다. 이 개념과 이전의 두 가지 개념 사이의 주된 차이점은 화이트헤드가 라이프니츠의 학설을 따라 시간 개념과 공간의 점들을 결부시킨다는 사실에 있다. 이 점에서 개념 Ⅲ은 일원론적이지만, 여전히 철점(punctual)이다. 이 개념의 본질적인 관계는 세 가지 점의 존재들과 시간의 순간을 관련시키는 사중적(tetradic)인 관계이다. 이 경우에 있어서, 내 생각으로는, 화이트헤드가 MC에서 제시한 수학적 공식들이 가끔씩 오해될 수 있음을 지적하는 것은 필요하다. 화이트헤드가 점의 존재들 a, b, c와 시간의 순간 t 사이의 본질적인 관계를 위해서 R;(abct)라고 쓸 때, 이 관계가 오직 그 공식 속에 포함된 특별히 연장되지 않은 순간에 대한 실제적인 범위도 함께 가지고 있다고 너무 쉽게 가정해서는 안 된다. 그러나 이것은 위험할 정도로 부정확하며, 비생산적인 가정이다. 그런데 불행하게도 많은 연구가들에 의해서 너무나 쉽게 이것이 행해졌었다. 개념 Ⅲ의 전 기능은 그런 해석에서 벗어난다. 그리고 그것은 개념 V—이 개념은 논문 MC의 주된 목표들 중의 하나이다—의 연이은 전개를 위한 지지를 제공하는 기능을 가지고 있다.

개념 I에서 사용된 고전적 요소들에서 개념 III으로 나아갈 때, 화이트헤드는 운동을 부가한다. 이것은 엄밀히 말해 시간의 순간은 아니다. 운동은 시간의 순간에서가 아니라, 시간의 주기를 통해서 일어난다. 그리고 화이트헤드는 기하학적 공리들(이 경우에는 유클리드 기하학의 공리들) 속에 운동을 포함하는 개념적 기초를 도출할 수 있기를 원한다. 이 개념에 대한 중요성은 한 순간으로부터 다른 순간으로까지 점들과 점들의 집합들을 비교하는 힘을 가지고 있다는 것이다. 이에 의해 그것은 점들의 운동이 나타나는 동안에 시간의 주기를 제공한다. 중요한 것은 두 가지 순간들 사이의 시간의 주기 동안에 점들 사이의 관계들이다. 본질적인 관계는 순간 t에서 점들(a, b, c)의 집합에 대한 조건의 표현이다. 그러나 모든 개념의 기능이 이 본질적인 관계에 제한되어서는 안 된다. 개념의 기능은 다른 점들 혹은 다른 점들의 집합에 관계하는 점들 혹은 점들의 집합들의 운동을 비교하는 외적인 관계의 포함을 요구한다. 그것은 여기에서 연속성이 (또 다른 기초적인 위상학적 범주) 화이트헤드의 개념적 도식에 들어오도록 한다. 외적인 관계는 두 가지 점들 혹은 두 가지 점들의 집합들 사이의 운동의 연속성을 비교하기 위한 기초를 제공한다.

본질적인 관계(편의상 Rt;(abc)로서 쓰여짐)와 S;(uvwt)(여기서 u, v, w, t는 운동의 관련성을 성립하기 위해서 운동 축의 집합을 구성하는 상호 수직적이고 공점인(copunctual) 직선이다)라는 외적인 관계의 결합은 화이트헤드에게 운동(시간의 구간을 통해서)과 연속성 개념의 도입을 위한 개념적 구조를 제공한다. MC에서 각각의 개념의 기초적인 목적이 되는 결합성(connectedness) 개념과 더불어서 이 개념들은 그의 성숙한 우주론의 전개를 위한 위상학적 기초를 제공한다.

확실히, 우리는 점의 개념들의 영역 내에서 여전히 작업을 하고 있지만, 화이트헤드는 이후에 우리가 조사할 작정인 선형 개념들(linear concepts)을 위한 기초를 제시하며, 무엇보다 가장 풍성한 점 개념들보다 더 중요한 역할을 할 의미 있는 통찰을 제공한다. 개념 Ⅰ에서 우리는 공간의 점들을 결합시키는 본질적인 관계와 시간의 순간들을 결합시키는 시간 관계 사이의 매개로서의 입자들의 기능을 보았다. 순간들이 변하고, 그리고 점들이 여전히 정태적일 때, 입자들은 반드시 바뀐다. 개념 Ⅲ에 있어서는 공간의 점들은 시간의 개념을 포함하기 위해서 시간화된다. 그리하여 순간들이 변할 때, 즉 순간들 사이의 구간이 발생할 때, 점들 그 자체는 바뀌며, 그리고 사실상 개념 Ⅰ의 입자들과 거의 같아 보인다. 과학 철학의 역사에 있어서 우리는 그렇게 기능하는 존재들을 에테르의 입자들(particles of ether)로 기술하도록 유혹을 받았다. 그리고 화이트헤드 자신도 이러한 유혹에 저항할 수가 없었다. 그러나 내 생각으로는, 정태적인 공간의 점들이 시간화된다는 이미지를 유지하는 것은 중요하다. 그리고 비록 그 공식이 이 경우에 있어서 구간의 표기(notation of an interval)를 수행하지 못한다 하더라도, 순간의 존재는 다른 순간에 대한 관계에 있어서만 오직 중요하다. 이에 의해서 시간 구간의 존재가 드러난다.

외적인 관계의 기능 S;(uvwt)는 관계 Rt1;(abc)를 어디에 위치시킬 것인가에 대한 동력 축의 집합을 제공하는 것이다. 유사한 절차가 a, b, c 사이의 연속되는 관계의 위치를 제공한다. 예를 들면, 그것은 Rt2;(abc)를 제공한다. 그리고 두 가지 '위치들'(location)의 비교는 두 가지 관계들 사이의 연속성을 판단할 기초를 제공한다. 화이트헤드는 이 미완성의 절차를 선형 개념들로 받아들이며, 그것을 세분화한다.

그리하여 여기에서 기술된 외적인 관계의 매개적 기능을 필요로 하지 않는다. 또한 '위치'(location)라는 개념이 엄격하게 공간적 위치를 의미하지는 않는다는 것을 주의해야만 한다. 위치의 의미는 여기에서 그것이 수행하는 기능에 놓여 있다. 즉 위치의 의미는 요소들의 동일성 혹은 관계의 동일성에 근거한 연속성의 판단을 위한 기체(substrate)로써 기능한다. 만약 이 개념에서 S;(uvwt2)와의 비교는 유사성(similarity)의 판단을 제공한다. 이때 도출된 결론은 요소들 a, b, c(Rt1;(abc)에서)라는 시간 구간(즉 특수한 운동을 통해서)을 통해 그것들의 동일성을 유지하거나, 혹은 운동 그 자체가 동일성의 손실 없이 요소들 a, b, c의 한 집합으로부터 또 다른 집합 d, e, f로 전이되는 것을 통해 유지된다.

화이트헤드는 이 동일성을 '지속'(persistence)이라고 불렀다. 이에 의해 동일한 요소들이 동일한 운동의 유형 속에서 지속하거나, 혹은 동일한 운동의 유형이 어떤 영역(체적 혹은 입자, volume or corpuscle)을 통해서 지속하며, 그것은 존재들의 한 집합으로부터 다른 집합으로 거쳐 간다. 이때 이 지속은 그때 전자(former)의 경우 대상들 사이의 동일성에 대한 제 3의 판단을 위한 기초가 되며, 후자의 경우에는 영역들 사이의 동일성을 위한 기초가 된다. 이 판단 혹은 구별은 화이트헤드에게 상당히 중요하며, 그의 성숙한 철학에서 그것은 계속해서 의미를 지닌다. 이 글의 후반부에서 우리는 지속 혹은 동일성(persistence or identity)의 작용을 조사할 기회를 가질 것이다. 또한 화이트헤드가 그것을 얼마나 밀접하게 그의 우주론에 결부시키는가를 보게 될 것이다. 화이트헤드가 이 논문에서 보여주고 한 바는, 이 운동의 영속성은 다음과 같다는 점을 명백히 하고 싶었던 것이다. 즉, 그것은 존재들과 시간의 연접(conjunction)이 한 순간에 일어나는 것이 아니라, 일정한 시간의 구간(interval of time)을 통해서 일어난다는 것이다. 우리가 본질적인 관계, 즉 Rt;(abc)의 엄격한 수학적 제시에만 주의를 집중한다면 그것에 대해 아주 쉽게 결론지을 수 있을 것이다.

우리가 개념 Ⅲ에서 보는 결합성의 한 산물은 동일성의 판단에 근거한 연속성의 출현이다. 외적인 관계 S;(uvwt1)와 S;(uvwt2)의 비교에 의해서 구성된 두 가지 실재, 즉 Rt1;(abc)과 Rt2;(abc)사이의 결합성은 그 두 가지의 주요한 본질적인 관계 사이의 연속성을 만들어준다. 화이트헤드의 후기 공식에서 있어서 이 결합성이 두 가지 요소들 사이의 동일성의 변이 혹은 요소들 사이의 연속성의 창조로써 직접적으로 경험되는 인과적 결합성으로 나타난다. 이 결론은 공간의 점들과 시간의 구간을 결부시키는 직접적인 산물이다. 거듭해서 화이트헤드의 공식에 있어서 순간(instant)은 오직 그 기능이 사실상 다른 방법으로 보일 때만 그렇게 결부된다는 것에 주목해야 할 것이다.

개념 Ⅲ의 넓은 확장을 통해 화이트헤드는 점과 선형 개념 사이의 문턱에 이른다. 내 견해에 따르면, 그는 오랫동안 점들이 복합적(complex)이며 대부분의 기하학자가 생각하듯이 단순한 존재들이 아니라는 느낌을 간직하고 있었다. 이 논문의 초반부에서 우리는 사영기하학에 대한 화이트헤드의 작업과의 관련성에 대해 탐구했었다. MC에서 그러한 직관들을 통해서 화이트헤드는 사유해 나갔다. 그것은 또한 화이트헤드의 어휘의 일부에 대한 어려움이 시작되는 시점이다. 왜냐하면 그는 자기 자신의 이해에 만족스러운 방식으로 많은 구절과 단어들을 사용하나, 그의 독자와 친우들에게는 점차적으로 걱정스러운 방향으로 나아갔기 때문이다. 「과정과 실재」에서 화이트헤드는 언어의 약점과 이전에 그것의 사용으로부터 생겨난 문제에 대해서 간결하게 경고하고 있다.

> 철학자들은 결코 형이상학적 제일 원리들을 정식화하는 것을 궁극적으로 희망할 수는 없다. 통찰의 약점과 언어의 결함이 무정하게도 그 길에 버티고 서 있다.

> 단어들과 구들은 그것들의 일상적인 용법과는 무관하게 일반성으로 향해져야만 한다. 그리고 언어의 그러한 요소들이 아무리 전문 용어로서 안정되어 있다고 하더라도, 그것들은 여전히 암암리에 상상적 도약에 호소해야 하는 은유이다(PR 4).

화이트헤드는 어휘와 의미 사이의 불안정한 접점을 명확하게 인식한 반면에, 그의 부주의한 독자들은 그런 측면을 간과해서 좌절감에 종종 빠진다.

화이트헤드가 혼란을 초래할 수 있는 용어들과 표현을 사용할 때, 독자들의 오해를 막기 위해서는 필연적으로 어떤 주의가 요망된다. 예를 들면, 화이트헤드가 선형 개념으로 그의 담화를 시작할 때, 그는 그런 기하학적 형상을 구성함에 있어 일상적으로 이해되는 점들의 집합들을 결합시키는 기초가 되는 그런 존재자를 기술하기 위해 "직선"(straight line)이라는 용어를 사용한다. 그러나 화이트헤드는 우리가 연필을 가지고 그은 선과 같은 직선을 단순히 받아들인 것이 아니다. 그는 기초적인 단계에서 결합성의 방향성(directness of connection)을 받아들이고 있다. 그는 단지 똑바른 직선을 의미하는 것이 아니라, 선의 통일성을 강조한 것이다. 가끔씩 '직선적인'(straight) 이라는 용어로 대체하는 것이 도움이 될 것이다. 그리고 이러한 용어의 대체를 상기시켜야 할 필요성이 있는 경우 다시 언급될 것이다.

화이트헤드의 많은 연구가들은 MC의 선형 개념들과 물리학에서 힘의 선들(lines of force) 사이의 유사성에 집중했다. 내가 보기에, 화이트헤드의 연구자들이 유사성에 대해 빈번히 언급한 것 때문에, 그것을 너무 단순하게 생각하고 오해할 수 있는 것 같다. 그러나 만약 우리가 주의 깊게 힘의 이 선들과 결부된 활동에 관심을 가진다면, 그것의 사용에는 어떤 장점이 있다. 그러나 통일성의 관념이 검토될 때, 그 유사점은 약해지며, 명료하지 않게 된다. 이러한 이유 때문에, 그리고 개인적인 선호로 인해, 선형 개념들 속에 있는 직선들과 힘의 선들 사이의 유사점은 오직 가끔씩만 사용될 것이다. 대신에 나는 사영 기하학으로부터 직접적으로 산출한 점들과 선들 사이의 결합성에 집중할 것이다. 화이트헤드에게 있어서 점들은 이 배경으로부터 파생된 것이다. 그것들은 더 이상 단순한 존재자들로 이해될 수는 없으며, 한 점에서 동시에 발생하는 '똑바른'(straight)선들의 복합적인 집합이다. 물론 이것은 합당하며, 순환적이다. 그리고 화이트헤드 역시 이것을 알고 있다. 교점 이론과 차원 이론을 전개하는 이유는 이 순환성을 제거하는 두 가지 설명을 제공하기 위함이다.

MC를 읽는 독자에게 주어진 한계는, 화이트헤드가 그의 생애 동안에 이 시기에 대한 그의 철학적 관심들을 공개적으로 인정하지 않았다는 것에 있다. 나로서도 그 이유는 알 수 없다. 그러나 그것은 철학적 관심에 대해 공개적으로 표현한 1920년 전에 초점을 둔 화이트헤드의 주된 논문들에 대한 연구가들의 접근을 좌절시킨 근거가 된다. 그러나 그가 자신의 철학적 수확물의 일부를 풀기 시작할 때, 그는 이러한 관심들이 특별하게 계획된 전망에서 나온 것은 아님을 다시 한번 주장했다. MC의 경우에 있어서, 그 기획의 규모는 물질 세계의 수학적 개념들의 논리에 제한되어 있으며, 그러한 개념들에 대한 어떤 철학적 해석도 포함하지 않고 있다. 물론 화이트헤드는 논리학의 철학적 기초에 대한 자신의 이해를 가지고 있었다. 그러나 그는 제한된 조망의 모습 뒤로 자신의 생각을 명백히 감추었다. PR에 와서야 화이트헤드는 자신의 내적으로 복잡한 철학적 사유를 강력하게 표출했다. 비로소 대부분의 독자들은 그의 사유가 얼마나 강렬한지를 알게 되었다. 이 글은 그 복잡한 철학적 체계의 시발점의 일부를 밝히는 것이다.

선의 통일성은 화이트헤드의 사유 과정을 이해하는 데 있어서 결정적인 요소이다. 그는 그런 통일성을 인식하는 것이 매우 어려운 일임을 즉각적으로 인정했다. 그럼에도 불구하고 그는 직관적으로 그런 사유를 밀고 나간다. 우리는 화이트헤드가 자신의 복잡한 관념들을 전달하기 위해 강력하면서도 단순한 표현들로 이러한 관념들을 사고했다고 말할 수 있다. 예를 들면, 그가 애를 써서 선의 관념의 기초를 이룬 그 통일성을 표현하려는 문제를 다루고 있을 때, 그는 벡터 이론을 알고 있었다. 그러나 그는 벡터 이론에 대한 논문에 착수함으로써 문제들을 복잡하게 하는 것을 피하고자 했다. 대신에 그는 동일한 관념들을 사용하고, 그것들을 다음과 같은 단순한(여기에서는 보다 축약된 것) 문장으로 압축시켰다: "방향성의 관념은 통일성으로 받아들여진 선의 관념인 것으로서 간주될 수 있다."[35] 선의 통일성을 이끄는 어떤 방향성이 있다는 것이다. 그것은 그 선을 구성하는 것으로 생각할 수 있는 개별적인 요소를 넘어서서 연장된 결합성의 유형이다. 방향성은 전체적으로 그 선을 특징짓는 결합성으로써 모든 곳에 내재하는 조건이다. 화이트헤드가 후기에 철학적으로 성숙해졌을 때, 우리는 어떤 영역에서 연장적 결합의 개념으로 혹은 MC의 용어로는 하나의 선에서 방향성의 통일이라는 개념으로 전개되는 것을 발견하게 될 것이다. MC에

35) Whitehead, "MC", in *A. N. Whitehead, An Anthology,* ed.. F, S, C Northrop & Mason W. Gross, New York: Macmillan, 1953, p. 33.

서도 우리는 직선들에 대해 설명할 때, 결합의 방향성이 동일성에 대한 연속성을 만드는 영역들의 관점임을 알게 된다.

화이트헤드는 "선형 대상적 실재가 일반적으로 이해되는 기하학의 점들의 선을 대신하지는 않는다고"했다.[36] 그는 통일성(unity)이 있는 선의 관념을 부분들과 선분들을 가진 선의 관념으로부터 구분하기를 원했다. 화이트헤드는 방향에 대한 직관을 통해 선에 대한 두 가지 개념을 줄곧 구별했다. 방향은 운동의 유일성을 결정하기 위한 기초를 제공함으로써 운동의 개념과 결합되었다. 예를 들면, 만약 어떤 관계가 A로부터 C로 수행된다면, 그 운동을 유일하게 동일시하는 방향은 A→C이다. 이와는 반대로 그 관계가 C로부터 A로 이행한다면, 그 관계를 특징짓는 유일한 방향은 C→A이다. 이 전개로부터 나타나는 하나의 주된 함축은 임의의 운동이 그것의 관찰된 명시(明示)의 한계를 넘어서서 연장되는 것으로 간주될 수 있다는 것이다. 그리고 이 연장은 처음의 운동의 방향만큼이나 유일한 것이다. 만약 우리가 선형 존재의 통일성을 무한하게 연장될 수 있는 방향의 기초로 간주한다면, 그때 선형 존재들 사이의 근본적인 관계들은 그러한 존재들을 특징짓는 기초를 이루는 방향들 사이의 관계의 관점에서도 표현할 수 있다. 화이트헤드의 선형 개념들에 대한 수학적 표기 속에 주어진 관계들의 형식에서, 방향의 관계에 대응하는 일반적 표현은 R;(abcdt)이다. 여기서 a는 관련된 선형 존재인데, 그것의 방향은 bcd 순서에 의해 표현된 관계 속에 있는 다른 선형 존재들의 방향으로 교차한다. a의 방향은 a, b, c, d 사이의 전 관계를 유일하게 동일시하는 데 기여한다. 즉, 그것은 그 관계 내에서 명백하게 표현된 관점에서 기술될 수 있으며, b→c→d 라고 적을 수 있다.

---

36) ibid., p. 33.

이로부터 화이트헤드가 존재들 사이의 근본적인 관계들에 집중할 때, 가장 광범위한 일반성과 가장 넓은 적용성의 영역을 가지는 그런 관계들을 발견하고자 하였음을 예견할 수 있다. 현재 논의 중인 방향의 의미는 관련된 존재들 사이에 얻어지는 관계들의 차원을 탐구하는데 있어서 넓은 다양성을 허용한다. 우리의 현재의 본보기에서, a의 방향성은 매우 특별하면서도 한정된 순서 bcd에서 순간 t에 있는 b, c , 그리고 d의 방향성으로 교차한다. 이 교차 순서가 중요한 이유는, 이 양식을 통해 화이트헤드가 순서의 설정으로부터 사영 기하학(그리고 보다 특별하게 유클리드 기하학)의 공리들을 도출하기 때문이다. 조화공액(harmonic conjugates)이 정의되며, 유일성이 정의되고, 근본적인 정리가 연역(pappus)될 수 있으며, 근본적 기하학에 대한 보다 많은 공리적인 특징이 연역될 수 있다. 물론 이것은 MC에서 화이트헤드가 진술하고자 한 목표이다. 따라서 그런 일이 그 자신의 목적을 수행하였다는 점에서 그렇게 놀라운 것은 아니다.

여기에 대해서 우리는 거듭해서 주목해야 한다. 비록 화이트헤드가 각각의 개념에 대한 그의 논의에서 어떤 예외도 없이 순간들의 관점에서 시간을 포함하고 있다고 하더라도, 이때 우리는 시간의 기능이 이 개념들 속에 사용될 때 시간의 구간 혹은 연장된 순간의 관점에서만 그것이 발견된다는 것을 매우 깊이 주시해야만 한다. 선형 존재들은 실제적으로 물리적 물질의 존재들 전체 사이의 결합성이며, 그 결합성에 대한 구조의 기초를 제공한다. 화이트헤드의 목표는 선형 존재들 사이의 수학적 결합을 탐구함으로써 그 근본적인 구조를 드러내는 것이다. 철학을 탐구한 시기에 화이트헤드는 이 세계에 대한 근본적인 구조를 제공하는 그 결합성이 인간 경험에서 어떻게 명시되는가를 보여준다. 그러나 1905년의 논문을 통해서 화이트헤드는 자신이 선형 대상의 실재(필자는 이것을 선형존재들로서 재진술한다)라고 부른 결합하는 존재들 사이의 가장 근본적인 논리적 관계에 관련된다. MC에서 최종적으로 논의되는 점 개념, 즉 개념 III을 통해서 볼 때, 지속(운동)의 관념은 그 선형 개념들 속에 포함된다. 이 지속(persistence)은 이전의 점 개념들에서 언급한 동일한 두 가지 유형들이다. (1) 그것은 선형 존재들의 한 집합으로부터 다른 집합으로 이행하는 하나의 '영역'(region) 이거나 입자(corpuscle) 내에서 운동의 지속일 수 있다는 것, 혹은 (2) 지속은 동일한 운동의 유형을 갖는 선형 존재들의 어떤 특수한 집합의 연속일 수 있다. 여기에서 지속의 관념에 대한 초점은 선형 개념들 속에서 시간의 작용 혹은 기능을 예시한다.

선형 개념들 속에서 각각의 관계 R;(abcdt)의 근본적인 구조는 다른 선형 존재들 b, c, d를 갖는 교차의 순서를 설립하는 선형 존재 a의 방향에 의해서 먼저 한정된다. t2에서 동일하게 관련된 존재 a는 두 가지 관점에서 선형 존재들 b, c, d 사이의 다른 관계를 한정할 수 있다: R1→R2로 이행하는 운동은 변할 수 있고(혹은 여전히 동일할 수 있다) 혹은 두 번째로 선형 존재들은 변할 수 있다(혹은 여전히 동일한 것일 수 있다). 만약 양자의 구성 요소들이 바뀐다면, 그 두 가지 관계 사이에서 임의의 연속성을 동일시하는 어떤 기초도 없을 것이다. 만약 어떤 구성 요소도 바뀌지 않는다면, 완전한 연속성이 있을 것이다. 만약 하나 혹은 다른 구성 요소들이 바뀌거나, 하나가 지속한다면, 그 때 구조의 유사성을 동일시하는 기초는 그 두 가지 관계들 사이에 존재할 것이다. 이 구조는 그 관계 속에서 선형 존재들 사이의 결합, 그 결합의 순서와 그 결합성 연속성을 다룬다. 만약 그런 언어가 필요할 것 같다면, 이 구조의 최초의 두 가지 양상들은 한 순간(moment)에 존재하는 것으로 말해질 수 있다. 그러나 마지막 양상의 포함은 차원이 없는 순간의 관념에 대한 연장을 드러낸다. 운동과 마찬가지로 연속성은 두 가지(그 이상의) 순간들(moments) 사이에서만 존재할 수 있으며, 단 하나의 순간(instant)에 존재할 수 없다. 화이트헤드가 운동 혹은 변화의 범주에 근거한 비-점 존재들 사이에 얻어진 관계를 설명하려는 바로 그 사실 때문에, 그의 통찰은 한 순간에 근거해 있는 것이 아니라 순간들 사이의 관계들에, 혹은 그가 곧 지속이라고 부르는 시간의 구간에 근거해 있다

교점 이론

교점(Inter[section]points, 약어로 Interpoints) 이론은 이미 앞에서 언급했던 한 점에서 발생하는 선들의 복잡한 다발로서 점들을 정의할 때, 순환성의 문제에 대한 두 가지 대안의 대답들 중의 하나이다. 우리는 선형 a에 의해서 R;(abcdt)의 관계 속에서 수립된 교차의 순서를 논의했다. 선형 존재들 b, c, d 각각에 대한 관계 내에서 '위치'(position)의 의미를 만들어 내는 것은 이 순서이다. 이 '위치'는 다른 존재들 사이의 운동의 연속성과 서로 유사하며, 현재 교점 이론에서 보다 충분히 탐구될 것이다.

여기서 우리는 지금까지 논의해 온 것을 간략하게 정리할 필요성이 있다. 이 글의 1장은 화이트헤드의 수학적 배경의 일반적 해명에 몰두했으며, 거기에서 어떤 배경을 통해서 그의 사상이 전개되었는지를 제시하고자 노력하였다. 이와 같은 논의를 통해서 화이트헤드의 의미관련학설이 분명해졌으며, 이 철학적 학설과 논리적-수학적인 느낌의

위상학 사이에는 결합성이 있다. 그의 철학이 성숙해 감에 따라서, 느낌의 위상학적 성격은 보다 경험적인 것으로 되었으며, 좀 더 구체화되어 갔다. 그러나 느낌이라는 경험적 학설에 대한 추상적이고 이론적인 기초를 고려하는 것은 화이트헤드의 철학적 사유에 대한 폭넓은 이해에 필수적이다. 후기의 경험적 학설과 초기의 추상적 학설 사이에서 단 하나의 가장 중요한 요소는 연장적 결합이라는 개념이며, 비록 양자가 형식은 다소 다르나 연장적 결합은 두 학설에 내재한다. 연장적 결합이라는 개념은 의미 관련학설의 전개와 기능 속에서 가장 쉽사리 발견된다. 의미 관련 학설의 세 가지 기본적인 범주들은 화이트헤드의 철학적 도식에서 연장적 결합의 중요성과 기능을 드러낸다. 세 가지 범주들은 (1) 일정성과 순서(uniformity and order) (2) 관계성(relatedness) (3) 사실의 요인들 혹은 존재들(factors of fact, of entities)이다. 1장에서 우리는 그 최초의 범주, 즉 일정성과 순서의 역할을 탐구했는데, 이것은 화이트헤드의 저서 MC에서 사용되는 사영 기하학의 개념과 밀접히 관련되어 있다.

MC에서 화이트헤드에 의해 전개된 교점 이론은 의미 관련 학설의 첫 번째 범주와 밀접히 관련되어 있다. 즉 그 범주는 일정성과 순서이다. 화이트헤드가 MC에서 제시한 논리적-수학적 체계 속에서, 일정성과 순서에 대한 기초를 확립한 것이 이 교점 이론이다. 그가 이 이론을 확정짓기 위해 사용한 원리들은 실제적으로 사영 기하학(projective geometry)의 공리들이다. 그리고 그가 사용한 공리들은 사영 기하학에 가장 근본적인 것들이며, 그것은 새로이 발전하는 위상학에 대한 기초로 전개된다. 따라서 이 책의 제목은 사영 기하학(그것의 위상학적 기초) 속에 있는 연장적 결합의 근원으로부터 화이트헤드의 우주론적 도식에 있는 그것의 성숙한 형태로까지, 연장적 결합의 개념에 대한 점진적인 전개를 보여주고자 한다. 이 여정에서 교점 이론은 사영 기하학의 공리들이 순서와 동일성의 존재를 확정짓기 위해서 사용되는 최초의 주요한 방식의 근거지이다. 이로부터 그것은 물질 세계의 수학적 개념으로부터 상대성 이론, PR에서 우주론적 도식에로까지, 화이트헤드의 도식을 표시하는 일정성을 나타낸다.

교점 이론의 공리적 도식은 다섯 개의 주된 공리들에 기초해 있는데, 이 절에서 우리는 이것들을 MC에서 화이트헤드에 의해서 사용된 숫자의 참고부호를 사용함으로써 언급할 것이다: 1.41, 1.51, 1.52, 1.53, 그리고 1.54이다. 이 다섯 가지 공리들은 그 이론 속에 남아있는 모든 명제의 구조에 대한 기초를 형성하며, 그 체계 속에서 순서에 대한 기초를 확정한다. 1.41에서 만약 A가 시간 t에서 교점이라면, 그리고 a가 A의 구성원인 임의의 선형 존재라면, A는 교점 관계 R;(a???t)의 구성원임을 뜻한다. 즉 직선들의 다발로 구성된 A는 그 중의 임의의 하나를 이 예에서 a라고 부를 수 있으며, 이 모든 직선들은 교점 A에서 발생한다. 이것은 직선들이 점들로 구성되어 있다는 개념에 대한 쌍을 이루는 대응물이다. 그리고 일반적 목적을 위해서 우리는 그 직선으로부터 임의의 점을 골라잡을 수 있으며, 그것을 그 직선의 대표치로서 사용할 수 있다. 이 경우에 있어서 사영 기하학의 쌍(duality) 정리를 사용함으로써, 화이트헤드는 한 점을 정의하기 위해 직선들의 다발을 사용하기를 주장하고 있다. 그리고 일반적인 목적을 위해서 우리는 그 다발의 교점을 제시하려면 그 다발로부터 임의의 직선을 선택할 수 있다. 동등(equality)과 위치(position)의 목적을 위해서, 하나의 교점을 한정하는 다발 속에 있는 각각의 직선은 실현할 수 있는 동등한 힘을 지니고 있다. 말하자면 그 각각의 직선은 교점 관계 R;(a???t)에서 A에 관하여 그 다발 속에 있는 모든 다른 직선들과 마찬가지로 동일한 위치를 차지한다. 이리하여 운동이 교점에서 행해질 때, 우리가 실질적으로 언급해야 할 것은 교점을 구성하는 선형 존재들의 저 다발이다. 이 이론이 그의 성숙한 우주론에서 전개될 때, 우리는 교점이 합생하는 존재들[37]로 대체됨을 보게 되며, 그리고 교점을 구성하는 선형 존재들 대신에, 화이트헤드는 현재의 합생하는 존재를 구성하는 경험의 현실적 계기들(actual occasions of experience, 혹은 현실적 존재자들)을 언급한다. 그러나 이 결합들에 대한 보다 자세한 것은 나중의 절에서 언급될 것이다.

A가 자기 자신을 한정할 수 있는 단 하나의 요소가 아니라, 직선들 혹은 보다 정확하게는, 직선들의 다발로서 한정됨을 기억하는 것은 중요하다. A는 실제적으로 그 다발 속에 있는 각각의 직선들에 의해서 나타나는 방향의 연접(conjunction of direction)이다. 그것은 기초를 이루는 선형 존재들 각각의 방향의 교차이며, 그러한 선형 존재들 사이의 동일성의 관계성을 유일하게 재현한다. 점 A는 그 다발의 구성원들 중의 어떤 것에 의해서도 표현될 수 있다. 왜냐하면 각각의 구성원은 A를 포함하기 때문이다. 이와는 반대로, 만약 우리가 A에 이르기를 원한다면, 우리는 그 다발 속에 있는 임의의 개별적인 직선에 의해 나타나는 방향들 중의 하나를 따라 어떤 '장소'(place)에서 A와 마주칠

37) 화이트헤드는 다양한 방식으로 현실적 존재자라는 용어를 사용한다. 일반적으로 그 용어는 충분히 결정적이고 완성된 자연의 추이(passage)의 단위(units)와 관계한다. 그러나 그는 또한 그 용어를 사용해 결정된 생성의 과정 속에 있는 그러한 존재들을 기술한다. 부차적으로, 그는 가끔씩 그 용어를 이용해서 오직 가능태로서만 존재하는 존재들에 그 용어를 적용시킨다. 그 처음의 두 가지 용법들을 구별하려는 시도에서, 동명사적 형태가 사용될 것이다. 즉 그것은 현실화하는 혹은 합생하는 존재들이다. 합생(concrescence)은 화이트헤드가 자연의 창조적 전진의 과정을 기술하려고 주조한 전문 용어이다.

수 있다. 그러므로 1.41의 중요성은 점들을 직선들의 다발로서 구성하고자 하는 그 내용에 있다. 그 다발 속에 있는 각각의 직선의 유사성(similarity)은 교점 A에 의해서 나타나는 전체적인 관계 속에서 위치의 유사성이다.

여기에서 화이트헤드의 목표들 중의 하나는 가능한 한 가장 일반적인 용어로서 선형 존재들 사이에 얻어질 수 있는 관계들의 다양함을 표현하는 것이다. 이리하여 그는 먼저 가장 단순한 정의들, 즉 여러 가지로 방향이 정해진 선형 존재들 사이의 공동적인 연접 혹은 결합의 정의를 주의깊이 확정한다. 왜냐하면 방향이 정해진 선형 존재들은 교차점 혹은 교점이기 때문이다. R;(a???t)의 경우에 있어서, 이 정의가 본질적인 관계와 관련하여 그 다발 속에 있는 각각의 선형 존재의 동질성을 확립하고 있음을 고려하는 일은 중요하다. 이 동일성은 실제적으로 그 관계의 매개 내에서 각각의 직선에 대한 위치의 유사성(similarity of position)이다. 각각의 선형 존재는 교점이 마주칠 수 있는, 방향이 정해진 '행로'(path)를 나타낸다. 편의상 우리는 직선들의 다발 중 임의의 하나를 선택하여 관계의 수학적 표현 속에서 동일하게 기능하도록 한다. 교점 A에서 발생하는 직선들의 다발 속에서 하나의 직선을 그 관계 속에서 대표적인 것으로 선택해 보자. 그리고 그 대표되는 직선을 a라고 부르자. 지금 화이트헤드는 정의에 의하여 교점의 순서(그리고 일정성)가 만들어지는 일에 착수한다. 이것을 시도할 때, 그는 자신이 할 수 있는 가장 단순한 표현으로 이것을 제한한다. 이리하여 선형 존재 a가 다른 선형 존재들을 교차하는 경우를 고려하고, 분명하게 나타내기 위해 그는 a가 다른 세 가지 선형 존재들 b, c, d를 교차하는 경우를 선택한다.

여기에서 중요한 것은 그 관계가 존재들 b→c→d 사이에 얻어지는 것이지, a→b→c→d 존재들 사이에 획득되는 것은 아니라는 것이다. (필자는 팔터[Palter][38]와는 대조적인 입장에 있다.) 이것은 주된 문제이다. 왜냐하면 선형 a 의 기능은 b→c→d사이에서 얻어지는 관계의 단순한 방향성으로서 1.51(교점 순서의 최초의 공리)에 의해서 명백하게 한정되기 때문이다. 따라서 화이트헤드는 다음과 같이 말한다. "...a라는 것은 R;(a???t)의 구성원이 아니다."[39] 이것이 의미하는 바는, a는 그 관계에 의해서 표현된 b→c→d 사이의 기초적인 관계성의 단순한 대표치이며, 위에 언급된 방향이 있는 결합을 부분들로서 포함하고, 결국에 가서 당연히 하나의 선형 존재로서 보일 수 있다는 것이다. 이 점에서 b→c→d 사이의 결합성 가장 단순한 이미지가 똑바른 직선의 이미지임을 관찰하는 것은 흥미로운 일이다. 화이트헤드는 이 용어들을 사용한다. 그러나 나는 화이트헤드가 자신의 심중에 단순히 직선을 가지고 있었는지는 확실하지 않다. 오히려 그는 단지 그 관계가 존재하는 시공간 구조에 의존하면서 실제적으로 굽어질 수 있는 b→c→d 사이의 관계의 가장 똑바른 방향성을 전하는 것을 의도했을 뿐이라고 본다. 내 생각으로는 화이트헤드가 제시하는 "똑바름"(straightness)이 문자 그대로의 뜻을 의미하지는 않으며, 오히려 그것은 "똑바름"의 용어를 사용해서 방향성(directness)을 의미했다고 명확하게 보인다.

교점 순서의 두 번째 공리인 *1.52는 조화 공액(harmonic conjugates)의 기능을 사용해서 사이성(betweenness)의 존재를 설정하는 사영 기하학의 특별한 정의를 진술한다. 임의의 사영 직선 위에 있는 점들의 순서는 두 개(한 쌍)의 점들의 존재에 의해서만 확고히 설정될 수 있다. 이러한 이유는 임의의 사영 직선이 무한한 그 점에 본질적으로 무한대

38) Palter, p. viii, n. 1.
39) (*)1.51에 대한 현재의 언급과 그 이후의 설명은 MC 37ff를 보라.

로 관련되기 때문이다. 이리하여 그것은 하나의 순환으로서 개념적으로 상상될 수 있다. 만약 순환이 한 점에서 잘려진다면, 그 순환이 일주할 수 있는 두 개의 방향이 존재한다. 그러나 오직 한 개의 선분이 있을 뿐이다. 만약 그 순환이 두 개의 점에서 잘린다면, 그때 두 개의 선분이 한정되며, 두 개의 점들 사이의 방향성은 유일하다.

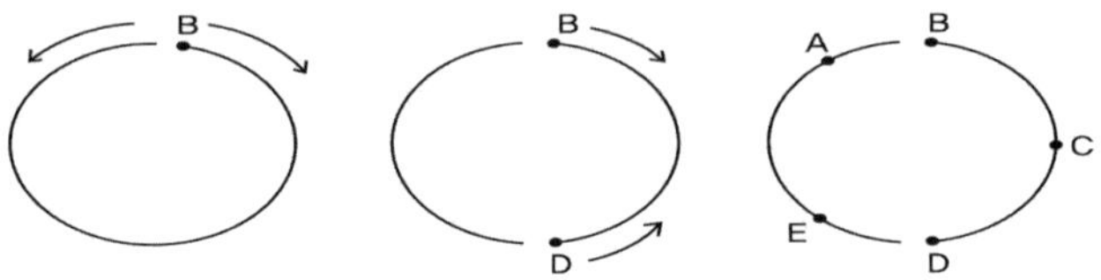

Figure #2

<그림 #2>

만약 세 번째 점이 그 순환 속에 포함된다면, 그리고 그 순환이 두 면에서 잘린다면, 불연속성의 두 점과 세 번째 점을 포함하는 오직 하나의 선분만이 있게 된다. 화이트헤드의 목표는 또한 가장 포괄적인 단순한 정의의 형식을 제공하는 것이다. 이리하여 그는 세 개의 직선의 다발로부터 세 개의 대표하는 직선을 사용해서 그것의 각각이 세 개의 교차점 B, C, D에 한정하는 직선 a를 교차하는 정식을 구성한다. *1.52의 중요성은 그것이 B와 D를 조화공액으로 설정하고 있다는 사실이다. 그림 #2의 (c)의 도해에서 우리는 그 선분에 있는 B에서 무엇을 착수할 수 있다. 그리고 우리는 C를 통해서 선분의 다른 끝점 D로 나아갈 수 있으며 B→C→D의 연결을 가질 수 있다. B와 D가 조화공액이라는 사실은 그것들 사이의 연결이 이중 연속적임을 보여준다. 즉 이 선분의 어느 끝점에서 시작해도 결과에 이르는 결합은 동등하다는

것을 뜻한다. 즉 B→C→D ≡ D→C→B. 끝점에도 불구하고 우리는 다른 끝점에 다다르기 위해서 C를 통해서 하나의 통행을 선택한다. 달리 표현하면, C는 저 개별적인 선분을 통해서 취해진 그 방향에도 불구하고 B와 D 사이에 있다.

지금 교점 순서의 두 번째 공리에 대해서 더 주목할 만한 것이 있다. 앞의 문단은 특별하게 교점의 관점에서 말해졌다. 마치 점들 그 자체가 그 공리의 주체인 것처럼 말이다. 이와는 대조적으로, MC에서 화이트헤드의 목표들 중의 하나는 실제적으로 보다 단순한 선형 존재들 사이의 관계로써 복잡한 점들 사이의 관계들을 표현하는 것이다. 이리하여 *1.51에서처럼 그는 공리의 주체로써의 교점이 아니라 선형 존재를 사용한다. 선형 존재에서 교점이라는 것은 단순한 대표치이다. 선형 존재들의 관점에서 엄밀하게 표현하자면, *1.52에서 선형 존재 a의 방향성에 의해 설정된 선형 존재 b, c, d 사이의 가장 직접적인 (직선) 관계성은 b와 d 사이의 이중-연속적이며, 그것은 언제나 선형 존재 c를 경유한다는 것이다. 게다가 b와 d는 조화 공액이며, 따라서 관계 그 자체(R;(abcdt)≡R;(adcbt))를 변화함이 없이 관계 R;(abcdt) 속에서 교체될 수 있다.

교점 순서 세 번째 공리인 *1.53은 *1.52와 대조된다. 즉 선형 존재 c는 b와 d 어느 것에서나 조화 공액이 아니며, 그것들 중의 어떤 것과도 교체될 수 없으며, 처음의 것과 동일한 관계를 유지한다. 달리 진술하면, 선형 존재 C는 언제나 관계 R;(abcdt)에서 b와 d라는 선형 존재들 사이에 존재하며, 이 때문에 그 관계의 순서를 변형하는 어떤 변환도 그 관계를 바꾼다. 달리 진술한다면, 이 공리는 R;(abcdt) 와 R;(acdbt)가 일치하지 않는다. 즉 R;(abcdt)≠R;(acdbt)이다. 교점 순서의 네 번째 공리인 1. 54는 관계 R;(abcdt)가 b와 d는 개별적이며 별개의 존재들임을 함축한다.

이때 이 교점 순서의 공리는 어떤 중요성을 가지는가? 이것의 실질적인 중요성은 화이트헤드가 이 동일한 개념들의 대부분을 사용해서 자신의 후기 저서에서 연장적 결합이라는 보다 복잡한 개념으로 전개할 때까지는 명백하지 않다. 이 절의 진행 관점으로부터 우리는 수학적 외관 속에서 드러나는 의미 관련 학설의 몇 가지 중요한 양상들을 보게 된다. 화이트헤드의 개념에서 쓰이는 사영 기하학에 의한 직관들은, 우주 속에서 일정성과 순서의 요소들에 대한 그의 일관된 탐구 속에서 스스로 나타난다. 교점 이론에서 우리는 점들은 실제적으로 복잡한 존재들이며, 실제적으로 그것들은 하나의 교차점(교점)에서 발생하는 직선들의 다발로서 보이지 않고 단순한 선형 존재들의 대표치라고 확고하게 주장하는 화이트헤드의 입장과 마주친다. 다른 존재들과 임의의 관계 속에 있는 임의의 존재는 일정성과 순서의 우주를 함축한다는 기본적인 자신의 신념을 통해서 화이트헤드는 우주 속에서 존재들 사이의 그런 관계를 떠받치고 허용하는 조건들을 도식화하기 위해서 노력한다. 이러한 조건들로부터 그는 우주가 근본적으로 일정하며 순서가 있다는 기초를 연역한다. 이리하여 화이트헤드가 일정성과 순서의 가정과 함께 그의 임무를 착수한 것은 어떤 의미를 가지는데, 그 사실들을 기초지우는 조건들로부터 그 가정에 대한 토대를 연역하는 것은 그 이상의 의미를 가진다. 나는 화이트헤드가 어떤 직관을 갖고 착수했음을 강력하게 느낀다. 그러나 그의 궁극적인 임무는 그 직관에 대한 경험적인 토대이다.

교점 이론에서 표현된 일정성과 순서의 초기 의미와 더불어서 우리는 또한 그것들의 요소적인 형태, 즉 관계들과 관계항(혹은 관계된 존재들)에서 의미 관련 학설의 두 번째, 세 번째 요소들과 마주친다.

물론 관계항은 기하학의 점들과 직선들인데, 화이트헤드의 직관 속에서 점들은 실제적으로 복잡한 존재들이며, 직선들은 실제적으로 점들의 보다 단순한 구성 요소들이라는 것으로 전개된다. 관계들이란, 개별적인 동일성, 순서의 의미를 제공하는 결합의 유일성과 사영 기하학의 조화 공액과 닮은 결합의 이중-연속적인 성격을 제공하는 선형 존재들 사이의 가장 기본적인 결합성의 유형이다. 이 근본적인 관계성 속에서 우리는 화이트헤드의 성숙한 철학에서 아주 중요한 역할을 하는 연장적 결합이라는 복잡한 개념의 출현의 초기 단계를 본다. 이 결합의 관계(본 필자는 이것을 방향지워진 관계라고 부른다)로부터 화이트헤드는 위상학의 근본적인 범주로서 기여하는 연속성을 도출할 수 있다. 이것은 이 글의 제목을 이렇게 구성한 필자의 의도이다. 화이트헤드는 위상학적 범주의 근본적 성격에 대한 직관적인 이해를 통해, 경험의 여건으로부터 복잡하고 포괄적인 도식을 구성하도록 허용하는 우주의 기본적인 구조에 대한 근본적인 이해를 제공하는 철학을 만들어 간다.

교점 이론은 물질 세계에 대한 화이트헤드의 창조적인 개념, 개념 V를 표현하기 위해 차원 이론과 결합되어 사용된다. 과정의 우선성이 화이트헤드에게서 근본적인 단계로 드러나는 것은 MC의 최종적인 개념의 항목 내에서이다. 이 논문에서 방향이 있는 결합(혹은 위상학에서 이중-연속적인 변환)으로서 연장적 결합의 개념은 PR에서 완숙한 형태의 것과 동일한 방식으로 드러난다. 이 논의에서 근원적인 목표는 MC에서의 개념들과 화이트헤드의 후기 우주론에서 그것들의 성숙한 형태 사이의 근본적인 유적 관계를 설정하고자 하는 것이다. 교점 이론은 이 연장적 결합을 위한 확고한 기초를 제공한다. 차원 이론과 개념 V가 복잡해서 효과적이고 정합적으로 그것들을 밝히기가 어렵기 때문에, 그것들은 그 중요성이 보다 충분히 탐구될 수 있는 미래의 작업으로 남겨둘 것이다. 현재의 논의에서 MC가 빈번하게 반복해서 언급되는 이유는 이 논문이 최종적인 양상들에 대한 화이트헤드의 개념적 전개를 해석하기 위한 예비적인 작업들을 포함하기 때문이다. 교점 순서의 공리들은 일정성과 순서, 즉 의미 관련 학설의 두 부분의 최초의 원리에 대한 화이트헤드의 직관에 대한 근본적인 요소들을 해명하려는 그 주된 목적에 기여할 것이다. 1905년에 본격적으로 시작된 논문(MC)에서부터 의미 관련 학설은 그의 과학적이고 우주론적인 철학 전반에 걸쳐 효과적으로 작동한다.

일정성과 순서

화이트헤드는 이 세계의 사물이라는 것은 상호 어떤 결합성의 양태 속에 있다는 사실을 본능적으로 이해했다. 그의 이러한 직관은 수학의 영역에서 경험의 영역으로 이행해 갔으며, 그의 우주론이 생겨날 때, 이 결합성의 의미는 보다 더 형식을 갖춘 학설로 발전한다. 일반적으로 그의 주장에 따르면, 순서의 기초가 없이는 이 세계의 특수한 경험들은 서로 간에 여전히 고립되어 있으며, 어떤 양식에서도 그 경험을 관련지울 수가 없다. 그러나 우리의 감각적인 경험들은 이러한 비관계성이 거짓임을 드러낸다. 실제로 우리가 무언가를 손에서 떨어뜨릴 때, 그것을 다시 찾기 위해 곧바로 마루를 보거나, 즉시 떨어뜨린 것의 아래를 본다. 만약 매번 "밑으로"가 아닌 다른 어떤 방향에서 찾아야 하는 무언가를 떨어뜨린다면, 우리는 "무언가를 떨어뜨리는" 그 경험과 "무언가를 떨어뜨리는" 또 다른 경험 사이를 연관시키지 못할 것이다. 사실상 우리는 어떤 면에 있어서도 그 두 가지 경험을 결합시킬 수 없다면, 그와 같은 경험을 기술하기 위해서는 다른 언어적 표현을 아마도 전개해야 할 것이다. 그러나 우리 모두는 이러한 일이 명백하게 사실이 아님을 알고 있다. 우리는 "무언가를 떨어뜨리는"이라는 동일한 언어적 구를 사용한다. 왜냐하면 그러한 경험들을 통해서 우리는 충분히 만족스러운 어떤 일반적인 특징이 각각의 특수한 경험 속에 존재한다는 사실을 알기 때문이다. 각각의 개별자 속에는 공통적으로 존재하는 일반적인 것이 있다. 우리는 한 사건이 또 다른 사건의 원인이 되기 때문에 반복을 간접적으로 느낀다. 우리는 반복으로부터 원인을 도출해 내지는 않는다. 자연의 개별적인 사건들이 발생해서 다시는 나타날 수 없게 되는 경우에서조차도, 그것들 사이의 인과적 결합은 보다 빈번하게 발생하는 사건들만큼이나 매우 강렬하게 경험될 수 있다. 사건들 사이의 이러한 결합에 대한 기초는 그것을 감내하는 우주(cosmos) 속에 있다. 이 우주는 그러한 결합을 허용하거나, 혹은 기초를 제공한다. 비일정한 우주 역시 어떠한 결합에 대한 기초를 명백히 제공할 수 있을지 모르지만, 그것은 어떤 체계적인 양식에서 자기 자신을 반복하지는 못할 것이다.

> 개별적인 것 속에서 보편적인 것과 덧없는 것 속에서 영구적인 것을 본다는 것은 과학적 사유의 목적이다. 과학의 시야에서는, 사과의 낙하, 태양 주변을 도는 행성 운동, 그리고 지상에서 대기의 매달림은 모두 중력 법칙의 예들로 보인다. 가장 복잡하면서도 순간적인 사실들을 영구적인 법칙의 여러 가지 예들로 해결할 이 가능성은 근대 사유를 통제하는 관념이다.[40]

40) IM. p. 4.

이것은 의미 관련 학설의 전개로 화이트헤드를 이끌고 가는 주된 직관이다: 이 학설 속에서는 경험된 결합을 감내할 수 있는 질서가 있다. 1915년 자신의 독창적인 논문인 "공간의 관계성 이론"(The Relational Theory of Space)을 제출한 후, 화이트헤드는 아리스토텔레스 협회의 회보에 "공간, 시간, 그리고 관계성"(Space, Time, and Relativity, STR)이라는 흥미로운 소논문을 게재하였다. 우리는 이 논문에서 화이트헤드의 저서 속에서 전개되는 전형을 보게 된다. 즉, 그는 자기 자신을 어떤 새로운 방식으로 되풀이하며, 그의 독창적인 직관을 확장하기 위해서 몇몇 통찰과 전개를 덧붙인다. 우리는 화이트헤드의 관념들의 대부분을 이러한 방식으로 쉽게 추적할 수 있는데, 그 방식은 최초의 명료한 표현이 수많은 재진술을 거치면서 각각 약간씩 확장되어 가는 것이다. 이로부터 상당히 전개된 버전이 공식적이고 체계적인 양식으로 표현된다. 우주의 일정성과 관계성에 대한 현재의 직관은 예상치 못한 흥미로운 진전을 확보하는데, 이후의 저서에서 종종 그것은 모호해진다. 그러나 이것은 명백히 대체되지는 않는다.

> 경험의 작용에 있어서 우리는 관계된, 분화된(related differentiated) 부분들로 형성된 전체를 지각한다. 이 두 부분들 사이의 관계들은 어떤 특성을 지니며, 그리고 시간과 공간은 이러한 관계들의 특성에 대한 일부를 표현한 것이다. 이때 시간과 공간에 속하게 되는 일반성과 일정성이 경험의 구조의 일정성이라고 불릴 수 있는 것을 표현한다.
>
> …이 구조의 일정성은 시공간으로서 표현되는 경험의 여건의 그러한 특징들을 넘어서 있다…. 나는 이 일정성이 경험의 조잡한 여건의 직접적인 관계들에 속하지는 않지만, 관계들 사이의 관계 혹은 관계들의 클래스의 클래스와 같은 보다 세련된 논리적 존재들로 그것들을 대체하는 결과에 따른 것임을 제시한다.

내가 생각하기로는, 이러한 방법에 의해서 경험에 귀속되어야만 하는 일정성이 일반적으로 허용된 것보다 훨씬 더 추상적으로 축소된 특성으로 주장될 수 있다. 물질 세계의 일정한 시간과 공간을[즉 고전적, 기계적 세계] 논리적 추상성의 지위에로 고양시키는 이 과정은 또한 다른 사실을 인지하는데 도움이 된다. 즉 모든 직접적이며 개별적인 경험은 극단적으로 파편화시킨 자연이다.[41]

여기에서 흥미롭게 전개되는 것은, 경험의 구조의 일정성에 대한 기초가 파편적인 경험들 그 자체로부터 추상화된 것이다. 경험에 있어서 우리는 분화된, 하지만 관계된 전체를 지각한다. 그 분화된 것은 직접적이고 명백하게 전면에 나타나는 반면 관계성은 보다 미묘하게 근거가 되는 것이다. 따라서 관계성은 외관상 별개의 것으로 간주되었다. 그러나 분화된 경험들이 또한 관계된 것으로 느껴진다는 것이 요점이다. 이것은 단순히 이것이냐 저것이냐가 아니다. 이것은 경험의 분화된 양상들과 더불어서 이루어지는 관계성에 대한 우주의 근본적인 기초가 되는 능력이거나 인내이다.

시간과 공간은 거시적이고 고전적인 규모의 의미에서 일정한 것으로 지각된다. 그러나 그것들은 고전적 의미가 함축하고 있는 것처럼 경험 사이의 관계들을 구성하지는 않는다. 오히려 시간과 공간은 오직 경험의 부분들 사이의 관계의 어떤 특성을 표현할 뿐이다. 시공간은 경험의 부분들 사이에서 근본적인 관계들이 아니다. 그리고 그것은 모든 경험이 작용하는 근본적인 실체도 아니다. 이것은 시공간 기술에서 표현된 것처럼 경험 구조의 일반적인 일정성에 대한 기초를 제공하

41) A. N. Whitehead, “Space, Time, Relativity”, in *Interpretation of Science,* ed. A. H. Johnson, New York: Bobbs-Merrill Co., 1961, p. 100. 이후에는 STR로 인용함.

는 어떤 관계의 지각된 일정성은 아니지만, 보다 추상적인 단계에 놓여 있는 어떤 것이다. 이로 인해 이것은 경험의 영역으로부터 한때 제거되기도 하였다. 만약 자연이 일정함이 없다면, 경험 역시 일정성을 명료하게 구축할 수 없다. 그러므로 경험된 일정성은 우주의 근본적인 인내의 명료함의 표현에 지나지 않는다.

이와 같이 자연의 일정성은 화이트헤드에게서 시공간에서의 일정성과 동일한 것이 아니다. 화이트헤드에 의하면, 실제로 다른 시간 체계에서는 시공간의 일정성이 근본적으로 부재하는 것으로 나타난다. 물리학에서 동일한 거리와 결합하는 정식이 적용될 수 있는 것은 오직 하나의 일정한 거리가 존재하기 때문이 아니라, 오히려 그 거리가 그 물리학의 단계에서 일정하기 때문에 공통적이라고 주장해야 하는데, 그 이유는 합동의 근본 개념과 그것에 부속되는 공식이 일정하기 때문이다. 즉 우리 모두는 거리가 어떻게 적용되든지 간에 합동의 근본 개념에 동의해야 할 것 같다. 화이트헤드는 자신의 성숙된 우주론을 통해 볼 때, 우리는 규칙적인 불연속성, 혹은 불규칙성은 일정한 혹은 규칙적인 기초에서 발생한다는 것을 지각하기는 쉽다. 모든 사건은 가능성(possibility)의 원활한 배경 속에서 불연속성 혹은 불규칙성을 나타낸다. 그러나 각각의 사건의 바로 그 생성은 자연의 인내 혹은 기초적인 일정성을 표출한다. 자연은 그런 불연속성을 허용하며, 실은 특수 상대성이론에서 관련된 다양한 구조(multiple frames)에 의해서 드러난 결과로서 그런 불연속성은 요구된다. 다른 시간 체계들의 현실태와 그것들 사이의 상호작용 혹은 상호결합은 경험의 전반적인 구조 속에서 불연속성들 혹은 특이성들의 연속적인 출현과 결합된 세계관을 전개한다: 우리는 이 특이성을 사건이라고 부른다. 이 사건들이 드러나는 이유는 우주에 존재하는 근본적인 인내 때문이다.

"상대성 원리의 철학적 양상들에 관해서"(The Philosophical Aspects of The Principle of Relativity)[PA: 1922]라는 논문에서, 화이트헤드는 이 근본적인 직관을 전달하려고 모색했는데, 그는 이 표현을 임의의 개별적인 상대성 이론으로부터 구별되는 것으로 제시했다. 일반적으로 이것은 아인슈타인과 동일시되나 맥스웰과 다른 이들에 의해서 제시되고 전개되고 사용된 상대성 원리에 근거해 있다. PA에서 화이트헤드는 버클리와 그의 관념 형식을 자신의 실재론과 대비되는 관점으로 보았는데, 이 실재론이 세계에 대한 우리의 경험을 만들어 내는 것이다. 화이트헤드는 버클리의 "첫 번째 대화편"에 나오는 힐라스와 필로누스의 대화에서 구름 속에 있는 색깔과 같은 이차 성질의 본성을 결정하려는 버클리의 시도에 초점을 맞춘다. 화이트헤드에 따르면, 상대성 원리를 전반적으로 이해한다면 저 단순한 이항 관계를 통해서는 우리 경험 영역의 복잡성을 정확하게 드러내지 못한다는 것이다.

> …아리스토텔레스가 논리학에 부과한 술어와 주어의 이항 관계의 사유 형식은 관찰의 직접적인 전달을 표현하기에는 충분하지 않다. 보다 확장된 상대성에서 관찰된 자연의 사실은—버클리의 예들 중의 하나를 취해 본다면, 심홍색 구름—"심홍색"과 "구름"이라는 두 가지 요소의 관점에서 표현될 수 없다는 의미에서 필수적이다. 달리 말해서, "구름의 심홍색"이라는 명제는 실제적으로 상당히 생략된 표현의 형식이며, 만약 감추어진 요소들이 제공되지 않는다면 무의미한 것이 되고 말 것이다(PA 138).

버클리와 같은 관념론자에게 있어서 감추어진 요소들은 색깔과 같은 이차 성질을 제공하는 정신의 기여이다. 화이트헤드와 같은 실재론자에게 있어서 감추어진 요소들은 관찰자의 신체와 관련이 있으며, 그것은 다른 관찰자의 신체들과 신체적인 상태, 역사적인 맥락 등과 같은 그러한 관찰자의 신체들과 관련된 부가적인 요소를 실질적으로 대변한다. 여기에서 화이트헤드의 주된 관점은 자연에서 다른 존재자들이 "심홍색"(정신에 의해서 제공된 술어로서)과 "구름"(자연에서 공간을 차지하며 자신의 주된 성질들을 갖는 주체로서)의 단순 이항 관계를 넘어서 '심홍색 대 구름'이라는 관계 속에 포함되어야만 한다는 것이다.

…만약 다른 자연의 항목들이 암암리에 그 명제 속에 포함되지 않는다면, "구름이 심홍색"이라는 단순 명제는 자연에 관하여 무의미한 진술이다. 달리 말해서 자연의 사실은 아리스토텔레스 논리학의 표준 형식의 서술인 단순 이항 관계 속에서 표현될 수 없다. …명백한 자연의 본질적인 사실은 이항 관계 이상으로 줄일 수 없는 관계들을 포함한다.

만약 당신이 자연의 다른 많은 항목들이 심홍색과 구름의 관계로 들어오는 방식을 묻는다면, 내가 생각컨대 우리는 자연의 다른 모든 항목이 그것 안으로 들어온다고 대답해야만 한다.

처음에 보자마자, 이것은 불쌍한 유한자인 인간에게는 인식이 불가능함을 나타낼 것이다. 그러나 우리는 내가 심홍색과 구름이라고 부르는 이 다양한(multiple) 관계 속에서 관계항의 등급을 분류할 수 있다. 가장 낮은 등급이 모든 자연을 자기 자신 안으로 휩쓸어 간다. 그것은 모든 자연이 심홍색과 구름이라는 이 관계를 위해서 자신의 인내를 표현하는 관계항의 등급이다. 시공간을 포함하는 자연으로부터 별개의 것으로 홀로 있는 심홍색과 같은 것은 없다. 그리고 구름에 있어서도 이와 똑같은 일이 사실이다(PA 139-140).

경험 속에서 항목들의 다항적인 관계성을 통해서 실재론적 입장을 대변하는 것은 대단히 중요한 일이다. 결합의 보편성을 통해서 볼 때, 그 체계적인 관계성은 거시계의 영역에서 작용하는 지시자로서 기여한다.

심홍색 구름은 자연의 시공간성에 의해서 자연의 모든 다른 항목들과 본질적으로 관련되어 있으며, "구름이 심홍색"이라는 명제는 이 시공간성으로부터 별도로 하고서는 어떤 의미도 가질 수 없다. 이러한 이유로, 모든 자연은 관계성의 망에 휩쓸려 간다.

여러분은 그것을 이러한 방식으로 놓을 수도 있다. 즉 체계로서 자연은 구름의 심홍색 자체 속에 전제된다. 그러나 체계는 체계의 항목들 사이의 체계적 관계를 의미한다. 따라서 여러분은 만약 이 체계적 관계들이 무엇인가를 알지 못한다면, 자연이 하나의 체계라는 것을 알 수 없다.

그런데 우리는 자연의 모든 항목들을 열거하는 것을 포함하는 임의의 관찰적 방법에 의해서 이 체계적 관계들을 알 수 없다. 우리의 부분적 인식은 전체적으로 체계를 지배하는 관계의 일정한 유형을 드러내야만 한다는 것이 된다. 왜냐하면 만약 우리가 그것을 알지 못한다면, 우리는 아무 것도 알지 못하기 때문이다. 즉, 말할 것이 없다.

나는 체계적인 자연이 우리에게 알려지는 이 원리를 사건들의 일정한 의미 관련이라고 부른다. 이 일정한 의미 관련은 우리에게 우리 경험의 모든 항목—예를 들자면, 구름의 심홍색—에 대한 자연의 인내를 표현하는 것으로 드러난다(PA 140).

이 인용은 자연의 일정성과 순서에 관한 화이트헤드의 직관의 깊이를 명백하게 진술한다. 이 일련의 언급들은 그가 그 자신의 중력 이론과 보다 대중화된 아인슈타인의 이론 사이의 철학적 차이와 씨름하는 시점에서 나타난다. 화이트헤드는 자신의 철학적인 직관에 대한 명확한 입장에 따라 경험의 영역을 탐구했다. 그리고 그가 발견한 형태는 시-공간의 형태가 아니다: 그것은 연장적 결합이 나타나는 위상학(topology)의 출현이다. 그 구조의 기초는 사건들의 일정한 의미 관련 속에서 발견된다. 그것은 의미 관련 학설의 최초의 원리에 대한 기초를 제공하며, 그 학설의 성숙한 형식을 창조하기 위해서 언급된 두 번째와 세 번째, 즉 각각 관계성과 관계항과 결합한다.

"구름이 심홍색"이라는 간단명료한 진술 속에서 의미를 찾기 위해서, 화이트헤드는 단지 그 진술의 주술관계가 함축하는 것을 넘어서는 근본적인 실재론자의 입장을 취한다. 이런 움직임은 누군가에게는 심오한 것이다. 화이헤드 역시 그것을 매우 진지하게 받아들였다. 사실상 아주 진지하게 그는 주-술 문법에서 표현된 아리스토텔레스의 이가 논리학으로부터 표준 문법을 거의 무시하는 구조 속에 있는 다가적인(polyvalent) 개념성의 형태로 이동해 갔다. 그는 우주 속에 있는 모든 다른 항목이 심홍색과 구름이라는 관계로 들어간다고 생각했다. 그러나 지각하는 존재는 심홍색 구름을 인식할 때 우주 속에 있는 모든 항목을 인식하지는 않는다. 그때 심홍색과 구름에 대한 이 다가적인(polyadic) 관계는 어떤 것인가? 화이트헤드는 임의의 관계 속에 포함된 관계항은 여러 가지 등급들을 가지고 있으며, 자연의 전체를 포괄하는 가장 낮은 관계항이 오직 존재해야 한다고 생각하면서 사유의 모험을 감행했다.

화이트헤드의 경력에 초기부터 주장되었지만, 진지하게 시간을 분석하기 시작한 1914년경까지는 뚜렷하게 드러나지 않았던, 그의 기본적인 직관을 이해하기 위해서는 매우 신중한 접근이 있어야 한다. 물질적 대상이 다양한 시간 체계의 우주에서 해석될 때, 그것은 절대적인 시간의 고전적 우주에서 연출되었던 것과는 아주 다른 역할들을 연출했다. 단순히 줄일 수 없는 존재로써의 점과 어떤 선형 존재 유형의 복합적인 집합으로써의 점 사이의 구별은 대상들과 사건들 사이의 차이를 전개시키기 위한 기초가 된다. 확실히 화이트헤드는 1905년경에 나온 MC의 여섯 번째 개념에서처럼 거의 직관적으로 이 구별을 해내었지만, 1914-1916년이 되어서야 그 구별의 중요성이 그 자신의 저작에서 명확하게 드러났다.

이러한 주의와 더불어서 우리는 대상에 대한 추구가 아니라 가장 낮은 등급의 관계항에—즉 모든 자연을 자기 자신 안으로 휩쓸어 가는 그러한 등급—대한 추구를 고려해 보자. 만약 우리가 화이트헤드의 성숙한 우주론을 진지하게 받아들인다면, 그때 우리는 이 가장 낮은 등급의 관계항으로써 사건에 대해 탐구해야만 한다. 나는 그것이 하이데거의 "던져져 있음"(throwness)—즉 세계 내 존재의 가장 기본적인 단계에 있는 것—과 유사하다는 것을 제시할 수 있을지도 모른다. 화이트헤드에게 있어서 이 사건—관계항은 심홍색 구름을 감내하는 세계의 사건이다. 그것은 지각되는 관계인 심홍색 구름 속에서 보다 높은 모든 관계항의 등급에 관여하는 가장 공통적인 요소이다. 그것은 다양한 등급의 관계항 사이에서 관계를 감내하는 우주의 이 일정한 구조를 표현하는 경험의 가장 근본적인 관계적 조직이다. 우리는 자연이 이런 관계를 감내하기 때문에 심홍색 구름을 경험한다. 그리고 우리는 동시에 다른 강도(intensity)의 등급에서, 다른 관계항의 등급으로써만 그 인내(patience)를 경험한다. 화이트헤드의 성숙한 우주론에서 이 구별은 두 가지 근본적인 지각의 양태(파악 prehension)로 발전한다: 우리가 형용사에 의해 인식을 경험하는 것은 제시적 직접성의 양태이며, 관계성에 의해 인식을 경험하는 것은 인과적 유효성의 양태이다. 화이트헤드가 심홍색 구름의 관계 속에서 가장 낮은 관계항의 등급과 동일시한 것으로 발전해 나간 것은 이 후자에 대한 파악의 양태이다. 화이트헤드에게서 심홍색과 구름은 어떤 관계성의 양태를 별도로 하고서는, 단독으로 인식할 수 있는 양태로 존재할 수 없다.

그런데 그것은 일반적 의미로부터 다소 혼란스러운 표현으로 나타난다. 그것은 자연의 시공간성이다. 이와 같은 입장에서 보자면, 화이트헤드가 드러낸 것은 현대 물리학의 시공간을 의미하지 않는다. (그리고 확실히 고전 역학의 절대 시공간을 의미하지도 않는다.) 그가 드러낸 것은 시공간 관계 속에서 표현된, 그러나 그런 시공간 관계성에 의해서 만들어지지 않는 자연의 위상학이다. 그러한 사건들과 그 사건 안에 있는 대상들은 시공간 정식에서 표현된 그들의 관계성의 일부를 가질 수 있으나, 이 관계는 그런 관계에 의해서 충분히 밝혀지지 않는다. 그것은 우주 속에 있는 모든 항목 사이의 본질적 결합을 구성하는 자연의 가장 근본적인 위상학적 구조이다. 그리고 동시에 이 위상학은 그 결합 속에서 표현된다. 그리하여, 심홍색 구름의 관계를 지각한다는 것은 그 관계에 의해서 만들어진 위상학적 결합을 인식하는 것을 포함할 뿐만 아니라, 그 관계 속에서 표현된 자연의 위상학적 결합을 지각하는 것을 포함한다. 그것은 포착하기 어려우나 심오한 통찰이다.

자연의 위상학은 지각된 관계들에 의해서 드러나고 실제적으로 창조된다. 그것은 관계들 그 자체들보다 미리 존재하는 것은 아니며, 그것들과 그것들의 표현들에 부수적인 것이다. 동시에 지각된 관계들은 자의적인 것이 아니라, 특수한 체계적 일정성, 즉 심홍색 구름에 대한 재현된 인내를 표현한다. 일정성은 관계가 지각될 때마다 보다 더 명확하게 나타나는 것이다. 그것의 일정성은 관계들의 재현되는 패턴들에 의해서 실제적으로 창조된다. 그 패턴이 다르다면 그 일정성도 달라질 것이다. 즉 일정성은 다른 위상학을 드러낼 것이며, 그리고 위상학은 다른 일정성을 드러낼 것이다. 만약 각각의 지각이 결코 관계성의 패턴을 되풀이하지 않는다면, 위상학은 영원히 변할 것이며, 일정성의 의미는 잃게 될 것이다. 그러나 이것은 우리의 현재의 우주에 있어서는 사실이 아니다. 왜냐하면 우리는 끊임없는(constant) 변화의 맥락 안에서 관계성의 재현된 패턴들을 지각하기 때문이다. 우리는 동일한 사건 속에서 심홍색 구름이라는 관계를 두 번 경험하지는 못한다. 각각의 사건은 새로운 사건이다. 반면에 그 관계의 패턴은 여전히 인식될 수 있으며, 그러한 관계들을 위한 자연의 인내가 명시적으로 드러난다.

앞에서 인용된 것 중에서 네 번째 것의 주된 용어는 본질적으로 결합된 것이라는 용어이다. 심홍색 구름은 자연의 모든 다른 항목과 본질적으로 관련되어 있다. 여기서 화이트헤드는 '자연의 시공간성에 의해서'라는 구를 삽입한다. 나의 생각으로는, 그가 실제적으로 의미했던 것은 시공간의 관계성에서 표현되는 자연의 위상학이라는 것이다. 그는 우주 내에서 항목들 사이의 관계들에 의해 드러나는 우주 내의 체계적 결합에 대해 말한다. 이것은 아프리오리(a prior) 하거나 미리 존재하는 체계인 것 같지는 않으며, 오히려 경험의 항목들 사이에서 생겨나는 관계의 경험으로부터 실제적으로 창조된 것이다. 우리는 관계항 사이의 체계적 관계의 경험으로부터 이 체계의 인식을 얻는다. 그런데 그가 지적하는 바와 같이, 지각하는 존재가 우주 안에서 모든 관계항 사이의 모든 관계들을 경험할 수 있는 것으로 기대될 수 없을 때, 그렇다면 우리는 어떻게 우리 자신이 가지는 개별적인 경험으로부터 일반적 인식의 의미를 얻게 되는가? 화이트헤드는 "우리의 부분적 인식은 전 체계를 통해서 지배하는 관계성의 일정한 유형을 드러내야만 한다"라고 대답했다. 이것은 그 이론들 속에서 누구나 빠지기 쉬운 함정으로써 어떤 변경된 숨겨진-매개 변수인가? 분명히 아니다. 화이트헤드가 전개하는 방법을 보면, 개별적인 경험 속에서 일정한 보편성이 있다는 사실을 진술할 때 아주 다양한 방식을 사용한다.[42]

화이트헤드가 연장적 추상화의 방법이라고 부른 것에 대한 보다

42) 연장적 추상화의 방법에 대해서 상세한 내용을 알고 싶으면, Palter, pp. 42~106 참조.

자세한 내용은 뒤에서 탐구될 것이다. 본질적으로 이 방법이 포함하는 것은 보다 큰 결합의 집합들 안에서 점차적으로 보다 작은 결합의 집합들을 동일화하는 것이다. 결합의 개별적인 패턴은 결합의 집합 안에서 동일화된다. 이전의 보다 큰 모든 집합 내에 각각 포함된 보다 작은 집합들이 점차적으로 발견된다. 점진적으로 보다 작은 집합들이 이전의 모든 더 큰 집합들 속에서 각각 포함되고 발견된다. 그리고 보다 작은 이러한 집합들은 동일화하는 특징으로써 지배적인 결합의 패턴을 포함하고 있다. 이 간결한 진술로부터 우리는 결합의 큰 집합 속에서 매우 확산된 결합의 패턴들을 볼 수 있다. 이것은 동일한 패턴을 가지는 보다 작은 패턴들로 점차적으로 줄일 수 있다. 이를 통해서 우리는 관련된 본질적 결합들을 왜곡하지 않고서 그 특수한 패턴을 그리거나, 사영 혹은 투영할 수 있다. 우리가 점차적으로 보다 작은, 보다 배제된 결합의 집합으로 나아갈 때, 그 종속적 패턴은 훨씬 지배적일 수 있으며, 그 과정 속에 있는 어떠한 단계에서 그것은 어떤 확실성과 동일화될 수 있다. 결합의 종속적 패턴을 포함하는 결합의 모든 집합을 경험하는 것은 중요하지 않으나, 그 패턴이 구별될 수 있는 점차적으로 보다 작은 집합들을 충분히 경험하는 것은 중요하다.

이 양식에서 어떤 결합의 패턴들은 우주의 보다 넓은 규모로부터 추상되며 동일화될 수 있으며, 이리하여 보다 큰 집합들 속에 있는 그것들의 현존은 보다 쉽게 인식될 수 있다. 결합의 보다 작은, 보다 배제적인 집합들의 이 점진성에 대한 열쇠는 집합들 간에 위상학적으로 동일하다는 것에 있다. 그 패턴은 어떤 매우 일상적인 양식에서(점들 사이의 거리와 같은 것) 변할 수 있다. 그러나 그것은 보다 중요한 다른 양상에서는(다른 두 점 사이의 점은 언제나 사이에 있는 것으로 남아 있는 것과 같은 것) 불변한다. 이 복잡한 개념은 화이트헤드가

MC에서 전개한 교점 이론에서 탐구하였던 대부분의 개념들을 반영한다. 연장적 추상화의 방법에 대한 짧은 소개는 예비적인 양식에서 화이트헤드의 사유의 전개 과정을 어느 정도 보여줄 것이다. 이 독창적인 관념의 성숙한 결실은 5장에서 만나게 될 것이다.

점차적으로 보다 작은 결합의 집합들이라는 한정된 경험만을 할 수 있다는 점을 볼 때, 우리는 현재 우주 시대의 어떤 체계적 특징을 결론지을 수 있다. 우리가 무언가를 "알고 있다"라고 말할 때 실제적으로 알고 있는 것은 이 일정한 관계 체계이다. 인식(knowledge)이라는 것은 우주 안의 항목들 사이의 결합의 패턴들에 대한 우연적인 명증성에 근거한 제한된 경험의 추상적 산물이다. 이 체계적인 관계성의 원리를 화이트헤드는 사건들의 일정한 의미 관련이라고 부른다. 그것은 이 사건들이 나타내는 것보다 미리 존재하는 것이 아니다; 즉 그것은 이 사건들이 발생했다고 주장하는 그런 것이 아니다. 오히려 사건들의 일정한 의미 관련은 실제적으로 사건들 그 자체를 창조하는 인과적 과정에 의해 창조된 것이다. 그것이 이 우주 시대에 나타날 때, 그것들의 현존은 과정의 기능이며, 이에 의해서 결합의 패턴들이 결합의 집합 내에 있는 어떤 중심적인 패턴을 파괴하는 것이 없이도 새로운 적용에 채택되고 주장된다. 사건들은 인과적 관계들을 명백하게 보여줌으로써 그 이상의 사건들을 위한 그것들의 의미 관련을 창조하며, 이로 인해서 연속성이 초래된다. 이 인과적 결합이 없다면, 연속성을 위한 기초는 있지 않을 것이며, 경험된 일정성의 의미는 경험의 영역에서 사라질 것이다. 사건들의 일정한 의미 관련은 사건들 그 자체들의 발생에 의해서 창조되며 드러난다.

사건들의 일정한 의미 관련은 우리의 경험 안에서 오히려 포착하기 어렵지만, 심오한 결합을 포함하고 있다. 화이트헤드는 강의를 통해서 이 결합을 해명하는 데 탁월한 인물이다. 반면에 그의 강의에 대한 확대된 수집물(MT, PR, AI, SMW, etc)과 출판을 위해서 특별하게 쓰인 저서들(UA, APG, ADG, PM, PNK, R, etc)은 의미의 난해함에 압도당하기 쉽다. 여러 가지 이유로 하나의 통일된 저서로 출판하지 못한 채 주기적으로 행한 화이트헤드의 강의와 연설들이 있는데, 그 중에서 그의 철학적 전개 과정에서 특수한 관념들의 연대기를 추구하는 연구가들, 혹은 그의 유작을 탐구하는 연구가들에게 어떤 실마리를 제공할 만한 것이 있다. 그것은 그가 “일정성과 우연성”(Uniformity and Contingency)(UA)이라는 제목을 붙인 1922년 11월 6일 아리스토텔레스 협회에서 새로이 선출된 회장으로서 행한 취임식 연설이다. 이 논문에 인내의 일정성과 진입의 우연성(uniformity of patience and contingency of ingression)이라는 명료한 부표제를 붙였다면, 훨씬 적절했을 것이다. 모든 경험의 기저에 일정성을 제공하고자 하는 화이트헤드 자신의 근본적인 확신과 직관의 특징이 이 논문의 개념들에 드러나 있다. 즉, 이 개념들은 그의 가장 초기의 사유들로부터 「과정과 실재」라는 복잡한 구조로 곧장 이어진다.

화이트헤드는 논증을 할 때, 광범위한 영역에까지 그 의미가 함의될 수 있는 중요한 구별을 명백하게 수행하였다. 1914년경에 그가 다른 시간체계의 의미를 진지하게 받아들이기 시작했을 때, 화이트헤드는 점들은 단순 존재들이라기보다는 오히려 복합체라는 사영기하학의 정의에 시간체계를 직관적으로 결합시켰다. 이것은 적어도 화이트헤드에게 대상들과 사건들 사이의 구별로 아주 자연스럽게 이끌어 갔다. 그의 철학이 전개될 때 이 구별은 결정적이다. 그는 자신의 「상대성 원리」의 Ⅲ장(1922)과 여타의 다른 저서에서 행한 관점에 의거해서, 현재의 논문(일정성과 우연성, 1922)에서 고전 세계의 절대적 시공간과 특수 상대성이라는 아인슈타인의 시공간 모두가 대상들 사이에서 주어지는 관계의 유형으로서 시공간을 보고 있다고 주장했다. 이와는 달리 화이트헤드에게 있어서, 시공간 관계는 사건들 사이에서 주어지며, 대상들은 사건들 안으로 포함(진입)의 양태에 의해서 관련된다.

> 시공간에 관한, 즉 그것이 사건들 사이의 관계들을 드러내는지 혹은 사건들 속에 있는 대상들 사이의 관계들을 드러내는지에 관한 두 가지 견해 사이의 차이점은 물리학의 단계에서 실질적으로 가장 중요한 것이다.
>
> 만약 그것이 사건들 사이의 관계성이라면, 그것은 사건들의 우연적인 형용사들과는 별개인 사건들 사이의 체계적인 일정한 관계성의 성격을 가진다. 이 경우에 있어서 우리는 시-공간에서 이질성(heterogeneity)에 대한 아인슈타인의 견해를 거부해야만 한다.
>
> 그러나 만약 시공간이 대상들 사이의 관계성이라면, 대상들이 우연성을 첨가해야 한다는 것과, 대상들의 우연적인 성격으로부터 이질성을 획득해야 한다는 것을 기대할 수 있을지 모른다. 나는 공간의 그 본성이 우리가 전혀 알지 못하는 인과적으로 개입하는 대상들에 의존한다면, 시리우스(Sirius)로부터 태양의 거리까지에 대해 어떤 의미를 드러낼 수 있는지를 이해할 수 없다.
>
> 만약 우리가 시공간의 체계적으로 관계된 구조에 대한 어떤 인식을 가지고 착수하지 않는다면, 우리는 조사할 수 없고 판단할 수 없는 물체(bodies) 사이의 우연적인 관계들에 의존해야 한다(R 58-59).

한 편집자의 도움으로 나는 “대상들”이라는 용어를 “사건들의 우연적인 형용사들”이라는 구로 그리고 “사건들의 위상학”이라는 구를 “시공간의 구조”라는 구로 바꿀 것을 제안한다. 초기 시기의 저서에 관하여 진술할 때, 그가 찾고 있는 것은 경험의 세계 안에 있는 근본적인 구조이며, 이 점에 있어서 그는 자신의 수학적 배경에서 나온 기본적인 재료를 사용한다는 것을 알게 될 것이다. 즉 이것은 19세기로부터 20세기의 상대화된 세계에서 생겨난 시-공간의 구조적 메커니즘이다. 그러나 PR에서 그 이전 연구로 거슬러 올라가보면, 그가 1905년 벽두에 사건들의 위상학(불변하는 구조)을 탐구했다는 것은 너무나도 자명해질 것이다. 이때 위상학의 근본적인 범주, "결합된 것"은 명백하게 한정되어 가는 도정에 있었다.[43] 변환을 허용하는 불변하는 구조의 관념은 화이트헤드에게서 그의 가장 초기의 현존하는 저서로부터 나타나는 직관인 것 같다. 이 점에 있어서 1922년에 그는 시공간의 상대화된 고전적 의미의 변형으로 시공간을 사용하고 있는 것 같다. 그러나 1929년에 나온 시공간 이론은 사건들 사이의 위상학적 관계로부터 파생된 것이거나 혹은 추상된 것임은 명백하다. 앞에서 언급된 연설, "일정성과 우연성"을 이해하는 데 있어서, 시공간이라는 용어는 경험의 영역에서 이 기본적인 기초를 이루는 불변하는 구조적 요소에 관계되는 것이다.

대체로 화이트헤드는 이 강의를 위해서 그의 목표를 명백하게 윤곽지운다.

> 일반적인 문제는 우리의 경험의 임의의 고립된 부분이 그 자체로 직접적인 예증의 영역을 넘어서서 연장하는 동등한 성격을 의미하는 어떤 성격을 가지고 있는지를 조사하는 것이다. 달리 말하자면, 우리는 경험의 근거 위에서 우리가 임의의 존재들의 유형의 전체를 혹은 그것들 사이의 관계를 넘어서서 연장하고 있는 어떤 체계적인 일정성을 도출할 수 있는지를 묻고 있다. 일정성이 종결되는 곳에서 우연성이 시작된다(UC 108).

43) Wilder, p. 723 참조.

여기서 거의 십년이나 일찍이 발표된 MC에서 도입된 교차점 관념이 확장되고 있다는 것은 명백하다. 즉, 존재들의 유형들은(선형 대상적 실재, linear objective reals) 전체를 통해서 혹은 그것들 사이의 관계성(사영을 통한 조화 공액, harmonic conjugates through projection) 전체를 통해서 연장되는 체계적인 관계성(점-순서)이다. 이를 통해 우리는 연장적 결합의 개념이 발생하고 있다는 것을 일별할 수 있다. 화이트헤드는 경험에서 항목들 사이의 결합들을 탐구하며, 그 결합들 중의 일부가 패턴들을 드러내는지, 혹은 일정성이 직접적으로 파악된 항목들 너머 확장될 수 있음을 지시하는 체계적인 일정성을 드러내는지 알기를 원했다. 그것은 이 글에서 주된 관심은 결합성의 사영 혹은 연장이다. 만약 경험의 항목들 간의 결합이 경험의 다른 항목들의 집합으로 그려지거나 사영되거나 투영된다면, 경험의 장에 대한 명백한 결과로 통일성이 나타난다.

이와는 반대로 경험의 항목들 간의 결합이 다른 항목들의 집합들로 그려지거나 투영되지 않는다면, 이때 경험의 장의 근본적인 특성화는 비-결합성의 특성화일 것이다. 화이트헤드는 우리가 이 경험의 장을 결합된 것으로서 경험하며, 따라서 그 결합에 대한 기초를 탐구해야 한다고 주장했다.

> 우리는 자연의 시공간성의 가정을 어떤 기초 위에서 세우는가? 그 가정은 우연적인 발생에 대한 다른 기초에 의거한다. 만약 시간과 공간이 멈춰진다면, 경험의 조직 내에는 단절이 있다. …베니스의 캠퍼닐리(Campanile)가 붕괴되었을 때, 그 사건은 예기치 않았던 유감스러운 일이다. 그러나 그것은 관찰된 사물들의 내적인 성격에는 아무런 영향도 미치지 않았다. 시공간의 지위는 어떤 면에서 캠퍼닐리의 붕괴와는 다른 것이다.
>
> …의식 속에서 파악된 자연은 과정으로 구성된 것이다. 그리고 …이 구성

의 분석은 시공간의 성질들에 의해서 표현된다.

> 시-공간 과정의 특이성은 그것의 임의의 부분이 그 나머지가 놓여 있는 전 도식을 설정한다는 것이다. 우리는, 경험의 영역 안에서, 자연의 것과는 다른 대안적인 시-공간 과정이 존재할 수 있음을 상상할 수 있다; 그러나 자연과 대안적인 과정은 하나의 과정을 만들기 위해서 연합하지는 않는다. 사실상, 우리는 꿈속에서 그런 대안적인 과정들을 인식하고 있다(UC 110-111).

여기에서 몇 가지를 살펴보면, 첫 번째로 화이트헤드는 거듭해서 "자연의 시-공간성"이라는 구를 사용하는데, 현재의 시공간 개념과는 달리 불변하는 성질들의 기초가 되는 집합들로써 시공간 관계를 설명할 때 그와 같은 개념을 언급한다. 이것은 대안적인 시공간 체계에 대한 그의 주장과 예증들을 고려할 때 명백해 보인다. 확실히 만약 단 하나의 절대적인 시공간 체계가 존재하지 않는다면, 한 체계로부터 다른 체계로 이동해 가는, 그리고 다시 이 반대로도 움직여 가는 어떤 기초가 있어야 한다. (이 기초는 현재의 우주 시대에서 수락하는 합동 공리들의 집합이며, 그것들은 3장에서 탐구될 것이다.) 시공간을 (떠받치는 기초적인 관련성)의 가정은 캠퍼닐리의 붕괴와 같은 우연적인 사건들이 일어날 때도 사라지지는 않는다.

여기서 아주 중요한 사실이 하나 있다. 화이트헤드가 과정으로 자연의 구성을 볼 때, 그 표현의 방식은 시공간의 속성이다. 달리 말해서, 시공간은 자연의 구조가 아니라 하나의 과정으로써 그것의 성질을 표현한다. 그가 탐구하고 있는 것은 과정 자체들을 통해 변경되지 않는 과정의 기초를 이루는 구조이다. 이것은 경험의 영역의 위상학(혹은 기본적 구조)을 한정하는 하나의 시공간 구조로부터 다른 구조로 변환에 있어서 불변하는 속성들의 집합이다. 화이트헤드는 혹자들이 주장하듯이 일정한 시공간을 찾고 있는 것이 아니라, 오히려 자연 속에서 다른 시공간들로 이행할 때 불변하는 속성들의 일정한 집합을 찾고 있는 것이다. 그는 "시공간 과정의 특이성은 그것의 임의의 부분이 그 나머지가 놓여 있는 전체적인 도식을 설정하는 것임을" 주장했다. 그는 이에 의해 하나의 시공간이 임의의 다른 시공간의 구조를 결정하게 된다고 말하지는 않았다. 오히려 시공간에서 기초를 이루는 위상학적 구조는 양자의 시공간 구조에서 사건들 사이의 기본적인 관련성을 잃어버림이 없이도 한 시공간으로부터 다른 시공간으로, 그리고 다시 반대 방향으로 관계의 집합을 변환시키는 것을 우리에게 허용하는 것이다. 경험의 영역의 임의의 부분에 대한 위상학적 구조는 저 영역의 임의의 다른 부분에 대한 전체적인 도식을 예시한다.

시공간 과정 혹은 시공간 구조에 대한 대안의 실례로 화이트헤드는 꿈을 들고 있다. 그는 다음과 같이 설명한다. 꿈의 시공간 구조가 깨어 있는 삶의 시공간 구조에 단지 포함되어 있거나 그것과 동등하다면, 근본적으로 비일정성이 생겨난다. 왜냐하면 그것은 꿈의 시공간 구조보다 앞서 있었던 깨어 있는 시공간 구조를 이해할 수 없게 만들기 때문이다. 이 점에서 명료한 불연속성이 생겨나며, 이것은 전에 있었던 시공간 구조와는 완전히 다른 패턴으로 그 자체를 명시하는 전체적으로 새로운 시공간을 효과적으로 만들어낸다. 그러한 발생은 직접적으로 경험한 과거의 시공간에 대한 인과적 접근을 방해한다. 이에 대해서는 3장에서 탐구할 것이다.

그는 다음과 같이 적고 있다.

> 어느 날 아침 침대에서 일어났는데, 어젯밤에 소의 뿔에 엉덩이가 받히는 꿈을 꾸었다고 가정해 보자. 그것이 꿈이라는 것은 분명한데, 왜냐하면 당신은 침대에서 상처도 없이 일어났으며, 지난밤에 저녁을 먹고 조용히 잠자리

에 들었기 때문이다. 그리고 잠자리에 들었을 때, 소에게 받히지 않았다는 것을 당신은 알고 있다. 따라서 소에 받히는 일이 밤에 일어났다는 것은 분명하다. 헌데 그 일은 저녁이나 아침 식사처럼 실제적인가? (UC 112).

그 일이 저녁 식사나 아침 식사처럼 실제적이라면, 당신은 실제적으로 잠자리에 들고, 소에게 받히고, 다음날 아침 아무런 상처도 없이 깨어나서 아침을 먹는다고 할 수 있다.

이때 우리는 그 사건의 과정에 대해서 아무 것도 모를 것이며, 여러분이 경험한 것은 만약 지난밤 동안에 황소에게 떠받혔다면, 그 다음날은 최악의 날이 되었을지도 모른다는 것을 보여준다(UC 112).

달리 말해서, 당신의 시공간 구조에 의해 명시된 실재의 구조는 당신의 시공간 구조에 따라서 변경된다. 즉 꿈의 시공간이 깨어있는 시공간과 결부될 때 말이다. 소에게 박힌 다음 날에 당신은 점심 대신에 병원으로 가야할 것이다. 여러분의 시공간 구조는 다른 시공간 구조와 결부될 때마다 변경될 것이다. 그래서 행위에 있어서 당신의 과거의 경험과 일치하는 일정성은 없을 것이다. 그러나 그런 경우는 명백히 없다. 당신이 깨어나서 다른 시공간 구조에서 소에게 받혔다는 것을 알 때, 꿈의 시공간 구조와 깨어 있는 시공간 구조의 교차는 그 근본적인 구조 혹은 결합성을 변경하지 않고, 당신의 시공간 구조 속에 새로운 요소를 제공한다. 여기에 주요한 위상학적 범주인 결합성이 있다. 이 결합성은 깨어 있는 경험과 꿈의 경험이라는 양자의 시공간 형식들에 놓여 있는 구조의 근본적인 특징으로서 그 자체를 드러낸다. 당신은 꿈의 구조와 깨어있는 구조를 변경하지 않고도 거듭해서 양자의 구조(이중연속적인 변환)로 이동할 수 있다. 이것은 경험의 영역을 기초지우는 근본적인 위상학이다.

화이트헤드는 경험의 영역에서 일정성이 도출되는 것을 경험의 두 가지 독창적인 범주들에서 보았다. 즉 심홍색 구름에서처럼, 사실의 요인들(factors)을 위한 사실의 인내; 그리고 꿈과 깨어 있는 상태에서처럼, 다른 시공간의 교차. 그는 특수한 진입의 경우라고 부르는 여기-지금/저기-지금사이의 사영 결합을 통해 저 동일한 일정성을 명시하는 경험의 세 번째 범주를 여전히 제공한다. 탁자 위에 놓인 빨간 사과를 보고 있는 경험에 대해 고려해 보자. 화이트헤드는 이 경험이 여기-지금과 저기-지금 사이의 결합의 다자항의 예이며, 만약 그것이 경험의 범위의 기본적인 기저를 이루는 구조—우리는 이것을 경험의 위상학 혹은 느낌의 위상학이라고 부른다—로 존재하지 않는다면 그것은 기능할 수 없을 것이다. 내가 탁자 위에 있는 빨간 사과를 볼 때 나는 빨강, 둥긂, 거리 그리고 나의 신체 내부에 있는 여러 가지 다른 느낌들을 인식하고 있다. 결국 나는 빨간 사과의 경험을 가지는 일자인 것이다. 따라서 빨간 사과를 보는 것과 결부된 여러 감각들의 초점은 실제적으로 나의 신체라는 것은 분명한 것 같다. 이리하여 빨간 사과를 보는 것과 결합된 여러 가지 감각의 초점은 마찬가지로 명백하게 저 탁자 위에 놓여 있는 빨간 사과이다. 사과의 빨간 상태와 둥근 상태는 사과 그 자체에 대응하는 영역에 국지화되거나 제한되어 있는 것 같다. 이리하여 적어도 우리가 빨간 사과를 보는 것으로 기술하는 경험 속에는 관련된 두 가지 초점이 존재한다.

나의 신체의 여기/지금과 나의 신체적 감각의 자리로서 그것의 기능은 어떤 양식에서 탁자 위에 놓여 있는 빨간 사과의 저기/지금과 결합된다. 이 결합성은 내가 여기에서 저기에 있는 사과를 느끼고 있는 한에 있어서 명백하다. 명백한 부분은 내가 실제적으로 그 느낌을 가지고 있다는 것인데, 그러한 느낌은 여기/지금과 저기/지금 사이의 결합성에 대한 증거가 된다. 화이트헤드의 목적은 이 결합성의 본성을 드러내는 것이며, 그런 결합성이 일반적으로 우리의 경험을 위해 지니고 있는 어떤 함축을 윤곽지우는 것이다. 화이트헤드에게 있어서 만약 기본적인 양립 가능성이 그것들의 개별적인 구조 속에 존재하지 않는다면 여기/지금은 저기/지금과 어떠한 양식에서도 관련될 수 없다는 것이 명백한 것 같다. 구조의 이 공유성은 화이트헤드가 추구하는 것이며, 그것은 그가 경험 내에서 요인들의 진입이라고 부르는 것에 대한 기초이다. 빨간 상태, 여기 있음, 저기 있음, 둥근 상태, 나의 것(mineness)은 모두 경험의 유일한 구조 내에 진입된 개별적인 요인들이다. 이 유일한 배치(configuration) 속에 그것들이 진입한다는 사실은 그와 같은 배열에 대한 양립 가능성 혹은 개방성의 기초가 되는 것을 표현한다.

나의 신체적 초점에 접근한 그 결합성은, 비록 하나가 여기 있고 다른 하나가 저기 있다고 하더라도, 사과의 초점에 접근한 결합성과 명백하게 유사하다. 여기와 저기의 그런 결합성의 유사함이 여기와 저기 사이의 의식적인 단계로 이동해 가지는 않을 것이다. 그러나 그것은 여기와 저기가 빨간 사과를 보고 있는 경험 속에서 관련되어 있다는 사실에 의해 명료하게 드러난다. 화이트헤드가 이 경험의 분석으로부터 도달한 결론은 두 개의 초점으로부터 경험의 기저를 이루는 기본적인 구조가 일정하며, 그것이 현실적으로 경험된 결합성을 허용한다는 것이다.

이 일반적인 일정성을 표현하는 경험의 네 번째 범주는 다른 시공간의 중첩에 의해서 특징이 드러나며, 화이트헤드는 그것을 포함의 관계로 일반화한다. 이 경험의 범주의 예는 월요일 오전 동안의 나의 생활과 월요일 오후 동안의 나의 생활 사이의 결합에서 찾을 수 있다. 내가 그 아침 동안에 나 자신이 행한 것이라고 발견하는 것은 무엇이든지 간에, 내가 그 기간을 한정하기 위해 아무리 긴 시간 거리를 선택한다고 하더라도, 경험한 것을 행하는 사람은 나이다. 만약 내가 그렇게 하기를 선택한다면, 나는 아침 동안에 행하는 것들을 마찬가지로 쉽게 오후 동안에 행할 수도 있다. 유사하게, 오후에도 생활을 하는 사람은 여전히 나이며, 내가 오후에 행할 수 있는 것들의 대부분을 대신에 아침 동안에 행하는 것은 아주 당연한 것인지 모른다. 물론, 내가 아침 동안에 한 일들을 오후에 할 수 없다는 확실한 여러 사례들이 있다. 즉 나의 일간 신문은 아침에 배달되며, 오후에 배달되지는 않는다. 그때 신문 배달을 받음으로써 표현될 수 있는 아침의 경험 속에 진입된 그 요인은 엄밀히 말하자면 오후의 경험 속의 요인으로 포함되지는 않는다. 물론 이 예는 너무나 단순화시킨 것이다. 하지만 나는 이 점도 받아들여져야 한다고 생각한다.

화이트헤드는 월요일 오전의 나의 생활과 월요일 오후의 나의 생활이라는 두 사건 사이의 결합에 주목했다. 그것들이 결합되었다는 사실은 그 개별적인 것 자체보다 더 보편적인 것을 드러낸다. 그것들의 현실적인 결합성은 경험의 장 내에서 기초를 이루는 일정성을 드러내며, 그 결과 이와 같은 두 개의 각각의 경험들은 사실상 위에서 설명한 것처럼 여러 가지 방식으로 결합될 수 있다. 이것으로부터 화이트헤드는 근본적 구조의 일정성이, 특히 그 결합성이 현실화될 수 있기 전에 그것들의 결합성을 허용하는 두 개의 경험에서 나타나야만 한다고 결론짓는다. 그 결합성이 경험들 그 자체에 앞서서 저기에 존재한다고 말해서는 안 된다. 사실상 그는 그것이 경험으로 나타날 때까지 거기에 있지 않았다는 것을 매우 주의깊이 주장한다. 왜냐하면 결합성은 경험 그 자체로부터 나타나기 때문이다. 그러나 자연 안에는 월요일 오전 아침과 월요일 오후 사이에서 이 결합성의 유형을 감내하는 근본적인 구조가 존재한다. 이 구조는 우리가 경험의 위상학 혹은 느낌의 위상학이라고 부르는 것이다.

비록 이것이 선험적(prior) 기하학은 아니라 하더라도, 이것은 어떤 기하학보다도 훨씬 더 일반적이고 훨씬 더 한정적으로 미리 존재하는 기하학으로 당연히 진술된다. 이 시점에서 이것을 언급하는 것은 시기 적절하다. 우리가 볼 때, 화이트헤드는 다른 기하학보다도 임의의 어떤 개별적인 기하학이 뛰어나다는 것을 보여주고자 어떤 명료한 이유를 제시하지는 않는다. 그러나 그는 근본적인 유클리드 기하학이 이 현재의 시대에 다른 "굴곡"기하학들을 도출할 수 있는 단순성을 가진 것으로 보았다. 3장에서 우리는 대상의 기하학과 사건의 위상학 사이의 차이점을 탐구할 것이다. 전자는 변화하는 기하학일 수 있는 반면, 후자는 적어도 현재의 시대에 일정하고 안정된 것처럼 보인다. 화이트헤드의 중력 이론을 이해하기 위해서는, 우리는 이 시대의 물리학에서 드러난 명백한 어려움을 알고서 그 물리학의 이해를 위해서는 대상의 기하학과 사건의 위상학 사이의 구별이 어떤 의미를 갖는지를 탐구해야 할 것이다.

이 연구의 직접적인 목적을 위해서, 의미 관련 학설의 주된 범주를 살펴보는 것만으로 이 주제를 한정할 것이다. 즉 일정성과 질서. 이 일반적인 일정성을 표현하는 경험의 네 번째 범주는 그것의 예시를 위해서 앞의 것과는 다른 예시를 들어야 한다. 나의 월요일 오전 동안의 생활과 월요일 오후 동안의 나의 생활이라는 경험의 집합에 의해서 예시된 다른 시공간의 중첩 속에 발견된 보편적인 결합성은 또한 포함의 관계에 의해서 예시된다. 월요일 동안의 나의 생활은 경험의 집합을 이루는 양 구성원, 즉 오전 동안의 나의 생활과 월요일 오후 동안의 나의 생활을 포함하는 것으로 말해질 수 있다. 이 포함 관계는 월요일의 시공간과 그들 자신의 시공간을 구성하는 저 시공간의 여러 가지 부분들 사이의 공유성을 표현한다. 따라서 시공간의 표면의 관계는 이 경우에 있어서 월요일이라고 부르는 전 시공간을 통해서 관계성의 기초를 이루는 일정성을 표현한다. 우리는 또한 저 전체의 부분들에 적용할 수 있기 위해서 전체와의 유사한 구조를 사용한다. 우리가 다른 시공간들을 관계시키는 능력이 있다는 사실은 그것들 사이의 현존하는 기저를 이루는 결합성을 보여준다.

중첩과 포함의 이 관계들은 여기-지금/여기-그때의 보다 일반적으로 표현된 관계의 개별적인 예들이다. 이곳에서는 다른 시공간에 있는 요소들은 그려지거나, 사영되거나, 혹은 투영된 이미지들로 보이며, 그와 같은 이유 때문에 두 요소들은 동일시된다. 여기-지금 속에 있는 어떤 것은 여기-그때 안에 있는 결합의 패턴과 명백하게 동일시될 수 있다. 지금→그때로의 변환은 양 경우에 있어서 우리가 여기라고 부르는 것을 허용하는 결합의 패턴을 왜곡하지는 않는다. 이 동일성이 일어나도록 허용하는 어떤 구성 성분이 양 경험 안에 있어야만 한다. 화이트헤드는 근본적인 구조를 왜곡함이 없이 지금→그때와 여기→저기와 같은 변환을 허용하는 위상학 혹은 경험의 구조가 발견될 수 있는 방향으로 우리를 이끌어간다.

우리는 화이트헤드가 그의 의미 관련학설의 주된 범주로 주장하는 근본적인 일정성을 표현하는 경험의 네 가지 범주를 자연 안에서 보았다. 심홍색 대 구름의 관계는 심홍색 구름과 같은 요소들에 대한 사실의 인내(the patience of fact)를 진술하였다. 이 개별적인 요소는 자신의 개별성을 넘어서서 상호 간에 다른 관련된 요소들의 근본적인 의미 관련과 그러한 요소들을 지지하기 위한 사실의 의미 관련을 지시하였다. "사실은 다른 존재가 아니라, 사실을 위한 각각의 요소의 의미 관련에 상응하는 …실재의 일반적인 전-포용성이다, 각각의 요소를 위한 사실의 인내가 존재하며 …이 인내는 그 자체가 사실 내에서 체계적인 일정성으로서 드러나야만 한다"(UP 115). 이것은 상호 간에 경험의 범위 안에서 요소들의 이중적인 의미 관련을 표현하는 것으로 어느 것에 못지않게 명백한 진술이다.

자연 안에서 일반적인 일정성을 예시하는 그 외의 경험의 세 가지 범주들도 역시 고유한 명료성을 지니고서 연장적 결합 속에서 논의되는 개념을 진술한다. 꿈과 깨어 있는 상태에서와 같은 다른 시공간의 교차; 여기-지금/저기-지금 사이의 진입의 사영적 결합성; 그리고 여기-지금/여기-그때 사이의 다른 시공간의 중첩/포함 등 이 모든 것은 기저를 이루는 어떤 결합성을 잃지 않고서도 한 시공간을 넘어서서 다른 시공간으로 연장되는 결합의 고유한 패턴을 잃지 않고서도 다른 시공간으로 변환될 수 있으며, 그것은 어쨌든 간에 그 변환을 통해서 유지되는 결합의 범주이다. 따라서 한 시공간에서 결합의 패턴은 그 특수한 패턴을 잃어버리지 않고서 다른 시공간으로 변환될 수 있는데, 이것은 그 변환을 통해서 유지되는 결합성의 범주이다. 한 시공간으로부터 다른 시공간으로 동일성을 잃지 않고서 연장되는 이 패턴화된 결합은 경험의 위상학 혹은 느낌의 위상학의 기초이다. 이것은 또 다른 시공간으로 연장될 때 그 자체를 넘어서는 의미 관련이다. "단 하나의 사례(instance)를 조망한 특성은 그 자체와는 다른 어떤 것에 대한 그것의 의미 관련임이 틀림없다. 따라서 이 여분의 것은 관계성에 의해서 알려질 것이다"(UP 120). 그러므로 만약 이 자연의 설명이 받아들여진다면, 그때 시공간은 일정해야만 한다. 왜냐하면 그것의 일부분이 전체에 대한 관계의 도식을 확정하기 때문이다. 이것은 미래, 과거, 혹은 공간의 도처에서 그것의 임의의 다른 부분이 감각-대상들의 진입을 드러낼 수 있는 개별적인 양태와는 관계가 없다. 따라서 관계의 도식은 체계적인 일정성을 드러내야만 한다. …위의 논의를 통해서 우리는 자연에서 일정성의 주된 근거를 획득한다(UP 115).

내가 여기에서 제공하는 주안점은 이전에 주었던 것과 동일한 것이다. 즉 화이트헤드는 모든 시공간은 일정하다고 생각하지 않았다. 실로, 이와 같이 그를 해석하는 것은 그의 일정성에 대한 논제의 가장 중요한 특징 즉 다른 시공간의 현존을 무시하는 것이다. 그는 다르게 진행되는 이러한 시공간 체계들을 아주 진지하게 받아들였으며, 우주 속에서 이와 같이 다르게 진행되는 시공간을 떠받칠 수 있는 것을 발견하기 위해서 그것들의 현실적인 현존을 설명하기를 원했다. 이리하여 일정성을 지녀야만 하는 다르게 진행되는 시공간들이 존재하게 되는데, 이것은 경험의 기저를 이루는 구조를 떠받친다. 그러나 모든 시공간들이 함께 일정한 것은 아니다. 왜냐하면 그것들의 차이점이 그런 일정성을 제외시키기 때문이다. 확실하게 각각의 개별적인 시공간 내에는 일정성이 있으며, 저 개별적인 시공간들 사이에는 차이점이 있다. 결합성이 그러한 차이점들을 통해서 수행될 수 있다는 사실을 통해, 화이트헤드는 개별적인 시공간의 기초를 이루는 경험의 일정성이 있다는 결론을 이끌어 낸다.

위에서 예시된 바대로 각각의 개별적인 시공간 내에서 결합성의 보편적인 일정성에 의해서, 다시 말해서 자연의 보편적인 일정성뿐만 아니라 그 시공간들의 기초를 이루는 보편적인 일정성을 본다는 것은 마찬가지로 중요하다. 실재 내에서 결합의 패턴들의 재현을 감내하는 것은 이 일반적인 일정성이다. 일정성의 그런 기초가 없이는, 패턴의 어떤 유사성도 알아차리지 못할 것이다. 일정한 결합성이 어떠한 방식으로도 예증되지 않는 범위 내에서 각각 연속되는 패턴은 선행하는 결합의 패턴과는 의미상으로 다르다. 그러나 패턴의 재현은 정확한 세부 사항의 재현이 아니다. 오히려, 그것은 보다 일반적인 자연이다.

> …넓은 외형에서 자연의 어떤 일반적인 상태들이 재현되며, 그리고…우리의 바로 이 자연은 그 스스로 그런 반복에 적응한다.
>
> 그러나 동일하게 참이며 동일하게 명백한 보충적인 사실이 있다: 어떤 것도 영원히 진실로 정확한 세부 사항에서 재현되지는 않는다. 동일한 두 가지 날도 없으며, 두 가지 겨울도 없다. 지나가 버린 것은, 영원히 지나가 버린 것이다.
>
> 따라서 인류의 실천적인 철학은 넓은 재현을 기대하는 것이며, 그리고 합리성의 시야를 넘어서서 사물들의 불가사의한 자궁으로부터 발산하는 것으로 그 세부사항을 수락하는 것이다.
>
> 인간은 태양이 떠오르는 것을 기대하나, 바람은 그것이 들리는 곳에서 불어온다. 그것은 명백한 것의 분석을 받아들이기 위해서 매우 특별한 정신을 요구한다(PR 6-7).

사건들의 개별적인 우연한 세부사항과는 관계없이 재현되는 결합성의 일반적 패턴이 있다. 실로, 우리는 4장에서, 사건들이 결코 재현되지 않는다는 것과, 반면에 대상들이라고 불리는 결합의 어떤 패턴들이 우리가 그것들을 대부분의 시간에서 실수 없이 인지하는 그런 양식에서 스스로를 쉽게 되풀이한다는 것을 보게 될 것이다. 대상들이라고 불리는 패턴들의 재현은 이 우주에서 그 자체를 명시하고 있는 일정성의 일반적 유형을 예시한다. 사건들 그 자체를 구성하는 특수한 결합의 세부 사항들은 결코 경험의 영역에서 재현을 발견하지 못한다.

매일의 일상생활에서 경험의 기저를 이루는 근본적인 일정성에 대한 화이트헤드의 직관은 일정성의 어떤 구조의 증거를 위해서 저 경험의 영역을 분석하도록 이끈다. 그가 발견한 일정성은 시공간의 일정성이 아니라 위상학의 범주의 범위에 들어가는 결합성이라는 보다 기본적인 단계에 있는 것이다. 그것들은 자신의 직접적인 적용을 넘어서서 연장되는 어떤 결합들을 감내하는, 현재의 시대에 작용하는 근본적인 위상학인 것 같다: 그것은 연장적 결합이다. 이 결합들은 시공간의 변환을 통해서 상호 간에 위상학적으로 동치인 것이다. 우리의 일상적인 경험 내에서 사실에 대한 요인들과 요인들에 대한 사실이라는 이중-연속적인 의미 관련에 의해서, 여기-지금/저기-지금 사이의 사영적 결합의 진입에 의해서, 그리고 여기-지금/여기-그때라는 다른 시공간의 중첩/포함에 의해서 제시된 의미 관련 학설의 주된 범주인 일정성은 연장적 결합이라는 개념의 전개를 위한 기초를 만든다. 즉, 결합성의 유형들은 경험의 장 내에서 이중-연속적인 변환을 통해서 위상학적으로 동치가 된다.

제 3 장

관계성 : 근본적 관계들

- 연장적 결합의 기능 -

과학의 목적을 위한 현실 세계란 무엇인가? 과학이 그 자신의 주제를 결정할 수 있기 위해서는 형이상학적 논쟁의 종결을 기다려야만 하는가? 나는 과학이 보다 훨씬 꾸밈없는 출발점을 지니고 있다는 것을 드러내고자 한다. 그것의 임무는 우리 인생의 경험을 형성하는 지각, 감각, 그리고 정서의 저 유동 안에 존재하는 관계성의 발견이다(AE 105).

화이트헤드가 1916년에 「사고의 조직」에서 이렇게 적었던 것은, 그가 일찍이 10여 년 전에 MC에서 착수한 근본적인 기획에 대한 메아리라고 할 수 있다. 화이트헤드의 거의 모든 연구들은 이 근본적인 신뢰의 견지에서 우주 속에 작용하는 존재들을 결정하고, 그 존재들이 존재하도록 하는 관계들을 조사하고, 그리고 이로부터 우주의 근본적 구조를 탐구하는 것이다. 화이트헤드의 의미 관련 학설은 이러한 관점의 명백한 발전이며, 이 학설의 두 번째 범주는 2장에서 개괄적으로 설명한 일정성과 순서의 구조 내에 작용하는 관계성 혹은 결합성이다.

MC에서 명백하게 진술되었던 교점이론을 통해서 볼 때, 화이트헤드가 탐구한 결합성은 이 경우에 있어서 근본적으로 위상학적인 단계에 있는 것이다. 처음에 MC 이론에서 그는 점-점, 점-선, 그리고 선-선이 결합되어 있다는, 매우 이해하기 어려우면서도 깊은 통찰을 드러내었다. 사실상 결합성에 대한 이 유형들은 매우 흥미로운 것이며, 그것들은 우주의 주된 존재들이 점-대상들이 아니라 시간이 덧붙여진 존재들, 혹은 과정 존재들이라는 결론을 이끌어 내는 데 크게 기여하였다. 대상과 사건 사이의 구별은 4장에서 탐구될 것이다.

존재들을 일반화함으로써, 화이트헤드는 존재들 그 자체들로부터 큰 방해를 받지 않고서도 그것들을 지배하는 결합성의 유형을 탐구할 수 있었다. 이것은 관계들로부터 관계항을 구별하는 고전적 이분화가 아니다. 이와는 달리 이것은 연장적 결합의 개념을 제시하는 데 기여했던 의미 관련 학설의 전개를 통한 명백한 연역의 순서로 진행된다. 이 장에서 우리는 이 우주에서 명백하게 작용하는 결합의 유형을 탐구할 것이며, 이에 따라 2장의 결론에서 제시된 연장적 결합의 기능을 드러낼 것이다. 화이트헤드는 각각의 시공간이 특수한 결합을 잃어버리지 않고서도 그들 자신의 시공간에서 다른 시공간을 넘어서서 연장하는 근본적인 결합성을 탐구하고 있다.

화이트헤드는 「자연 인식의 원리들에 관한 탐구」(*An Enquiry Concerning the Principles of Natural Knowledge*, PNK)라는 저서에서 다음과 같은 진술을 통해서 그의 기획을 소개한다.

> 이 탐구과정에서 상세하게 전개되는 근본적인 가정은, 모든 물리학, 생물학에서 드러나야만 하는 자연의 궁극적 사실들이 그것들의 시-공간적 관계들에 의해서 결합된 사건들이며, 이 관계에서 사건들은 자신들의 부분들로 존재하는 다른 사건들을 포함할 수 있는(혹은 연장할 수 있는) 사건들의 특성으로 주로 환원될 수 있다는 것이다.
>
> 달리 말하면, 시공간이 비-결합되어 있다는 것을 강조하는 대신에, 우리는 과학에서 궁극적인 그 사물들(사건들)이 상호 결합된 근원적인 방식에서 시공간의 복잡한 본질이 도출된 것으로 설명해 볼 것이다(PNK 4).

이 구절을 통해, 화이트헤드는 자신이 기대하고 있는 것에 관해 많은 것을 드러낸다. 먼저, 그는 우리에게 자연의 궁극적인 사실들이 무엇인가를 말한다. 즉 그것은 사건이다. 앞으로 살펴보겠지만, 이것은 사영기하학의 공리들에 근거한 MC의 근거일 뿐만 아니라, 공간의 역학으로부터 도출된 것이다. 두 번째로, 우리는 이 사건들이 결합되어 있으며, 시공간의 관계들(시-공간이라고 부르는; 즉 시공간)이 주된 것이 아니라고 생각한다. 그 시공간 관계들은 사건들 그 자체의 어떤 특성으로부터 환원될 수 있다.

즉각적으로 그는 우리에게 시공간 관계의 어떤 일정한 형식으로부터 일정성과 순서를 찾아서는 안 된다고 말했다. 우리는 시공간보다 더 근본적인 특성을 표현하는 사건들 사이에서 관계성 혹은 결합성을 찾아야 한다. 그리고 그는 우리에게 보다 근본적인 특성이 무엇인가를 말한다. 그것은 부분/전체의 관계, 너머-연장하는 것(extending over), 포접하는 것(containing)이다. 실로 시공간의 복잡한 본질은 사건들의 근본적인 상호 결합성에서 나오며, 오직 이 방식에서만 그것은 도출된다.

화이트헤드가 이 연구에 착수할 때, 존재들(사건들)에 선행하는 기하학을 출발점으로 삼지는 않았다. 오히려 그는 존재들과 그것들의 상호 결합성의 근거가 되는 근본적인 위상학을 밝히는 데 주안점을 둔 것이 명백하다. 사실상, 그는 결합성의 한 특수한 유형, 즉 연장하는 것, 포접(containment), 포함(inclusion), 부분/전체로 그의 탐구를 명백히 한정했다. 우리는 이 결합성을 탐구할 것이다. 그러나 대체적으로 그 출발지점이라고 할 수 있는 PNK에서 화이트헤드는 자신의 기획에 대한 전반적인 계획을 이미 주장했다. 그 기획은 우리가 MC에서 탐구했던 동일한 신뢰의 연속이며, 그의 목표는 유사하게 진술되는 것처럼 보이지만 보다 발전된 것이자, 15년 전에 MC에서보다 훨씬 포괄적인 것이다. 우리는 화이트헤드가 시공간 관계의 복잡한 본질을 도출하기 위해 사건들의 관계를 탐구했다는 사실을 깊이 숙고해야 할 것이다. 이것은 전자(사건들)가 일정해야 하며 반면에 후자(시공간)가 비-일정할 수도 있다는 결론이다. 어쨌든 화이트헤드는 명백하게 시공간 관계를 근본적인 것으로 보지 않았다.

> 어떤 입자 p가 한 점 Q에 있다는 말의 의미를 고려해 보자. 이 진술은 실제적인 정보를 제공하며, 따라서 'p는 p이다'라는 자기 동일성이라는 쓸모없는 진술보다는 그 이상의 무언가를 전달하고 있음이 분명하다. 따라서 의미가 있어야만 한다는 것은 p가 다른 입자들 p', p''등등과 어떤 관계들을 가지고 있다는 것이며, 이 관계 군의 추상적 가능태는 점 Q에 의해서 의미가 만들어진다(PNK 4-5).

이 진술은 마치 점들이 세계의 궁극적인 존재들인 것처럼 공공연히 설명하고 있다. 그러나 우리는 화이트헤드가 이것을 믿고 있지 않다는 것을 MC에서 일찍이 알고 있었다. 사실상 화이트헤드의 기획은 기하학의 기초를 탐구하는 것이며, 즉 그것은 존재들 사이의 근본적인 결합성을 탐구하는 위상학의 전개와 관련되어 있다.

> 기하학의 기초에로의 탐구는 공간을 사물들 사이의 관계의 복합체로 설명해야만 하는 것이다. 그것은 점이 무엇인가를 기술해야만 하며, 인식의 직접적인 대상들인 궁극적인 사물들 사이의 궁극적인 관계들로부터 점들 간의 기하학적 관계들이 어떻게 나오는가를 보여주어야만 한다(PNK 5).

화이트헤드는 시공간 관계를 설명할 예정이 아니라, 대신에 사건들 사이의 관계들을 설명할 예정이었다. 이 근본적인 위상학적 관계들로부터 우리가 시공간 관계들로서 알고 있는 대상들의 기하학이 나올 것이다. 화이트헤드가 앞에서 대략적으로 기술한 전망으로부터 그 관계성을 탐구할 때, 관계성은 연장적 결합의 기능이다. 이 이론이 3장의 초점이 될 것이다. "…자연 철학의 영역에서 지적인 설명의 참된 목적은 …자연의 상호결합성을 드러내는 것이다"(CN 141).

공간의 역학

공간과 시간 사이의 관계성 문제는 소크라테스 이전 시대로부터 강력한 철학적 · 과학적 논쟁의 주제였다. 1905년 아인슈타인의 특수 상대성이론에 의해 제시되었고 1908년[44] 민코프스키(Minkowski)에 의해서 확고해진 현대 상대성 이론의 전개는 그것의 전통적 논쟁에 극적인 요소를 부가하였다. 고전 역학에서는 분리된 것으로 가정되어 온 시공간이 상대성 이론을 통해 시간/공간이 결부되어 있는 것으로 제시됨으로써, 시간의 본성에 관한 철학적 논쟁에 새롭고도 의미 있는 시사점이 만들어졌다. 아인슈타인과 민코프스키로부터 카르납(Carnap)과 라이헨바하(Reichenbach)를 경유해서 그룬트바움(Gründbaum), 휠러(Wheeler), 잠머(Jammer)에 이르기까지, 이 같은 물리학자와 철학자들은 시공간 개념의 통일화와 함께 현대 상대성 이론의 전반적인 의미를 확정하고자 노력하였다.[45] 이 통일화에 의해서 발생된 문제와 해결의 규모를 조사하는 것이 이 절의 목적은 아니다. 우리의 현재의 목적을 위해 중요한 것은 이 전개에 대한 화이트헤드의 반응을 개괄적으로 제시하는 것이며, 그 반응이 어떻게 전개되며, 그리고 연장적 결합의 개념이 어떻게 생겨나는지를 파악하는 것이다.

화이트헤드가 1915년에 발표한 논문("공간, 시간 그리고 상대성")에

44) Capek, p. 185, n. 1.

45) 이 주제에 대한 연장된 전기에 관한 언급에 대해서는 다음의 글들을 참조하라. Capek, *The Philosophical Impact of Contemporary Physics;* Adolf Grünbaum, *Philosophical Problems of Space and Time*, Dordrecht, Holland: D. Reidel Publishing Co., 1974; Lawrence Sklar, *Space, Time and Spacetime*, Berkeley: University of California Press, 1974.

서 시공간의 문제에 관하여 완전한 결정을 내리기를 거부했을 때만 하더라도, 그는 느닷없이 제기된 그 문제에 전적인 확신을 가지고 있지 않았다. 하지만 MC에 있는 2장의 논의를 고려해 볼 때, 그는 매우 일찍부터 시공간 사이에 어떤 관계성의 유형이 있다는 것을 직관적으로 알고 있었다. 그러나 우리는 그가 이 문제에 관해 당시에 얼마나 고민했었는지는 알 수가 없다. 비록 시간과 공간 사이의 완전한 결합성이 아직까지 그의 철학적 저술 속에 나타나지 않고 있기는 하지만, MC에서 화이트헤드는 이미 시간을 주기의 관점에서 생각하기 시작했다는 것을 보여준다. 그는 나중에 시간의 주기를 지속이라고 불렀다. 그러나 MC에서 모든 공간 좌표의 집합이 언제나 시간 좌표에 의해서 동반되었다는 것을 회상해 보라. 화이트헤드는 동일한 개념화의 길을 가지는 않았지만, 아인슈타인과 민코프스키와 같은 직관이 있었던 것 같다. 화이트헤드는 1915년 논문에서 시공간 결합을 주장하지 않았음에도 불구하고, 그것에 대해 인식하고 있었다. 실질적으로 MC 이후에 15년이 지나고 난 후에야, 화이트헤드는 "아인슈타인의 이론"(1920)에서 아인슈타인의 철학적 가정들에 대해 논의했다. 이 논문에서 화이트헤드는 공공연하게 시공간을 명백한 결합성 속에 있는 것으로 기술한다. 그러나 학문을 탐구하기 시작한 초기부터 화이트헤드는 감각 경험의 여건 속에서 뒤엉켜 있는 것으로써 공간과 시간을 인식하였다.

점들이 단순하지 않고 복잡한 존재들이라는 화이트헤드의 결론에 관해 그 중요성을 이해하기 시작하는 곳은 이 지점에서부터이다. 또한 1905년에 전개된 이 직관을 통해서 1919년에는 시그마-포함(σ-inclusion)이라는 근본적 관계에 해당하는 기초가 설정된다. 이것은 1914년에 울타리(enclosure)와 포함(inclusion)의 전조가 되며, 사실상 1927년 연장적 결합의 근거가 된다. 이와 같은 전개는 "물질 세계의 수학적 개념에 관해서", "공간의 상대성 이론", 「자연 인식의 원리」, 「자연의 개념」, 「상대성 원리」」, 그리고 「과정과 실재」의 개념적 도식들 사이로 점차적으로 진행되는 관련성을 보여주는 것 중 하나이다. 사영기하학에서는 점들이 복합적 존재들이라고 정의될 수 있으며, 그것은 점 개념에 대한 하나의 역설이다. 이것은 또한 감각경험에 근거한다. 우리는 MC에서 이미 "시간의 순간들"에 대한 화이트헤드의 언급이 시간의 경과들 혹은 시간의 주기들과 관련되어 있다는 것을 발견한다. 왜냐하면 그는 순간으로 정의된 어떤 것으로도 의미를 발견할 수 없기 때문이다. 이 직관에 대해서는 아무리 많은 언급을 해도 지나치지 않다. 그것은 화이트헤드의 철학적 전개의 대부분에 있어서 가장 근원적인 것이며, 연장적 결합의 개념이 발생한 것에 대한 주된 계보를 제공하는 것이다. 내 생각으로는, 적어도 그의 현존하는 저서와 관계하는 한, 화이트헤드가 높은 추상의 형식을 제외하고는 점에 대해서는 결코 신뢰하지 않았다고 말해야 할 것이다.

공간의 역학은 실질적으로 화이트헤드가 이 직관으로부터 제공한 여건에서 나온 논리적 연역이다. 그는 시간의 순간 속에서 공간의 점들을 경험한 것이 아니라, 시간의 주기를 통하여 공간의 체적을 경험했다. 전자는 그 이상의 정교화에 도움이 되는 어떤 유효한 정식화를 허용하는 편리한 추상이다. 하지만 여기서 그 추상의 최초의 여건(화이트헤드의 직관에서 발생한 것)이 무엇인가를 말해야 한다는 주의깊은 단서가 제공되어야 한다. 그러나 과학의 역사, 특히 수학사는 이러한 단서에 대한 망각으로 가득 차 있으며, 심지어 오늘날의 개념화 작업에서도 너무나 명백한 이 출발점이 무시되고 있다.

이 직관에 대한 요점들 중의 하나는 감각의 세계는 변화의 경험 속에 있다는 것이다.

따라서 우리는 과학이 분석하기를 멈춘 곳 너머, 궁극적인 사실 속에서 변화의 상태에 대한 개념을 포함시켜야 한다. 그러나 지속 없는 순간 속에 있는 변화의 상태는 매우 어려운 개념이다. 과거와 미래에 대한 어떤 언급 없이 속도를 정의하는 일은 불가능한 일이다(PNK 2).

이 근원적인 직관은 거의 모든 화이트헤드의 저술 속에 반영되어 있다. 특히 그의 초기 저서(MC 11; RTS 6; CN 105 등 우리는 오직 약간의 예만을 언급하였다)에서 그러하다. 물리학에서 속도와 가속도라는 것은 공간 혹은 시간 속에서 차원 없는 점들의 근본적인 본성을 거부하였다. 그리고 화이트헤드에게서 시공간 이론은 다소간에 변화의 근본적인 경험을 설명해야만 한다. MC에서 점들이 직선들의 다발로(혹은 선형 대상적 실재들) 정의되는 것처럼, 따라서 RTS(1914)로부터 PR(1927)에까지 사실상 지속들(STR 93)이라고 부르는 보다 구체적이고 근본적인 시간의 경과로부터 시간의 순간들은 추상된 것으로 여겨진다. 마찬가지로, 감각 경험에서 본다면 고전적 절대적 공간의 점들은 다만 보다 근본적인 공간의 체적들로부터 추상된 것으로 보인다. 이리하여 의미 관련 학설의 두 번째 범주(이 장의 주된 목적)를 형성하는 관계성으로써 공간의 체적들에서 시간의 경과들 사이의 결합들과 그 내부의 결합들을 탐구하는 것이 보다 더 직접적인 추론의 방식처럼 보인다.

원자성은 지속을 통한 체적의 보다 원초적인 경험들로부터의 복잡한 추상으로서 이 점(공간에서, 시간의 순간들)의 개념 속에서 의미 있는 요소이다. 지속을 통한 이 체적들은 경험에서 불가분적인 단 하나의 전체로 받아들여진다(RTS). 1914년만큼이나 일찍이 이 관념은 화이트헤드의 저서 속에 명백하게 나타난다. 비록 일부 연구가들이 이 전개를 보다 늦은 시기인 1925년도로 돌린다고 하더라도, 나는 이런 관념이 화이트헤드가 1895년에 「보편 대수학」(*Universal Algebra*)을 저술했을 때도 자신의 사유 속에서 작용했었다고 본다. 이것은 점의 복합성과 마찬가지로, 하나의 직관이다. 이것은 그가 이 주제들에 관해서 논설하기 시작한 이래로 화이트헤드와 함께 있었던 것 같다. 여기에서 그 의미는 연장의 관계가—이것은 다음 절에서 나타날 것이다—실질적으로 지속을 통한 체적이 개별성(singularities)으로 경험된다는 이 원자적 직관으로부터의 직접적인 전개라는 것이다. 즉 경험된 통일성은 공간의 점들을 넘어서서 연장되며, 시간의 순간들을 통해서 연장된다.

> 시간 속에서의 연장과 공간 속에서의 연장 사이에는, 단순한 이름을 넘어서서, 어떤 교류(community)가 있는가? 현대 상대성 이론에 의해서 드러난 공간과 시간 사이의 밀접한 결합 때문에, 이 문제는 새롭게 중요한 것으로 받아들여진다(STR 93).

이 경험된 교류는 정확히 PR에서 연장적 결합이 되는 연장이라고 부르는 관계 혹은 결합이다. "시간과 공간의 동질성은 연장이라는 보다 근본적인 성질의 공통적인 역할 속에서 발생한다"(R 67). 이 교류성은 명백하게 공간과 시간 사이의 통일화의 경험을 촉진하는 것이며, 이것은 단 하나의 전체적인 원자적 지각을 초래하게 된다. 우리의 감각 경험에 근거한 새로운 개념화는 점-복합성이라는 주요한 직관으로부터 도출되었다는 것이 너무나 명백하다. 이 개념화의 주된 기능은 공간의 점들과 시간의 순간들을 넘어서 연장된 결합의 매커니즘을 통해서 작동한다.

과 정

“시간에서 점이 경험에 대해서 어떤 것도 직접적으로 제공하지 못한다는 것은 이미 아는 사실이다. 우리는 점에서 사는 것이 아니라, 지속 속에서 살고 있다”(STR 93). 게다가 사영 기하학에 대한 작업에서 도출된 점-복합성 직관은 화이트헤드의 우주론에서 다른 개념들이 나타나는 데 근본적인 역할을 한다. 1915년에 지속과 다양한 시간 체계의 관념은 적어도 십여 년 동안 화이트헤드 사유의 일부가 되었으며, 화이트헤드 자신의 시공간에 대한 사유를 별도로 하고서도 특수 상대성 이론은 다양한 시간 체계들의 역할에 주요한 위치를 차지하였다. 화이트헤드에게서 다양한 시간 체계의 중요성은 과장할 필요가 없는 일이다. 그는 그것들을 매우 진지하게 받아들인다. 그의 성숙한 우주론이 전개될 시점에, 다양한 시간 체계의 어려움은 어떤 개념적 어려움도 불러일으키지 않았다. “일부 과학적 관념에 대한 해부”라는 논문에서(1917) 그는 다음과 같이 쓰고 있다: “우리가 타일을 응시할 때, 일분, 혹은 일초, 혹은 십분의 일초가 흘러가 버렸다. 즉 본질적으로 지속이 있다. 이리하여, 최종적으로, 우리는 스스로 감각-제시의 완전한 시간-유동(흐름)을 각자가 경험하고 있음을 인식한다”(ASI 126-127). 감각 경험의 역할은 화이트헤드에게서 매우 중요하다. 왜냐하면 그것은 그가 탐구하려고 선택한 개념들을 가치평가 하는 기준이 되기 때문이다. 시간-경과 혹은 지속의 경험은 감각 제시의 직접적인 경험일 뿐만 아니라, 그것은 MC에서 점-복합성 직관으로 탐구된 논리적 추론을 통해서 만들어진 것이다. 우리는 시간의 순간들을 경험하지는 않는다.

공간의 점과 같이 그것들은 높은 추상물이다.

지속의 개념이 전개되고 경험의 세계에서 그것의 다양성이 나타날 때, 화이트헤드는 지속들 사이의 관계에, 그리고 지속의 다른 시간-체계 사이의 관계에 집중한다. 이 관계들이 PR에서 연장적 결합이 되는 것이며, 근본적인 관계성의 주된 예시를 구성한다. 그러나 먼저 시간 경과의 관념, 즉 일정한 시간의 기간 내에서 전개되는 어떤 과정이 탐구될 것이다.

> 철의 단 하나의 특징적인 속성은 한 순간에 나타날 수 없다. 순간적으로는 우리의 예기를 표현하기 위해서 전기와 맥스웰 방정식의 분배가 단순히 있을 뿐이다. 그러나 철은 예기 혹은 심지어 회상이 아니다. 그것은 사실이다. 그리고 철이라는 이 사실은 시간의 주기 동안에 일어난 것이다. 철과 생물학적 유기체는 기능하기 위해서 시간을 필요로 한다는 점에서 동일한 수준에 있다. 한 순간에 있는 철과 같은 것은 없다; 철이라는 것은 한 사건의 성격이다(PNK 23).

사물 혹은 대상과 사건 사이의 구별은 4장에서 탐구될 것이다. 그러나 시간의 순간보다는 오히려 지속의 존재를 통해서 사물로부터 사건에로 힘의 전이가 있었다는 것이 이 지점에서는 명백하다. 이때 관심의 초점은 시간의 순간과 같은 추상적인 요소들로부터 지속과 같은 감각 경험의 대상적 요소들로 옮겨갔다.

무한히 작은, 차원이 없는 존재는 있지 않다는 관념 속에는, 이해하기 어려우면서도 여전히 매우 심오한 무언가가 있다. 이러한 존재들은 이론의 복잡한 적용에 있어서 보다 효율적으로 기능하기 위해서 높은 추상의 형태로만 존재한다. 그러나 감각 경험의 세계에서 이러한 차원 없는 존재는 존재하지 않는다. 우리의 언어와 개념화 작업은 이러한 사실을 종종 애매하게 하는데, 그 이유는 차원이 없는 존재들에게 실재를 상징적으로 표상하는 데 주된 중요성을 부여하기 때문이다. 우리는 점과 철점 존재들(punctual entities)의 관점에서 말하며, 우리는 그것들의 관점에서 생각하며, 충분히 우리는 그것들이 실제로 존재하며 경험의 실질적인 존재라고 믿기 시작한다. 경험이라는 것이 실질적으로 시간이 동반되어야 한다는 것을 끊임없이 인식하기 위해서는, 상당한 노력과 집중이 필요하다. 순간에서는 어떤 것도 발생하지 않는다. 이 사실을 다양한 시간 체계들이 다양한 시공간들을 형성하는 각각의 공간의 좌표들과 유일하게 결합된다는 특수 상대성 이론의 결론들 중의 하나와 결부시켜 볼 때, 우리는 단 하나의 절대 공간과 계열 시간을 가진 단순 우주와는 매우 다른 구조를 가진 경험의 우주를 알게 된다. 이 구조가 우주론에서 화이트헤드가 관심을 갖는 주된 목표이며, 그의 현재의 연구 계획은 다양한 시공간 체계가 존재한다는 특수 상대성 이론의 결론과 결부되어, 공간이든 시간이든 무한히 작은 차원 없는 단위가 있지 않다는 점-복합성 직관에서 도출된 논의를 탐구하는 것이다.

우리가 해명해야 할 것은 시간의 주기를 통한 한 장소의 특수한 성격이다. 이것이 내가 의미하는 '사건'이다.

자연은 과정이다. 감각-지각에서 직접적으로 드러나는 모든 경우에서처럼, 자연의 이 특성에 대해서도 달리 설명할 수가 없다. 행해질 수 있는 모든 것은 언어를 사용해서 그것을 사변적(speculatively)으로 진술하는 것이며, 또한 자연에서 이 요소와 다른 요소들과의 관계를 표현하는 것이다.

각각의 지속이 발생하고 지나간다는 것은 자연의 과정을 드러내는 것이다. 자연의 과정은 또한 자연의 추이라고 불릴 수 있다. 과학과 문명화된 삶의 측정가능한 시간은 자연의 추이라는 더욱 근본적인 사실의 어떤 양상들을 일반화한 것으로 드러낼 뿐이기 때문에, 나는 '시간'이라는 단어를 이 단계에서부터 제한적으로 사용할 것이다(CN 52-54).

4장에서 우리는 화이트헤드가 사건에 대해 사용하는 정의를 보다 충분히 탐구할 것이다. 그러나 이 장에서도 사건은 중요한 역할을 하는데, 왜냐하면 그것이 지속이라고 부르는 것에 대한 관심을 불러일으키기 때문이다. 화이트헤드는 위와 같은 이전 시기의 작업에서 지속이라는 근본적인 존재를 도출해내며, 이것은 PR에서 현실적 존재자(actual entity)라는 개념으로 전개된다. 지속 속에는 무언가가 진행 중이라는 의미가 있다. 그가 이것을 현실적 존재자라는 자신의 용어로, 그리고 과정이라는 전문 용어로 이끌고 갔다는 것은 사실이다. 지속은 단순한 저장소가 아니라 공간의 영역에서 일어난(happening) 것을 명확하게 한정한 것이다. 지속의 개념은 실제적으로 그것의 시간-내용 양상이 언제나 각각의 공간적 영역과 결부되어 있다는 점에서 시공간 개념이 된다. 화이트헤드에게 있어서 지속은 시공간 영역이다. 그것은 하나의 지속 안에서 그리고 연장적 결합 안에서 근본적 개념을 만들어 내는 다른 지속 집합들 사이의 관계의 집합이다. 화이트헤드는 일반적으로 공간 혹은 시간에 관해 서술했다. 그러나 그가 사용한 개념들은 명백하게 '시공간' 개념이다. 그가 결합된 형식으로 시간과 공간을 쓸 때, 하이픈(-)이 붙은 "시간-공간"을 사용했지만, 여기서는 현재의 목적을 위해 보다 일반적인 형태인 '시공간'으로 사용할 것이다.

나는 가끔 앞에서 정의한 사건에 대해 언급할 것이다. 그러나 그것은 화이트헤드가 사건에 관해서 제공한 유일한 정의는 아니며, 아마도 가장 포괄적인 것도 아니다. 그럼에도 그것은 시간의 주기를 통한 한 장소의 특성이 우리가 실제적으로 경험하는 것이라는 의미를 그의 독자에게 분명하게 제공할 것이다. 훨씬 나중에, 자신의 성숙한 우주론에서 화이트헤드가 현실적 존재자에 관해 말할 때, 시공간을 통한 특성이라는 이 정의를 기억하는 것은 얼마간의 도움이 될 수도 있다. 만약 이것이 시공간을 통한 특성을 경험하는 것이라면, 이때 '과정'이라는 용어를 대신해 '사건' 혹은 '현실적 존재자'라는 용어를 사용할 수 있다. 이 경우에 있어서 '사건'이나 '현실적 존재자'라는 용어들을 통해 의미를 가지게 되는 것은 실제로 시공간을 통한 특성의 경험이라는 것을 기억해야 한다. 그리고 화이트헤드에게서 고려된 전체뿐만 아니라 그 전체의 일부도 자연의 과정이다. 궁극적으로 그것은 전체/부분의 관계이며, 이 관계는 전 과정으로써 자연과 그 스스로가 과정인 자연의 부분들 사이의 관계의 집합을 위한 원형으로써 행위하는 것이다. 의미 관련 학설의 전부는 실질적으로 이 관계를 연출하는 원고이다. 비록 그것이 성숙한 학설이라 하더라도, 그것의 제일 범주인 일정성과 순서는 이미 작용하고 있으며, 그것의 두 번째 범주인 관계성은 전개 중에 있다. 화이트헤드는 지금 전체로서의 자연과 그것의 부분으로서의 자연 사이에 작용하는 관계들의 근본적인 집합을 탐구하고 있다. 전체로서의 자연은 과정(지속, 사건, 현실적 존재자)이고 그것의 부분 역시 과정이다. 거시적이든 혹은 미시적이든 간에, 이 과정은 시공간을 통해 연장되는 특성(관계들 혹은 결합들의 패턴)의 전개이다. 다양한 시공간이 존재할 때, 전 자연 안에서 완전히 상호 작용하는 결합들의 다양한 집합들 혹은 성격의 다양한 집합들이 존재한다.

각각의 성격은 과정으로서의 자연이라는 사실 내에 있는 요인(factor)이다. 이 사실의 요인들은 각각의 과정 내에서 현실화되는 존재들 혹은 관계항이다. 4장에서 이 사실의 요인들은 의미 관련 학설의 세 번째 범주가 될 것이다. 그것들은 각각의 지속 혹은 지속의 집합에 의해 나타난 시공간 내에서 생성된 것이다. 만약 자연의 과정이 또한 자연의 추이라고 불릴 수 있다면, 추이하는 것은 사실에 대한 이러한 요인들이다. 즉 그것은 각각의 시공간 혹은 지속 내에서 성격이나 결합들의 패턴이다. "이것은 자연의 시간적 추이의 드러냄이다. 즉, 한 지속은 다른 지속으로 경유해 간다"(CN 55). 자연의 과정은 한 시공간의 구간을 통해 어떤 성격 혹은 결합들의 집합이 다른 시공간의 간격을 통해 다른 성격 혹은 결합들의 집합으로 추이하는 것이다. 어떤 특성에서 다른 특성으로의 변환은 두 가지 시공간을 인내하는 우주의 근본적인 위상학을 표현하며, 따라서 한 시공간에서 결합성은 다른 시공간으로 그려질(투영되고, 변환될) 수 있다. 화이트헤드는 한 시공간으로부터 다른 시공간으로의 이동을 통해서, 결합성의 패턴을 유지하면서 이 변환의 유형을 인내하는 이러한 우주의 구조 혹은 위상을 찾고 있다. 그의 수학적 배경은 보다 철학적이고 우주론적인 저서에서 아주 명백하게 그 자신을 표현하고 있다. 그는 기본적인 요소에 대한 그의 관심을 줄곧 유지하였다. 이러한 경향으로 인해 그는 새로운 대수학을 통합하고, 공간 이론들을 보편화하고, 그리고 수학의 내용을 위해서 논리의 뿌리를 탐구하려고 시도하였다.

한 시공간으로부터 다른 시공간으로의 이 변환 속에서 잃지 않는 근본적인 결합성은 무엇인가? 그것은 의미 관련 학설의 근본적인 관계성이며, 연장적 결합의 기능이다. 우리는 이 결합을 화이트헤드의 사유 속에서 도출하고자 한다. 이 장의 마지막 절에서 우리는 그것을 보다 더 철저히 탐구할 것이다. 그것은 지속을 제공하는 점-복합성 직관으로부터 만들어졌으며, 특수 상대성 이론의 다양한 시공간의 귀결로부터 생겨난 것이다. "추이는 의미 관련과 동일한 것이다. 의미 관련에 의해서 내가 의미하는 바는 한 사건의 성질이 자신의 공간적-시간적 관계성으로부터 다른 사건들에서도 발생한다는 것이다"(R 68).

CN과 PR이 저술된 십여 년 사이에, 과정의 개념은 광범위한 현상을 설명하는 포괄적 개념으로 성숙해서 그의 우주론에서 궁극자의 범주가 되었을 뿐만 아니라, 또한 설명의 두 가지 개별적인 범주로 기여했다. 이것은 감각 경험에서 일어난 사건에서 과정 관념이라는 어떤 풍요로운 결실을 이끌어냈다는 것이다. 각각의 시공간 속에는 어떤 활동(activity)이 있는데, 이는 지금까지 우주론의 설명에서 빠져 있었던 것이다. PR에서 그의 여러 가지 노력은 경험의 세계에서 변화라는 매우 실질적인 존재를 설명하려는 시도이다. 그가 느끼기에는, 그것은 충분히 표현되지 않았다. 이것이 화이트헤드에게 그렇게 중요한 이유는 명확하게 드러나지 않는다. 그는 매우 일찍부터 자신의 작업 속에서 이러한 직관을 가지고 있었던 것처럼 보인다. 비록 그것이 1914년이 되어서야 비로소 그의 저술에서 동일한 성질을 띠고 증명할 수 있는 형태로 나타났다고 하더라도 말이다. 교점 이론(Theory of Interpoints)이 해결하고자 한 문제들 중의 하나는 점-복합성 직관의 전망으로부터 운동과 선형 대상적 실재의 영속성에 관한 충분한 설명을 제공하는 것이다.

> 게다가 시공간의 결합과 그 유일한 연속의 방울(dropping)은 본질적으로 과정인 궁극적인 사실을 추구하는 필연성과 관련이 있다. 따라서 "과정"의 관념을 잃었을 때마다, 우리는 매우 진전된 추상의 유형을 다루고 있는 것이다. 이것이 바로 이 주제를 다룸에 있어서 내가 언제나 다음과 같이 주장했던 이유이다. 즉, 가장 낮고 가장 구체적인 추상들의 유형은(이를 통해서 사실의 다양성을 표현할 수 있다) "사건들"이며, 그것들은 과정을 유지하는 사실의 부분적 요인을 의미하는 것으로 간주해야 한다(PA 143).

그리고 이와 유사하게 1923년에 이르러 보다 철학적인 양태로 이행하는 단계에 착수할 때, 그는 다음과 같이 쓰고 있다.

> …궁극적인 사실은 정적인 물질이 아니며, 물질적 존재의 유동이다: 내용

과 발생에 있어서 그것의 모든 충만성을 갖고 있는 이 유동의 임의의 부분을 사건이라고 부르자. 연장은 본질적으로 사건의 성질이며, 과정도 마찬가지이다. 그러나 자연의 생성은 시간의 어떤 연속적인 선형적 진행 내에 제한되는 것이 아니다. 그것은 완전한 비전을 표현하기 위해서 그런 진행의 무한한 수를 요구한다(FPS 18).

1925년에 「과학과 근대세계」로부터 그의 삶이 끝날 때까지, 화이트헤드는 사건들이라고 불렀던 이러한 일어남들(happenings) 사이에서, 그리고 일어남들 내부에서 관계의 구조를 탐구하였다. 그가 이 사건에서 드러내는 결합성의 패턴은 사실의 요인들에 대한 의미 관련과, 사실들 상호 간에 대한 그 요인들의 의미 관련을 떠받치는 위상학의 가장 명백한 표현이다. 과정의 개념, 즉 자연의 창조적 전진은 각각의 시공간, 지속, 혹은 사건 내에서 발생하는 활동의 핵심이다. 그리고 그는 그것의 기능에 대해서 충분히 설명하기를 원하였다. 이 탐구로부터 생겨난 연장적 결합에서 전개된 개념인 결합성은 화이트헤드가 힘겹게 얻은 노력의 결과이다. "인간 지성의 한계에 대한 어쩔 수 없이 밀려오는 감정을 느끼지 않고서는 시간과 자연의 창조적 추이의 신비를 숙고하는 것은 불가능하다"(CN 73).

동시성

고전 역학의 세계에서, 절대 시간과 절대 공간 개념은 우주론의 구조를 지배하였다. 시간의 순간들은 차원이 없고 연속적이며, 공간의 점들은 차원이 없고 고정된 것이다. 이 절대 공간과 시간의 우주에서 무슨

일이 일어나든지 간에, 이것은 특정한 시간에 특정한 장소에서 발생한 것이라고 할 수 있다. 사실상, 이 우주 안에 있는 여러 항목들에 대해서 확고한 시간과 장소를 부가하는 편리함은 상당히 정교한 동일화(identification)와 계산의 체계를 전개할 수 있도록 한다. 심지어 서로 간의 관계에서 일정하게 움직이는 두 점 사이의 구별을 설명하는 데 상당히 명확하게 정의된 고전적 상대성의 의미가 있다. 이 모든 구별은 모든 운동이 관계될 수 있는 절대 공간이라고 불리는 것과 관련이 있다. 이리하여 모든 운동과 두 개의 움직이는 물체에 대한 관련에서 선호된(preferred) 구조로 기여했던 절대 공간은 그 자신에 의해 제공된 구조를 통해서 각각의 운동을 서로 간에 관계시킬 수 있었다.

그러나 정확하게 이 절대 공간은 어디에 존재하는가? 그것은 지구, 혹은 별, 혹은 텅 빈 공간 그 자체인가? 마침 이 선호된 절대 공간이 어떤 관련의 구조인가를 결정하려는 연구에서, 마이켈슨(MIchelson)과 몰리(Morley)는 1881년에 공간을 통한 지구의 운동과 관련해서 빛의 속도를 측정하는 데 착수하였다. 만약 공간이 관련의 선호된 구조라면, 빛의 속도는 그것이 측정 방향에 의존해서 지구 운동의 선과 평행하게 측정되었을 때 증가하거나 축소되어야 한다. 그들이 발견한 것은 빛의 속도가 그것이 측정된 방향과는 무관하게 일정한 것으로 유지되었다는 것이다. 그런데 이 무익한 결과는 많은 물리학자들에게 공간의 절대 본성을 재고하도록 했다. 그러나 또한 이 결과들을 저 절대 공간의 관점에서 설명하려는 시도가 있었다. 로렌츠(Lorentz)와 피츠제랄드(FitzGerald)[46]는 시간 팽창과 공간 축소라는 이론을 각각 가정해서 지구 운동의 방향에서 실험 장치의 추측된 줄어듦을 설명하였다. 만약 이 팽창과 축소가 그 결과들을 설명하는 것으로 보인다면,

---

46) Capek, p. 147.

이때 절대 공간은 여전히 유지될 수 있다. 그러나 아인슈타인은 마이켈슨과 몰리 유형의 결과에 대해서 다른 설명을 제기했다. 그는 빛의 속도의 불변성이 물리적 실재의 절대적 특징으로 해석된다는 사실을 제시하였다.

이러한 제시는 맥스웰-로렌츠의 전자장 이론47)으로부터 아인슈타인의 유명한 1905년의 특수 상대성 이론에 의해 확장되었다. 1908년에 민코프스키는 시공간의 분리불가능성을 진술하였고, 고전 역학의 절대 공간을 이에 따라 효과적으로 제거하였다. 이 전개의 성과들 중의 하나는 모든 운동이 관련될 수 있는 보다 선호된 구조로써 임의의 한 특수한 관련의 구조를 제거해 버렸다는 것이다. 이것은 절대 동시성이라는 개념을 없애는 결과를 가져왔다. 왜냐하면 현재 사건들은 그것들이 자기 자신을 발견하는 개별적인 관련의 구조로부터 동시적인 것으로 판단되고, 평균적으로 그것들의 '정지'(rest) 구조로 되어 있기 때문이다. 결과적으로, 인과적으로 관계가 없는 사건들은 어떤 구조에서는 동시적인 것으로 경험되고, 다른 구조에서는 연속적인 것으로 경험될 수 있다.

이것은 각각의 관련의 구조가 자기 자신의 시공간을 한정하고, 그리고 앞에서 언급했듯이, 하나의 절대 공간 혹은 시간을 대신해서 현재에 다양한 시공간을 고려해야 하는 결론을 도출한다는 것을 의미한다.

화이트헤드는 절대 공간을 상대 공간으로 대체한 결과를 쉽게 받아들인 것처럼 보인다. 사실, 그는 1914년 파리에서 "공간의 상대성 이론"(The Relational Theory of Space)이라는 주제를 가지고 연설을 하였다. 여기에서 그는 연장적 추상의 방법에 관한 미숙한 형태와 앞으

47) Albert Einstein, *Relativity: The Special and General Theory,* New York: Crown Publishers, 1961, p. 49.

로 간단히 언급할 몇 가지 위상학적 논증을 제시하였다. 그는 또한 민코프스키가 수행한 시공간의 통일성에 대해서도 매우 잘 받아들인 것처럼 보인다. 그러나 여기에 포착되는 것이 하나 더 있다. 화이트헤드는 아인슈타인과 민코프스키가 행한 것과는 다른 개념적 길을 통해 이러한 결론에 다다른 것처럼 보인다. 그리고 이 방식의 차이점 때문에 빛의 속도와 우주론적 일정성의 역할에 대한 평가를 둘러싸고 모든 중요한 논쟁이 생겨났다. 여기서 우주론적(cosmological)이라는 용어는 시공간의 일정성과 위상학적 일정성 사이에 어떤 구별이 곧 만들어 진다는 것을 지시하기 위해 사용된다. 전자가 아니라 후자를 화이트헤드는 그의 중력 이론에 대한 개념적 기초로 사용했다.

이 글에서 우리는 아인슈타인 혹은 화이트헤드의 중력 이론을 상세하게 설명하지는 않을 것이다. 그것은 너무나 유혹적인 기획이기는 하나, 연장적 결합의 개념에 대한 화이트헤드의 전개를 해명하려는 우리의 임무로부터 훨씬 더 멀리까지 나아가는 것이며, 또한 너무나 포괄적인 일이다. 이 이론(중력이론)과 관계되는 현재의 논쟁은 최근에 폴러(Fowler)와 다른 일부 사람에 의해 다시 제기되었으며[48], 이를 통해 화이트헤드 사유의 중요한 영역에 관해 그 이상의 작업이 진척될 수 있기를 희망한다. 여기서 중요한 것은 화이트헤드가 절대 공간을 폐기한 후, 아인슈타인과 대비해서 동시성을 어떻게 생각하고 있는가 하는 것을 간단하게 조사하는 일이다.

로렌츠 변환 방정식에 대한 아인슈타인의 대수학적 해석이 특수

---

48) Dean R. Fowler, "Whitehead's Theory of Relativity", *Process Studies,* 5, Fall, 1975, pp. 159~174; Robert R. Llewellyn, "Whitehead and Newton on Space and Time Structure", *Process Studies,* 3, Winter, 1973, pp. 239~259;Robert R. Llewellyn, "Alfred North Whitehead's Analysis of Metric Structure in Process and Reality", Ph. D. Vanderbilt University, 1971.

상대성 이론을 도출한다. 당시 폴러는 민코프스키가 기하학적 고찰에 근거해서 민코프스키 시공간이라고 불리는 시공간 공식으로 이 이론을 해석했음을 주장한다. 아인슈타인은 민코프스키의 방향을 받아들여, 그의 이전의 대수학적 해석에서 기하학적 해석으로 해석의 방향을 전환했으며, 1915년에 자신의 일반 상대성 이론(GTR)을 구성하였다. 이 이론에서 그는 시공간과 물질의 통일성을 주장했는데, 결과적으로 이것은 비일정한 굴곡된 시공간을 초래한다. 이 굴곡된 시공간 수학은 곡면[49]의 기하학 이론에 있어서 가우스(Gauss)에 의해서 전개되었던 해석적 기술을 따르고 있는 리만(Riemann)에 의해 해석되었다. 리만의 기하학은 미분 기하학(differential geometry)이라고 불리는 것으로, n-차원 속의 곡면의 보편적인 해석적 기하학이다. 민코프스키의 시공간과 리만의 시공간 간의 구별은 근본적으로 후자(리만)의 '곡률'(curvature)에 달려 있다. 이 구별의 중요성은 화이트헤드의 중력 이론이 아인슈타인의 것과 대비가 될 때 명백해진다.

아인슈타인의 시공간은 물질의 출현으로 굴곡이 지며(GTR), 화이트헤드의 시공간은 명백하게 평평한 시공간에 의해서 특징지워진다. 내가 "명백하다고" 말한 이유는, 만약 그의 중력 이론에 대한 해석이 시공간의 관계들이 아니라 평탄한 위상학이었다는 것을 보여준다면, 화이트헤드의 시공간 역시 굴곡이 생기는 경우를 설명하는 것이 가능하다고 보이기 때문이다. 이 논쟁은 현재의 연구 계획의 규모를 넘어서 가기 때문에, 단지 우리는 우리자신의 목적에 본질적으로 연관이 되는 문제만을 끄집어 낼 것이다.

---

49) Sklar, pp. 27~42.

내가 생각하기에 시공간의 기하학과 사건의 위상학 간의 구별은, 화이트헤드가 연장적 결합의 개념으로 의도하는 바를 이해하는 데 있어서 중요한 역할을 한다. 이 논쟁에서 분쟁의 원인은 관련된 각각의 시공간의 평평함/곡률(flatness/curvature)에 있다. 만약 시공간의 기하학보다 오히려 위상학적 범주들의 관점에서 화이트헤드를 해석할 수 있는 경우가 있다면, 아마도 아인슈타인과 화이트헤드 사이의 개념적 차이점은 우주론의 영역에서 훨씬 중요해질 수 있을 것이다. 로렌스 스칼라(Lawrence Sklar)의 논문, "공간, 시간 그리고 시공간"은 상당히 정확하게 이러한 여러 가지 구별을 다룬다. 그리고 민코프스키와 리만의 시공간 간의 구별에 대해서 그가 내린 몇 가지 언급을 인용하는 것은 가치 있는 일이다. 왜냐하면 이것은 동시성에 대한 차이점을 논의하는데 사용될 것이기 때문이다.

> 민코프스키의 시공간은 (1) 사차원이며; (2) 미분 다양체이자 아핀 공간이다. (3) E^4 는 유클리드의 사차원 공간에서 위상학적 구조인 공간이다. 그러나 (4) 민코프스키의 시공간은 E^4 와는 근본적으로 다른 거리 구조이다. 민코프스키 시공간에 있어서 우리는 사건들 간의 거리를 논의하지 않으며, 오히려 그것들 간의 구간(interval)을 논의한다.
>
> 민코프스키의 시공간은 사건들의 집합(set)이다. 그것은 사차원이다. 시공간의 임의의 두 가지 사건들 사이에, 그리고 임의의 굴곡에 따라 하나의 양(quantity)이 있으며, 그 굴곡에 따른 사건들 사이에는 구간이 있다. 이것은 수이며, 그 시공간의 불변하는 성질이다. 시공간은 임의의 두 사건들 사이에 어떤 굴곡이 있다는 것이며, 이 굴곡에 따른 이 두 사건들 사이의 구간이, 임의의 이웃하는 굴곡에 따르는 사건들 사이의 구간과 관련해서 최대값을 가진다는 것이다….
>
> 사건들 간의 최대 구간(extremal interval)은 불변한다. 공간 분리와 시간 분리는 존재하지 않는다. 그러나 우리는 좌표 체계를 도입해서 시공간 분리의 개념을 얻을 수 있다…. 이 "특수한" 좌표화는 n이 상호 직각을 이루는

직선에 의해서 유클리드의 n-공간에 부과할 수 있는 데카르트의 좌표와 밀접하게 유사하다. 마치 데카르트의 좌표가 리만의 n-차원 공간에 부과될 수 있다는 사실을 통해서 공간이 유클리드의 평평한 n-차원의 공간이라는 것을 지시하는 것처럼, 그런 좌표화가 민코프키 시공간에서 발견될 수 있다는 것은 "평평함"에 관해 중요한 것을 시사한다.

리만 공간 이론의 근본적인 가정은 무엇인가? 그것은 비록 n-차원 공간 그 자체가 비-유클리드적이라고 하더라도, 한 점에 관한 충분히 작은 영역 내에서 점, 즉 그 점에 대한 탄젠트(tangent) 공간을 포함하는 n-차원의 유클리드 공간과 유사해질 수 있다는 것이다. 굴곡된 시공간의 근본적 가정은 정확하게 유사하다: 비록 사차원 시공간 그 자체가 비-유클리드적 시공간임에도 불구하고, 그것은 한 점에 관한 충분히 작은 영역 내에서, 민코프스키와 같은 사차원적 유사-유클리드주의자(pseudo-Euclidian)에 의해서 그 점을 포함하는 시공간과 유사해질 수 있다는 것이다.[50]

논의가 진행될 때, 이 구절로부터 기억해야 할 몇 가지 중요한 점이 있다. (1) 민코프스키의 시공간은 평평한 유클리드의 사차원 공간(four-space)의 위상학적 구조라는 것. (2) 사건들 간의 거리는 구간 개념으로 대체된다는 것. (3) 이 구간은 불변하는 반면에 시공간 분리는 존재하지 않는다는 것. 이것이 아마도 가장 중요한 사실일 것이다. (4) 민코프스키와 리만의 시공간 양자는 평평한 유클리드 혹은 유사-유클리드 시공간에 의해서 극한치에 접근해 갈 수 있다는 것. 이 이상을 언급하는 것은 나의 판단을 훨씬 벗어나 버리는 것이다. 화이트헤드가 그의 의미 관련 학설을, 일정성과 순서라는 최초의 제일 범주, 즉 경험의 영역에서 관계항 사이의 관계들의 불변하는 유형에 대한 직관적 파악에서 전개했다는 나의 주장을 기억하는 것은 도움이 될 것이다. 이 직관은 그가 사영 기하학에서 획득한 점-복합성 직관과 아인슈타

50) Ibid., pp. 58~63.

인과 민코프스키의 다양한 시공간 결론에 의해 생겨났다. 이 장은 연장적 결합이라는 개념의 출현을 통해서 불변하는 관계들, 그것들의 전개와 역할을 살피는 것과 관련된다.

최근의 화이트헤드 연구가 중의 한명인 딘 폴러(Dean Fowler)는 아인슈타인과 화이트헤드 양자의 상대성 이론을 조사하였으며, 그 이론들에 대한 유익한 요약을 제시했다.

> 요약된 형식으로, 우리는 화이트헤드의 상대성 이론의 기본적인 원리를 다음과 같이 진술할 수 있다:
> 1. 직접적 직관에 대한 호소.
> 2. 대안적인 시간 체계들 간의 상대적 운동들에 대한 관찰 가능한 특성의 인지. 이것은 그것의 기초를 위해서 동시성의 지각을 요구한다.
>
> 아인슈타인의 특수 상대성 이론은 다음과 같은 두 가지 다른 기초적인 원리에 근거해 있다.
> 1. 관련의 모든 관성 구조에 있어서 진공 속에 있는 빛의 속도의 일정성. 이것은 빛이 발산되는 원천의 속도와는 무관하다.
> 2. 관성 체계의 선택으로부터 물리 법칙의 독립성.
>
> 아인슈타인에게 있어서, 로렌츠 변환 방정식과 동시성의 정의는 물리적 실재의 궁극적 특징으로서 빛의 속도의 일정성이라는 가정에 의존한다. 직접적 직관을 부정하는 아인슈타인은 느낌을 통한 동시성이라는 경험에 우선성을 부여하기를 거부한다. 이와는 대조적으로, 화이트헤드는 동시성의 직접적인 경험을 옹호하며, 이 경험을 상대성의 기초로 사용한다.[51]

아인슈타인은 빛의 일정한 속도를 동시성의 결정을 위한 기초로(신호[signal] 이론이라고 불리는) 보고, 이와 달리 화이트헤드는 직접적인 개인적 경험을 동시성의 기초로 가정한다면, 그렇게 구성된 두

---

51) Fowler, p. 166.

상대성 이론 사이의 차이점은 연역적 논증과 귀납적 논증 사이의 차이만큼이나 클 것이다. 폴러(Fowler), 러벨린(Llewellyn)[52], 피츠제랄드(Fitzgerald), 그룬트바움(Gründbaum), 휠러(Wheeler), 그리고 일부 다른 학자들은 그 차이점에 대해 보다 세부적으로 천착해 나갔는데, 보다 상세한 언급들은 이 연구가들에 의해서 나왔다. 화이트헤드가 동시성을 느껴진 경험으로 말할 때 의미하는 것은 무엇인가? 그리고 그 경험은 의미 관련 학설의 근본적인 관계에 어떤 영향을 미치는가?

> 그러나 아인슈타인의 동시성의 정의를 받아들이는 것에 반대하는 논의가 있다. 우리는 그것을 신호(signal)이론이라고 부른다. 먼저 빛의 신호는 우리의 삶에서 매우 중요한 요소들이다. 그러나 여전히 우리는 시그날-이론이 다소 우리 삶의 입장을 과장한다는 것을 느끼지 않을 수 없다. 바로 동시성의 의미라는 것은 우리의 삶에 의존해서 만들어진 것이다.
>
> 여러 맹인들이 있으며, 지금은 구름이 낀 어두운 밤이다. 그리고 어둠 속에 갇혀 있는 맹인도 일반인도 동시성의 의미를 결여하고 있다. 그들은 동일한 순간에 그들의 정강이에서 짖어대는 소리가 무엇을 의미하는가를 아주 잘 알고 있다. 사실상 이러한 방식으로(빛의 시그날과 더불어서) 동시성의 결정은 결코 내려지지 않는다. 그리고 만약 그것이 만들어질 수 있다고 하더라도, 결코 정확하지 않을 것이다; 왜냐하면 우리는 진공에서 사는 것이 아니라 공기 속에 살고 있기 때문이다(PNK 53-54).

우리는 화이트헤드가 그들의 정강이에서 들려오는 소리로부터 중력이론에 대한 공식을 전개하지 않았음은 분명하다고 생각한다. 그 대신에 그는 1898년에 발표한 「보편 대수학」에 관한 논문(A Treatise on Universal Algebra)에서 아주 동일한 동기를 표현하고 있다. 이때

52) Flower, p. 172; Palter, p. 236; Fitzgerard, pp. 12~21; Grünbaum, pp. 48~65 참조.

그는 수학 공식이 타당하기 위해서는 어떤 판명한 존재론적 의미를 포함해야 한다고 선언하였다. 우리가 완벽한 경험주의자로 화이트헤드를 바라볼 때, 그는 자신이 자의적으로 한정하고 있는 메카니즘에 근거를 두고 중요한 수학적 결론을 도출하는 것에 불만이 있는 것처럼 보인다. 우리는 세상 속에서 동시성을 설정하기 위해 언제 빛의 속도를 사용했는가? 하지만 우리는 동시성 있다는 사실을 아주 잘 알고 있다. 화이트헤드에게서 다양한 시공간의 발생에 의해서 제기된 동시성의 문제는 빛의 속도가 진공 속에서 일정하다는 것과 상수(constant)가 동시성을 정의하기 위해서 사용될 수 있다는 가정의 관점으로만 충분히 설명될 수 없다. 이 점이 앞에서 폴러가 언급한 "직접적 경험에 대한 호소"이다. 그리고 이것은 화이트헤드의 제 2의 근본적인 상대적 원리, 즉 상대적 운동의 관찰 가능한 성질의 인지에로 연장된다.

「자연의 개념」에서 화이트헤드는 중력 이론을 다루면서 동시성에 관한 자신의 주장을 확장시켰다. 그 당시는 아인슈타인에 의해서 중력이론이 공식화되었던 시기이다. 이 이론에서는 두 가지 물체가 그들의 질량과 비례해 서로를 당기고, 그것들을 분리하는 거리의 제곱에 비례해 서로를 밀어낸다. 그런데 우리가 이 논의의 물체들이 그 거리와의 관계에 있어서 물질 입자들로 취급되기에는 너무나 작다고 생각하게 된다면, 여기서 문제가 발생한다. 공식은 하나의 시공간과 그 시공간에 동시적인 위치에 있는 두 가지 물체를 전제한다. "그러나 하나의 시간-체계에서 동시적이라는 것은 다른 시간-체계에서는 동시적일 수 없다…. 두 개의 순간적인 위치, 즉 두 개의 사건-입자들 간의 거리는 다른 공간 체계에서는 다른 것이다"(CN 180). 여기에서 한 가지 주의해야 할 점이 있다. 화이트헤드는 종종 시간-체계 혹은 공간 체계의 관점에서 말한다. 그러나 그가 의미하는 것은 시공간 체계이다. 어떠한 이유에서든지 간에 그는 그 개별적인 어휘를 채택하지 않았으며, 실제로 그는 결코 그렇게 하지 않았다. 즉 그 두 가지 체계의 명백한 분리는 오직 분석적 목적을 위해서이며, 그리고 그것은 근본적인 상대적 입장을 지시하는 사건-입자라는 매우 기술적 용어의 사용에 의해서 가려진다.

> 먼저 우리는 근본적인 관념의 정식화에 있어서 공간과 시간의 추상화를 피해야만 하며, 자연의 궁극적인 사실, 즉 사건들로 되돌아가야만 한다. 또한 사건들 간의 관계의 표현에 있어서 단순성의 이상을 발견하기 위해, 우리는 우리자신을 사건-입자에 한정한다. 따라서 물질 입자의 수명은 사차원의 시공간 다양체에서 연속적인 계열 혹은 행로(series or path)로 뻗쳐 있는 사건-입자의 궤도(track) 가운데 있는 물질 입자의 모험이다.
> 이 사건-입자는 물질 입자의 여러 가지 위치이다(그 입자의 생애의 실질적인 시공간 지도). 우리는 자연적인 시공간 체계를 선택함으로써 이 사실을 나타내며, 마찬가지로 연속적인 시간의 순간에서 물질 입자가 존재할 때 그 입자의 공간 속의 행로를 말함으로써 이 사실을 일반적으로 드러낸다(CN 180-181).

화이트헤드의 저술에서 명백하게 애정을 느끼게 하는 특성 중의 하나는 아주 적은 단어로 아주 많은 의미를 감싸는 능력이다. 이들 중의 일부를 풀어보자. 왜냐하면 그는 동일한 개념을 이용해 「자연 인식의 원리들」(*The Principles of Natural Knowledge*, PNK)보다 앞에 인용한 「자연의 개념」에서 훨씬 더 일반적인 사례들을 사용한다. 만약 우리가 근본적 관념들을 전개할 작정이라면, 우리는 근본적 존재들에 집중해야 하며, 사건들이 어떻게 관계되는가에 초점을 맞추어야 한다. 이것은 앞으로 4장에서 살펴볼 것이다. 이러한 주장을 하는 것은 시기적절한 논의가 될 것이다. 그때 우리는 이 사건들 간의 관계에 관해 말함에 있어서 단순한 표현들을 사용할 작정이다. 그리고 그는 앞에서 언급했던 사건-입자라는 용어를 만들어 냈는데, 이것은 시공간 속에서 어떤 일이 일어나고 있다는 사실을 전해주고 있음을 뜻한다. 그러나 물질 입자의 수명이 사건 입자의 궤도와 같다는 것은 무엇을 의미하는가? PNK로부터 한 실례를 들어보자.

기차에 타고 있는 한 여행자가 그 기차의 고정된 점을 보고 있다. 밖에 있는 역장은 그 여행자가 사실상 런던에서 맨체스터까지 이르는 점들의 궤도를 관측하고 있다는 것을 알고 있다. 역장은 그의 역을 지구에서 고정된 것으로 알고 있다. 태양 속의 어떤 존재는 그 역이 태양을 돌고 있는 공간 속에 있는 한 궤도로 드러날 것이다. 그리고 기차는 여전히 다른 궤도를 구획하는 것으로 인식된다. 따라서 만약 공간이 물체들 사이의 관계에 지나지 않는다면, 단순한 존재들인 점들은 사라진다.

왜냐하면 하나의 관찰 유형에서 바라본(하나의 시공간 구조로부터) 점은 또 다른 유형에 서 보면(시공간 구조) 점들의 자취이기 때문이다.

갈릴레오와 종교 재판소 양자는 절대적 위치가 물리적 사실이라는 점, 즉 갈릴레오에게는 태양이며, 종교 재판소에게는 지구라는 단 하나의 단언만을 옳은 것으로 주장하였다는 점에서 둘 다 오류를 저지른 것뿐이다.

그런데 양자가 동의하는(관성 궤도에 대한 뉴톤주의자와 갈릴레오주의자; 서로 관련되어서 일정한 운동 속에서 움직이는 것) 집합 속에 있는 관찰자들은 일어난 일에 관해서 동의한다. 자연 속에서 다른 입각점들로부터 그들 양자는 동일한 사건들을 통해서 살아간다. 그것은 온전히 그대로 자연 속에 존재하는 모든 것이다.

여행자와 역장은 어떤 사건의 존재에 관해서는 양자 모두 동의한다—여행자에게 있어서 그것은 그 기차가 지나가는 역의 추이이며, 역장에게 있어서 그것은 그 역을 지나가는 기차의 추이이다. 두 가지 관찰자의 집합은 단지 동일한 사건을 다른 공간과… 시간의 구조 속에 놓아둔 것에서 차이가 날

뿐이다(PNK 31-32).

다른 사건 입자 β에 대해 정지 중인 한 사건 입자의 시공간 체계 α로부터의 관찰은 체계 β에서 점-자취로 그려진다: 역장은 그 여행자를 점-자취로 간주한다. 여행자는 마찬가지로 역장을 점-자취로서 간주하며, 반면에 각각은 그 자신을 그 자신의 시공간 내에서 유일한 점으로 간주한다. 이 경우에 있어서 결정적인 특성은 어느 누구도 다른 사람을 한 순간에 보고 있지는 않다는 것이다! 오히려, 각각은 다른 사람을 시간의 주기를 통해서, 혹은 화이트헤드가 지속이라고 부르는 것을 통해서 본다. 지금 각각의 지속은 실제적으로 지속들의 집합의 요소이며, 각각의 지속은 시간의 비결정적인 경과이고, 이것은 그 조건의 시공간으로부터 산출된 것이다. 각각의 지속은 지속들의 집합의 임의의 다른 구성원들과 평행하며, 그것들은 함께 각각의 지속에서 발견하는 공간적 점들과 함께 그 주체의 시공간의 근본적인 구조를 구성한다. 여행자가 그 자신의 시공간 내에서 한 지속으로부터 다른 지속으로 움직여 갈 때, 그는 최초의 지속에서의 동일한 점을 두 번째 지속에서도 차지한다. 그러나 그가 자신의 시공간에서 '또 다른 점'으로 이동해 간다면, 이것은 어떤 각(지속의 최초의 집합에 평행해서 직각을 이루는 편향각과 동치하는)에 평행하는 지속들의 새로운 집합과, 그 시공간 혹은 지속의 집합에서 새로운 정지점을 재현하는 시공간에서의 변화를 반드시 포함한다.

매 시간마다 대응하는 변화가 한 시공간 내에서 일어나며, 새로운 지속의 집합이 그려지고, 새로운 시공간이 한정된다.

자연 속에서는 여러 가지 사건들이 다양한 지속을 가지고 있다. 그리고 이 지속들은 중첩(overlap)한다. 아인슈타인과 마찬가지로, 화이트헤드에게 결과적으로 다양한 시공간 체계가 존재하고 이에 따른 동시성의 상대성이 존재한다. 그러나 화이트헤드에게 이것은 한 순간에서 동시성의 상대성이 아니라, 오히려 지속 내에서 존재하는 것이다….화이트헤드가 비판하는 점은 뉴턴과 아인슈타인이 동시성을 한 순간으로 한정하고 있다는 것이다.53)

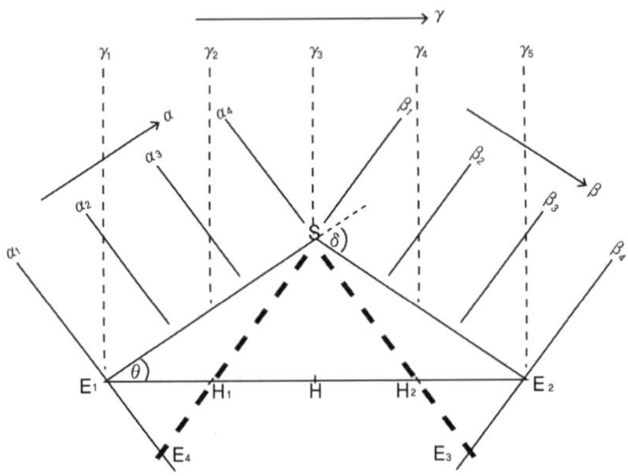

Figure #3

<그림 #3>

우리는 거듭해서 점-복합성 직관으로부터 도출된 중요한 결론과 부딪힌다. 즉, 우리는 시공간 속에 있는 한 점에서는 어떤 것도 경험하지 못한다. 왜냐하면 우리는 시공간를 통해서, 지속을 통해서만 경험하기 때문이다. 블랙웰(Blackwell)에 의한 위의 관찰은 그림 #3의 언급에 있어서 예시될 수 있는 화이트헤드의 동시성 개념에 관한 어떤 중요한

53) Richard J. Blackwell, "Whitehead and the Problem of Simultaneity", *Modern Schoolman*, 41, 1975, pp. 64~66.

요소를 포함한다.

이 그림에서 다른 세 개의 시공간 체계들이 나타나 있다. 그것은 시공간 α, β, γ 이다. 각각은 도식적으로 일련의 평행하는 선들에 의해 나타냈으며, 이것들은 개별적인 지속들의 경계들로 여러 순간들을 의미한다. 각각의 시공간 체계는 지속들의 집합이고, 각 시공간은 다른 시공간에 평행하며 다양한 구간들의 집합이라 할 수 있다. 시공간 체계 α는 시공간 체계 β로부터 보이고, E1S의 점-자취-선에 의해서 나타난 것으로, 그 구조에서 정지 중인 한 사건-입자의 점-자취를 보여준다. 마찬가지로 β에서 정지 상태인 한 사건 입자는 SE2의 선(점-자취)에 의해서 나타났다. 이와 유사하게 γ에 있어서 정지 상태인 사건 입자는 직선 E1E2 이다. 그들의 각각의 시공간에서 정지 상태인 이 사건-입자의 각각은 각각의 지속의 경계들을 형성하는 여러 순간들에 직각을 이루는 선에 의해서 나타난다. <그림 3>에 관해 언급하면서, 나는 현재의 작업과 관련해서 여러 가지 적합한 내용을 제공해주는 화이트헤드의 "동시성의 문제"(The Problem of Simul- taneity)라는 논문에서 사용된 근본적 설명을 따를 것이다.

E1에서, 한 우주 비행사와 과학자는 그들의 시계를 동시에 일치시키고, 우주 비행사는 S로 표시된 먼 별로 날아간다. 그 별에서 우주 비행사는 주변을 돌고 나서, 그가 과학자와 시계를 맞추고 떠났던 지구로 귀향한다. 우주 비행사의 시계는 2년이 경과되었고, 과학자의 시계는 2백년이 경과된 시간을 보여준다. 왜 그 차이가 날까? 아인슈타인의 일반 상대성 이론은 이것을 다음과 같이 설명한다. 우주 비행사의 시공간은 그의 여행과 관련된 가속/감속에 의해서 구부러졌고, 따라서 그의 시간을 팽창시켰으며, 효과적으로 우주 비행사의 매시간은 지구에서의 것보다 더 길어지게 되었다. 화이트헤드는 이에 대해 다소 다른

해석을 제시하는데, 그것은 각각의 개별적인 시공간에서 평행하는 지속들의 기하학에 근거한 것이다.

화이트헤드는 운동의 지각은 실제적으로 시공간에서 어떤 변화의 명시라고 주장했다. E1에서 우주 비행사는 그와 과학자가 서로 간에 일정한 운동 속에 관련되어 있었던 γ라는 준거틀(frame)에서 시공간을 바꾼다. γ로부터 새로운 시공간 α에로의 변화는 과학자에게서 멀어져 가는 우주 비행사의 가속에 의해서 명시되며, 그림 #3에 γ와 α 사이는 각 Θ에 의해서 반영된다. 그 별에서 우주 비행사는 다시 각 Θ에 의해서 나타난 시공간 α로부터 시공간 β로까지 그의 시공간을 바꾼다. 우주 비행사에 있어서 이 두 가지 시공간은 별 S에 의해서 나타난 사건-입자에서 교차한다. 문제는 이것이다. 즉 어떻게 임의의 두 가지, 혹은 그 이상의 시공간이 비교될 수 있거나 관계 맺을 수 있는가? 화이트헤드에게 있어서 그 실마리는 평행들(parallels)과 수선들(perpendiculars)을 포함하는 사영 기하학의 공리들로부터 나온다. 지속들 α1α4의 집합의 경계를 형성하는 순간은 α4에 의해서 나타났다. 그것은 E1H2 의 시공간 γ에서 구간을 한정하면서, 사건-입자 H2에서 시공간 γ 속에 있는 E1E2의 점-자취와 교차한다. 이 구간 E1H2는 시공간 γ 속에서 시공간 α 속에 있는 E1S의 구간을 그린다. 그 그림에서 스칼라 차이들은 우주 비행사와 천문학자의 두 개의 시공간 사이의 현실적인 생생한 시간의 차이들을 나타낸다. 그러나 물론 스칼라 표시는 여기에서 중요점이 아니다. 우주 비행사가 시공간 α로부터 시공간 β로 바뀔 때, 구간 β1에서 β4는 구간 H1E2로서 시공간 γ에 투영되거나 그려진다. 거듭해서 β로부터 γ로까지 스칼라 증가가 있다.

따라서 우리는 지구에서 보냈던 시간, E1H2+H1E2을 그렸다. 이것은 우주에서 우주 비행사가 보냈던 시간과 동치이거나 합동하는 것이다. 우주 비행사가 보냈던 시간을 계산하기 위해서는, 우리가 시공간 α와 β 속에 있는 두 가지 구간을 결부시키는 것과 더불어 그 이상의 어떤 단계를 거쳐야 한다. 우리는 지구에서 구간을 계산하기 위해 사용했던 아주 동일한 수단을 통해서 그것을 수행한다. 간략히 말해서, 시공간 α에서 그 별도의 비행 구간은 SE3에 의해서 나타난 구간으로써 시공간 β에 투영된다. 이와 유사하게 시공간 β에서 귀환 비행의 구간은 구간 E4S로서 시공간 α에 투영된다. 어떤 시공간에서든지 구간들의 결부는 우주 비행사가 보냈던 시간과 동치인 구간이 된다. 즉, 시공간 α에서 그 구간은 E1SE3에 의해 나타날 것이고, 시공간 β에서는 그 구간은 E4SE2에 의해 나타나게 될 것이다.

개별적인 시공간들 내에서 여러 순간들과 지속들의 평행, 다른 시공간의 교차 개념, 그리고 수선(perpendicularity)의 개념을 사용해서, 화이트헤드는 한 시공간에서의 구간이 임의로 측정되는 장치, 예를 들면, 빛의 신호, 즉 시계를 사용하지 않고 다른 시공간에서의 구간과 합동하는 것으로 판단될 수 있는 방법을 보여주었다. 그의 근본적인 주장은 경험이 다른 시공간들 사이에서 그리고 그 안에서 작용하는 합동 관계들(congruence relations)이라는 본질적인 의미를 수행한다는 것이다.

> 사건-입자들의 일부 쌍은 반드시 모든 시간-체계와 연속적이다. 그러나 일부 쌍은 어떤 시간-체계에서 동시적이며, 다른 시간 체계에서는 연속적이다. 그리고 또한 이들 다른 시간-체계 속에서 그것들의 연속은 뒤집어질 수 있다. 일상적인 지각을 위해서, 후자의 유형의 쌍은 동시적인 것으로 나타난다(TSM 61).

화이트헤드는 사실상 우리에게 두 가지 사건-입자들 간에 얻어지는 인과성의 경험이 모든 시공간에서 오직 연속적이라 주장했다. 마찬가지로, 동시성의 경험은 다른 시공간들로부터 (1) 동시적 AB (simultaneous, AB), (2) 연쇄적 A→B (sequential, A→B), (3) 뒤집혀진 연쇄, B→A (inverted sequential B→A)로 보일 수 있다. 그는 이것을 사영 기하학의 공리를 통해서 주장할 수 있었다. 그러나 여기서 그 세부 사항에 대한 논의는 생략하겠다.

이체 문제(two-part problem)가 여기에 있다: 왜냐하면 우리는 절대 공간 개념과 함께 절대 동시성의 개념을 잃었기 때문이다. (1) 우리는 두 개의 다른 시공간 속에 있는 사건들이 동시적인지 아닌지를 어떻게 결정하는가? 그리고 (2) 우리는 단 하나의 시공간 속에 있는 두 개의 사건이 동시적인지 아닌지를 어떻게 결정하는가? 아인슈타인의 대답은 진공 속에서 빛의 속도가 일정하다는 가정에 의존한다. 화이트헤드의 대답은 우리는 개별적인 시공간들 간에, 그리고 그 내에서 작용하는 합동 공리에 의존해야만 한다는 것이다. 간단히 말해서, 우리는 그 동시성을 경험해야만 한다. 왜냐하면 어떤 임의의 약정에 의존함이 없이 생생한 동시성을 결정하는 어떤 방법도 우리에게는 없기 때문이다. 그림 #3에 대해서 아인슈타인은 다음과 같이 말할 것이다. 위의 (1)에 관한 답으로, 만약 빛 신호가 H1으로부터 S로 보내져서 지구로 되돌아온다면, 그것은 H2에 도달할 것이다—이 사례에 있어서 E1E2는 시간의 흐름(자연의 추이)을 나타내는 것으로 가정된다. 이때, 진공 속에서 빛의 속도의 일정성을 가정하고 있는, 우리는 생생한-시간 H1H2을 반으로 나누어 그 별에 대한 시그날 여행과 그것의 귀환에 대해서 설명할 수 있다. 그리고 진공 속에서의 빛의 속도의 상수의 약정에 의해서, 우리는 H라는 점을 그 별에서 시그날의 동시적인 도착에 합동하는 지구 시공간에 있는 점으로 지정할 수 있다. 그러나 이 결정은 오직 약정일 뿐이다! 그리고 화이트헤드는 단지 약정을 선택하는 것에 만족하지 못한다. 그는 일상 경험 속에서 우리의 지각된 동시성을 설명하기를 원한다.

우리는 현재의 작업을 따라가는 것으로도 충분히 화이트헤드가 전체적인 이 과정에서 전개하고 있는 결론의 근본적인 성격을 보여줄 수 있다. 즉 인과성의 경험들은 개별적인 시공간 내에서 일어나며, 다른 시공간 사이에서는 일어나지 않는다. 그리고 그것만으로도 이 인과성의 경험들은 모든 시공간에서 연속적인 것을 의미하게 된다. 게다가 개별적인 시공간 내에서 인과적이지 않은 경험들은, 앞에서 언급했듯이, 다른 시공간의 입각점으로부터 AB, A→B, B→A인 것으로 주목할 수 있게 된다. 그것은 연장적 결합의 근본적인 개념 내에 표현된 것으로 두 가지 양태, 인과적 것과 비인과적인 두 양태에서 경험된 것이다. 이것이 현재 시대의 위상학적 성격이다.

화이트헤드는 앞의 첫 번째 문제, 즉 다른 시공간 간의 동시성을 결정하는 문제에 대해서는 합동 공리에 근거한 사건들 사이의 관계들의 유형에 대한 탐구를 통해 해명했다. 그러나 이 관계들은 개별적인 시공간 속의 사건들 간에 드러난, 보다 근본적인 관계들의 유형들에서 도출된다. 이것은 경험에 의해 알 수 있다. 경험에 있어서 두 가지 관계 유형은 인과성[이는 다음과 같은 말들로 표현된다 : 울타리(enclosure), 포함(inclusion), 포접(containing), 점유(occupation), 덮개(covering); 그리고 동시성(simutaneity) 혹은 동시성(contemporaneity)의 관계(이것은 고전 절대 공간에서 알려진 순간을 사용하지 않게 되었으며, 특수상대성이론으로부터 도출된 동시성의 관계를 사용하게 되었음을 드러낸다)]이다. 후자의 경험의 양태(동시성)는 위의 집합의 여집합(즉, 울타리도, 포함도 아닌 것)인 관계 속에서 표현된다. 그러나 그것은 여전히 사건들 간의 교차(intersection)로 범주화된다. 사건들의 교차는 이 장의 주제인 사건들의 관계의 범위이다. 관계들은 경험 세계의 근본적인 결합을 표현한다. 그리고 결합은 기초적인 위상학을 드러낸다. 이 결합들의 연장성은 인과성과 동시성이라는 두 가지 양태 속에서 두드러지게 나타나며, 경험의 다른 양태와 다른 시공간 간의 이와 같은 연장은 자연의 추이라는 기본적 특성을 드러낸다. 즉 그것은 모든 곳에서 일어난다.

이것은 측정할 수 없고 명백하게 설명할 수 없는 자연의 모든 곳에 충만해 있는 추이이다. 이것은 경험 세계의 일정성을 규정한다; 무언가가 모든 곳에서 진행 중이다. 시공간의 구간들은 모든 곳에서 다르다. 그러나 추이는 지속한다. 이 추이는 '~에로 추이하는' 것(the passing into)과 '~로부터 추이하는' 것(the passing from) 사이의 결합들로 명시된 모든 경험의 양태와 모든 시공간으로 확장한다. '~에로 추이하는' 것은 결과로 나타난 원인이며; '~로부터 추이하는' 것은 원인으로부터 나타난 결과이다; 양자는 인과적 결합(causal connections)이다. 개인적인 시공간의 입각점으로부터, '~에로 추이하는/~로부터 추이하는' 것이 아닌 것으로 경험된 것은 동시적인 것으로 경험된다.

특수 상대성 이론(순간적인 공간과 동시성을 대신해 다양한 시공간과의 동시성이 일어남)과 함께 점-복합성 직관(공간의 영역과 시간의 주기만이 존재한다는 결론을 초래함)을 사용함으로써, 화이트헤드는 경험 세계의 원초적인 성격을 표현했다. 이것은 자연의 추이로 발생하는 것이다. 그는 매우 진지하게 이 성격을 받아들이며, 그 속에서 그것의 근본적인 관계항과 관계들, 그리고 그것의 구조를 찾는다. 그에 따르면, 이 자연의 추이의 구조는 '~에로/~로부터 추이하는' 변환을 통해서 어떤 불변하는 성격을 가진다는 것이다. 그의 직관에 의하면,

만약 이 성격이 다소 명백하게 보인다면, 우리는 경험 세계의 본성을 더 잘 이해할 수 있을 것이다. 그가 순간성과 절대적인 동시성의 소멸과 함께 동시성의 생성을 이해하려고 전력투구를 했을 때, 그는 자연의 추이의 구조에 대한 보다 한정된 형태를 보기 시작했다. (이것은 PR에서 창조적 전진이라는 창조성이 되며, 그의 궁극자의 범주[Category of The Ultimate]가 된다.)

화이트헤드가 이 모든 직관을 동시에 소유하고 있었다고 말할 수는 없다. 이것은 n-차원의 시공간에서 완벽하게 동시성을 결정하는 것만큼이나 어려운 일이다. 그러나 그가 그 자신의 전망으로부터 동시성을 이해하려고 시작했을 때, 보다 명백한 우주론적 관점이 그에게 나타나기 시작했다고 말하는 것은 정당하다. 우리가 여기서 화이트헤드의 직관에 대한 기본적인 윤곽을 그렸다고 해서 그가 나갈 방향이 완전히 결정된 것으로 생각해서는 안 된다. 대신에, 이 윤곽을 통해서 우리가 화이트헤드의 경험 세계를 탐구해 갈 때, 경험 세계 자체의 복합적인 결합들을 잘 이해하는 토대를 제공받게 될 것이다.

화이트헤드에게 있어서 지각의 근본적인 사실로서 동시성을 승인하는 것은 실제로는 지각으로써 인과성을 승인하는 것으로, 그것들은 상호간에 뒷면과 같은 의미이다. 만약 우리가 보다 충분히 이 두 가지 경험의 양태를 탐구한다면, 우리는 그가 1920년대 초에 각각 형용사에 의한 인식과 관계성에 의한 인식으로써 그것들의 성격을 윤곽지우고 있음을 발견하게 될 것이다. PR에서 이 인식들은 제시적 직접성(presentational immediacy)과 인과적 유효성(causal efficacy)이 된다. 그러나 이 지각 양태 그 자체를 탐구하는 것이 우리의 의도는 아니다. 이 양태들은 어떻게 연장적 결합의 개념이 전개되는지를 보여주는 경우에 있어서만 탐구될 것이다. 우리는 곧(이 단계에서 개념들의 전개에 있어서 그는 여전히 동시성[simultaneity]이라는 용어를 사용한다. 그래서 나는 우리의 탐구와 화이트헤드의 저서로부터의 인용간의 연속성의 의미를 제공하기 위해서 그 사용을 고수할 것이다.) 이 비-울타리(non-enclosure)에 의해서 특징짓는 결합에 의한 동시성은 어떻게 표현되는가를, 그리고 울타리(enclosure)에 의해서 특징짓는 결합들에 의한 인과성은 어떻게 표현되는가를 보게 될 것이다.

만약 어떤 과학자가 동시성에 대해 설명해야 한다면, 그 설명은 아인슈타인이 제시한 것처럼 약정의 세계로부터가 아니라 경험의 세계에서 시작해야만 한다. 그림 #3에 관해 언급하면서 이 문제를 좀더 탐구해 보도록 하자.

> 모든 어려움은 지각의 근본적인 사실로서의 동시성의 부정으로부터 발생한다. 만약 각각의 시간 양태를 위해(각각의 시공간 구조를 위해) 이것이 인정된다면, 그리고 만약 상대적 운동의 동등성이 인정된다면(즉 B의 관점에서 A를 비교하는 것과 A의 관점에서 B를 비교하는 것), 이때 합동에 관한 모든 어려움이 사라질 것이다….
>
> 나는 시간 경과의 동등성의 의미를 말하고 있다(PS 153-154).

화이트헤드가 이 절에서 언급한 어려움은 이것이다. 즉 그들은 우주비행사가 2년이 걸리고, 과학자는 2백년이 걸린 시공간을 동시적인 사건이라는 것에 동의한다. 이러한 일은 어째서 일어날 수 있는가? 우주 비행사에게 있어서 그 사건은 2년과 동시적이고, 과학자에게 있어서 그것은 2백년과 동시적이다. 양자는 그것이 동일한 사건임에 대해 동의한다. 그 사건의 시작과 끝은 같다. 그들이 화해시키려고 노력한 것은 그 측정의 불균등성이다. 화이트헤드가 제시한 것은, 우주비행사가 그 자신의 시공간($\alpha \rightarrow \beta$)을 통해 동시적인 사건을 경험하는 반면, 과학자는 그 자신의 시공간(γ)을 통해서 동시적인 동일한 사건을 경험했다는 사실이다. 그들이 측정했던 것은 그 자신들의 각각의 시공간에서 동일한 구간이 아니라, 합동하는(congruent) 구간이다. 화이트헤드가 언급하는 상대적 운동의 동등성은 실제로 임의의 두 가지 시공간 간의 합동의 확립이다.

> 내가 확신하는 것은 시간 경과의 합동은 동시성의 근본적인 사실에서 드러난 시간의 본질적인 성격에 근거한 시간 경과의 중요한 관계를 표현한다는 것이다(PS 153).

이 특별한 인용을 통해서 화이트헤드가 전달하는 내용을 보다 효과적으로 드러내기 위해서는 부연설명이 필요하다. 시간 경과의 합동은 동시성의 근본적인 사실에서 드러난(동시적 사건들에 대해서 경험된 비-포함; 이와 유사하게, 인과적 사건들의 경험된 포함) 시간의 본질적인 성격(자연의 추이: 연장; 그것은 시간의 사실들을 넘어서 연장된다)에 근거한 시간 경과의 중요한 관계를(포함/비포함: 결합은 위상학의 근본적 범주) 표현한다.

우주 비행사와 과학자에 대한 우리의 사례에 있어서, "비록 시간에 대한 의미들이 두 가지 경우에 있어서 다르다고 하더라도, 다른 의미에 따른 시간[구간]의 경과들은 합동으로 비교될 수 있다"(PS 153). 그 그림에서 시공간 α에서 E1SE3 에 의해서 나타난 그 구간은 시공간 β에서 E4SE2의 구간과 합동하며, 이 양자의 구간들은 시공간 γ에서 E1E2에 의해서 나타난 구간과 합동한다. 그런 합동은 어떻게 결정될 수 있는가?

측 정

우주 비행사와 과학자에 대한 사례를 참고하면서, <그림 3>을 사용해서 측정 개념이 함의하는 것을 탐구해 보자. 먼저, 우주 비행사와 과학자 양자에게 주제가 되는 사건, 즉 우주 비행사의 별에 대한 여행과 그의 귀환과의 관계에서 무언인가가 측정된다. 이 경우에 실제적으로 과학자와 우주 비행사가 각각 시공간의 구간들을 측정할 때, 우리가 참조해야 할 것은 이때 측정되고 있었던 시간이다. 그들이 이러한 측정들을 비교할 때, 그들은 결과들 간의 중요한 차이점을 발견했다. 그러나 그들은 자신들이 동일한 측정 단위, 즉 이 특수한 경우에 해(年)를 사용하고 있는 것에 동의한다. 그들은 다른 시공간에 적용된 동일한 단위가 다른 거리적 결과들을 제공한다는 것을 발견했다. 여기에서의 결론은, 앞에서 언급한 로렌츠-피츠제랄드 가설과 마찬가지로 그 단위가 다소 수정된다는 것이다. 이 수정에 대한 신뢰성은 두 개의 단위들이 처음에는 비교되고 동일한 것으로 발견되는 정지구조로부터 운동 속에서의 변화를 보장받게 된다는 것에 있다. 최초의 준거틀과 관련된 일정한 운동에서 기인하든지, 일정하게 변화하는, 즉 가속화된 운동에 기인하든지 간에, 운동에서의 이 변화는 추측컨대 하나의 단위(unit) 값에서 동시적인 변화의 원인이 되는 활동이다.

화이트헤드는 그것을 약간 다르게 설명한다. 그는 일정한 혹은 가속화된 운동에서 초래되든지 간에 최초의 준거틀로부터 임의의 변화는, 최초의 시공간과 관계되는 운동에 대한 시공간의 차이의 각에서 보다 정확하게 고찰될 수 있다고 본다. 가속의 특수한 경우에 있어서 차이각은 최초의 시공간으로부터 다양한 시공간을 통해서 증가하며, 최초의 구조에 있는 시공간 굴곡에 의해서 나타난다. 따라서 아인슈타인은 시공간이 운동에서의 변화(가속 혹은 중력)에 의해서 휘어졌다고 주장하며, 반면에 화이트헤드는 거리 관계(metrical)들이 시공간 안에 있는 변화에 의해서 '휘어진 것'이라고 주장한다. 만약 그 변화가 일정하다면, 시공간 사이에 기술된 그 각은 일정하고 각각의 시공간 내의 단위들은 평평한 유클리드 시공간에 의해서 특징짓는 공리들에 의해서 합동하는 것으로 판단될 수 있다. 만약 그 변화가 일정하지 않다면, 혹은 가속화된다면, 이때 시공간 사이에 기술된 각은 일정하지 않으며, 합동은 리만의 시공간과 같이 휘어진 시공간으로 결정되어야만 한다. 그러나 우리는 평평한 유사-유클리드 시공간에 의해서 리만의 시공간이 작은 영역들로 근접해 갈 수 있다는 이전의 스칼라 점을 고려해 볼 때, 가속이라는 사실은 반드시 다른 비교의 체계 혹은 측정의 체계를 필요로 하지 않을 것이다.

운동이 일정하든 비-일정하든 간에, 우주 비행사와 과학자는 그들이 측정에 적용한 단위는 동일한 것임을 인정하였다. 그러나 그들은 언제나 동일한가? 우주 비행사는 자신에게 적용된 단위에 대한 어떤 변화도 간파할 수 없으며, 과학자에게도 그것은 마찬가지이다. 불변하고 동등한 측정 단위를 적용하면서도, 그들의 결과들은 어떻게 그렇게 달라질 수 있는가?

화이트헤드는 그의 「상대성 원리」(R)라는 저서에서 상당히 상세하게 동치(equality) 개념을 탐구한다. "동치의 관계는 관계된 사물들의 다양한 가능성을 표시하나, 그것은 한정하는 성격의 동일성을 나타낸다"(R 42). 화이트헤드가 그 저서에서 관심을 가진 것은 동치 개념에 대한 한계이다. 그는 동치가 엄격한 동일성을 의미할 수 없으며, 유사한 요소들의 조화(matching)로써 더욱 잘 드러낼 수 있다고 주장한다. 그런데 그 유사성은 조화의 개념이 적용될 수 없는 곳을 발견할 수 있기 때문에 제한된다. 만약 두 개의 요소들이 어떤 특수한 성격들의 집합에서 하나의 성격을 소유한다면, 그것들은 유사하다. 만약 요소들이 그 집합으로부터 둘이나 그 이상의 성격들을 소유하고 있는 기초 위에서 비교된다면, 동치를 탐구하는 사례를 들기가 훨씬 더 어렵다. 이리하여 양립 가능한 성격들의 집합은 그 요소들이 동치하는 것으로 정의되며, 이때 그 성격들 중의 하나가 요소들에 대하여 한정하는 성격으로써 선택된다. 우리가 든 사례에서 성격들의 집합은 시간 측정의 모든 단위들의 클라스와 유사하다. 우주 비행사와 과학자의 활동을 한정하는 집합에서 그 특정한 성격은 시간의 측정단위인 해(year)이다.

우주 비행사와 과학자 양자는, 그들이 여행에 앞서서 지구에 함께 있는 동안에는 해(年)라는 하나의 성격의 동치에 동의한다. 우주에서 돌아왔을 때 우주 비행사는 또한 그 특수한 성격에 관해서 과학자와 동의한다. 그들이 동의하지 않는 것은 떨어져 있는 동안 그 성격의 동치에 있다. 이 불일치는 최소한 두 가지 중요한 양상의 증거이다. 첫째로 그것은 명백하게 과학자에 의해 사용된 하나의 시간-측정 체계에 덧붙여서 작용되는 적어도 다른 시간-측정 체계가 하나 있다는 것이다. 두 번째로 그것은 과학자와 우주 비행사가 그들이 함께 있거나 혹은 동시적일 때 그들의 조화 단위에 관해서 둘 다 동의하는 특성이 있다는 것이다.

우주 비행사는 명백하게 지구에 머무는 동안 (과학자와의 일치 속에서) 하나의 시간-측정 체계를 사용하고, 그의 여행 동안에 다른 시간-측정 체계로 표면상 바뀌는 것은 도대체 왜 그런가? 아인슈타인은 우주 비행사가 지구의 준거틀로부터 가속에 의해서 팽창된 시간-단위를 지니게 되었다고 말할 것이다. 화이트헤드는 우주 비행사가 단순히 시공간 체계를 바꾸었으며, 진행 상태에서 새로운 시간-측정 체계를 획득하였다고 말할 것이다. 그러나 그가 이 새로운 체계를 사용하는 동안에, 그는 각각의 단위, 즉 해는 지구에서 과학자와 함께 결정했던 단위와 동일하다는 것에 동의한다. 여기에서 중요한 점은, 우주 비행사는 그의 시공간 체계와 동시적으로 일어나는 것(simultaneous, 혹은 정지 중인)을 측정하고 있으며, 과학자는 자신과 다른 시공간 체계에서 동시적으로 발생한 것을 측정하고 있는 것이다. 양자는 그들 자신의 시공간과 동시적인 것을 측정하고 있으나, 서로 간에는 동시적이지 않다. 그러므로 여행 전과 후에 지구에서의 시간 단위의 조화(matching), 그리고 떨어져 있는 동안의 조화의 결여는 조화와 동시성 사이의 특수한 관계성을 지시한다.

위에서 언급한 두 번째 점은 결정적이다. 과학자와 우주 비행사는 그들이 함께 있는 동안에는 조화의 단위, 즉 시간-측정 체계에 동의한다. 그런데 그들은 다른 시공간에 놓여지는 경우에는 동의하지 않는다. 이것은 왜 그런가? 이 문제에 대한 요지는 동시성의 본성과 그것에 대한 우리의 경험에 달려 있다.

> 측정은 그것의 가능성을 위해서 자연을 동시성으로 전제하며, 그때도 현재하고 지금도 현재하는 관찰된 대상을 전제한다. 달리 말해서, 자연에 있어서 연장된 자연을 측정하는 것은 자연에서 사건들을 드러내는 법칙을 제공하는 어떤 고유한 성격을 요구한다(CN 196).

우주 비행사와 과학자 양자는 그들 자신의 시공간 속에서 측정할 수 있다. 그러나 그들은 서로 다른 사람의 시공간과 상대적으로 운동하기 때문에, 다른 사람의 시공간에서 측정할 수는 없다. 그들의 측정 단위는 상대방과 상대적 운동에 있는 동안에는 다른 시공간에 있는 것과 동치일 수 없다. 그러나 서로 간에 상대적으로 정지해 있고 동일한 시공간 속에서 동시적으로 함께 있는 동안에는, 그들은 자신들의 시간-측정의 단위에 동치할 수 있으며, 그들은 동일한 것으로 인정한다.

지금까지 살펴본 예에서, 화이트헤드가 앞서 언급한 "관찰 대상"은 시계들이며, 그것들은 과학자와 우주 비행사 각자가 측정하기 위해서 사용된다. 그들 각자가 떨어져 있는 동안 측정을 위해서 사용한 그 시계는 그들이 함께 머물렀던 지구에서 사용한 것과 동일한 것이다. 그러나 다른 시공간에서 작동하는, 지각된 동시성의 차이는 그들이 떨어져 있는 동안 일어난 불일치 혹은 동치하지 않음에 의한 것이다.

양자는 그들이 떨어져 있는 동안에 '동일한' 것, 즉 해(年)들을 측정하고 있음에 동의하였다. 비록 그들이 동치함에 의해서 그 두 해들이 의미하는 것에는 궁극적으로 동의하지 않더라도, 그들은 각각의 시공간에서 '해'라고 부르는 것이 있다는 사실에는 동의하였다. 그들이 다른 시공간에서 동일한 것을 측정하고 있다는 것에 동의한다는 바로 그 사실은 화이트헤드가 연장된 자연이라고 부르는 것의 예증이다. 이것은 가정될 수 있는 공간적 관련은 아니다. 이것은 거리 혹은 양과는 아무런 관계가 없으며, 오히려 그의 기초적인 직관들 중의 하나, 즉 자연의 일정성을 표현한다. 어떤 것, 즉 어떤 근본적인 구조가 과학자와 우주 비행사의 시공간 안에서 작용한다. 그것이 화이트헤드가 두 사람이 동일한 것을 측정한다고 말할 수 있다는 사실을 찾아낸 바로 그 설명이다. 그들은 다른 전망으로부터(각각 상대방과 상대적 운동 속에서) 동일한 구조적 요소를 측정하고 있을 뿐 아니라, 그들이 측정하고 있다는 바로 그 사실이 다양한 시공간에서 연장된 자연의 성격을 표현한다. 자연의 이 고유한 성격은 화이트헤드가 추구해 왔었던 경험의 기초적인 구조(위상)이다. 일찍이 우리는 그가 이 고유한 혹은 내재한 성격을 자연의 추이로 특징짓는 것을 보았으며, 저 추이의 구조는 그 추이 내에서 요소들 간에 발생하는 관계들의 패턴이다.

우리가 살펴볼 이 추이의 요소들은 추이의 단위들 혹은 사건들의 단위들로 정의되며, 그 사건들을 드러내는 것은 추이의 고유한 본성의 표현이다. 또한 그 사건들을 드러내기 위한 법칙들을 제공한 것은 이 추이이며, 법칙들은 실제로 합동 공리, 즉 동등성 혹은 동치 관계의 일반적 유형의 아종이다(R 45). 게다가 사건들이라고 부르는 시공간의 구간에 의해서 표현된 자연의 추이라는 근본적인 사실은 규칙이나 구조를 강제하며, 이를 통해서 자연에서 사건들이 드러나는 것이 경험된다. 합동은 실제로 우리가 일찍이 언급한 조화에 의해서 설립된 조건이다. 그리고 조화는 양의 동일성을 의미하지는 않고, 성격의 유사성을 의미한다. 이리하여 합동 공리들은 경험된 세계의 성격을 구성하는 관계들의 패턴을 표현한다.

> 게다가 합동은 측정하는 자의 영구성에 의해서 정의될 수 없다. 영구성은 자기-합동의 어떤 직접적인 판단을 제쳐두고서는 그 자체가 무의미하다. 달리 말해서 엄밀한 측정자로부터 신축성 있는 줄은 어떻게 구별되는가? 각각은 똑같이 자기-동일한 것으로 남아있다. 왜 하나는 측정이 가능한 자이고 다른 하나는 그렇지 못한가? 달리 말해서 측정은 측정할 수 있는 것을 [자연을 통해서 연장된 성격들을] 전제하며, 그리고 측정 이론은 합동 이론이다(CN 196).

지금까지 우리의 사례에서 볼 때, 측정의 단위인 해(年)는 다른 시공간 체계들 사이에 영구적으로 동일한 것이 아니다. 그러나 측정의 그러한 단위들은 저 다른 시공간 사이에서 그리고 그 안에서 연장된 것으로 발견되는 자연의 추이의 근본적 구조를 표현하는 합동 공리의 관점에서 대응한다. 비록 우주 비행사와 과학자 양자가 그들의 측정-단위가 영구적인 것으로 생각하더라도, 우리는 그 영구성이 실제적으로 그들의 각각의 시공간 내에서 그들의 정지 위치의 동시성에 근거한 직접적인 지각의 판단이라는 것을 발견한다. 그들의 해는 각각의 관련 구조 내에서 자기-동일적인 것이나, 우주 비행사의 귀향에서 일 대 일로 측정할 때는 동일하지 않다. 그러나 그들은 자신들의 측정이 자기-동일한 사건이고, 그러므로 비록 동일하지는 않더라도 합동하는 것임을 인정하였다. 화이트헤드에게서 이 합동의 의미는 경험의 본질적인 본성의 근본적인 구조 내에 놓여 있다.

> …인류는 진실로 감각의 직접적인 증거에 기초한 공간에 대한 합동 체계와 시간에 대한 합동 체계에 동의한다. 우리는 다음과 같이 묻는다. 왜 우리가 자(yardstick)와 시계에 대해서 별로 의미 없는 신뢰를 두는가? 진리는 지금까지 고전 이론이 설명하지 못한 어떤 것을 관찰하는 것이다(R 49).

합 동

우주 비행사와 과학자가 그들이 비교하고 있는 근본적인 요소들에 동의하고 있다는 사실은 이 감각된 합동의 예에서 알 수 있다. 즉 그것은 우주 비행사의 여행이다. 그리고 그 비교에 대한 기초는 출발(시간의 지속 혹은 경과의 최초의 순간)에서부터 마칠 때(지속의 결론적인 순간)까지 우주 비행사와 과학자에 의해서 개별적으로, 그러나 동시적으로 경험된 사건에 대한 공통 지점을 수락한 것이다. 과학자의 측정하는 활동과 우주 비행사의 측정하는 활동은 관련된 두 사람의 시공간의 전망에서 측정된 동일한 지속 내에서 일어난다. 이것이 그들에게 대체적으로 요소의 특수한 성격(여행을 해를 통해서 측정하는 것)과 비교하도록 허용하는 동시성이다. 그들이 수락하는 동시성은 이 두 가지 사건들 사이에서 감각된 합동의 표현이다.

위의 사례를 통해 볼 때, 여행이 측정되고 있는 두 개의 시계는 적어도 고전 역학의 의미에서 일치에 의한 합동인 것으로 판단된다. 과학자와 우주 비행사는 표면상 동일한 표시(mark)에서 시작했으며, 몇 번의 순환 운동을 했다. 그리고 그들 각각의 시계는 다른 것과 동시적으로 그 각각의 출발하는 표시를 지나쳐간다. 이리하여 두 개의 시계의 동시적인 순환 운동을 통해서, 그들은 일치에 대한 직접적인 경험에 기초하여 시간의 동등한 구간을 표시하는 판단이 내려지도록 한다. 과학자와 우주 비행사가 다른 날에, 혹은 심지어 다른 날 다른 실험실에서 일치에 의한 동치 혹은 합동의 테스트를 시행하고자 한다면, 그들은 두 개의 시계가 달리 움직이는 것을 보고서 놀랄 것이다. 왜냐하면 일상적인 사용법에 있어서 시계들은 언제 어디서 시험을 하더라도 동일하게 운행되기 때문이다. 이것이 중요한 문제는 아닌 듯하다. 그러나 화이트헤드는 철학적 탐구를 위해서 아주 명백한 것 같은 문제들을 검토하기를 좋아했다.

이 예시에서 그가 지적하기를 원하는 것은 두 가정이 생겨난다는 것이다. 이것은 영속성과 일정성이다. 먼저, 과학자와 우주 비행사는 그들의 시계들이 일정한 비율로 회전하며, 서로에게 동일하거나 합동하는 시간들과 해들로 표시된다고 가정할 것이다. 만약 그들이 휴일에 그들의 각각의 시계를 가지고 떠나서 며칠 후에 되돌아온다면, 그들은 이미 맞추었던 시계들이 떠나기 전과 마찬가지로 동일한 비율에서 회전 주기를 나타내는 것으로 기대할 것이다. 그러나 그들이 떨어져 있는 동안에, 그들의 시계들이 어떻게 운행되었는가를 알 방법은 없다. 그들은 오직 동시적으로 일치하는 시계들을 가지고서 그러한 판단을 내릴 수 있을 뿐이다. 그들이 떨어져 있는 동안에, 판단은 영속성의 가정에 근거해서 내려진다. 게다가 각자 별개의 여행에서, 과학자와 우주 비행사는 각각의 시계들이 일정한 시간의 단위들을 표시한다는 동일한 가정에서 착수하였다.

화이트헤드에게 있어서, 이 영속성(constancy)의 판단은 "다른 시간들과 다른 장소들에서 여러 환경에 대한 직접적인 비교들에 근거해 있다"(PNK 56). 반면에 휴일에 우주 비행사와 과학자는 다른 시공간 속에 있었으며, 각각 자신들에 대해서 상대적으로 정지 상태에 있었다. 그러나 우리는 두 개의 별개의 시공간들이 서로 간에 평행한 것으로 고려할 수 있다. 일상적인 경험의 사실 속에서, 시공간 사이의 상대적 운동에 대한 변화(가속)는 너무나 작아서 별개의 시공간들에 대한 구간들 간의 중요한 차이는 감지될 수 없다. 한 시공간으로부터 다른 시공간으로의 변화(가속)가 진공에서 빛의 속도에 접근해 가는 정도로 규모가 클 때만이 시공간 구간들 안에 있는 임의의 차이가 인지된다. 우주 비행사의 여행에 대한 경우는 이 중요한 변화의 예이다. 그림 #3과 관련해서 최초의 시공간 구간γ가 점점 더 커질수록 그 도식에서 각θ에 의해 나타난 차이의 각도 점점 더 커진다.

앞의 그림은 이차원적인 종이의 표면 위에 세 개의 별개의 시공간들이 투영된 결과이다. 3×5 규격인 파일 카드에 여러 차원을 예시하기 위하여 임의적으로 제한한 선들을(예를 들자면 α1, α2, α3) 그림 속에 나타난 각 순간들로 고려해 보자. 세 개의 공간 장소에 우리의 모델을 구성하기 위해서 선들, 즉 γ1-γ5와 같이 간격이 고르게 있는 줄 속에 평행하는 면들을 가진 모서리에 다섯 개의 카드를 취하자. α라는 시공간을 나타내기 위해서 네 개의 카드들을 가지고서, 오직 그것들을 최초의 집합 위에 매달아 두고, 그것들을 α1, α2 등과 같은 여러 선들과 평행하는 차이각 Θ에 대응하도록 만들자. 카드들의 최초의 집합은 과학자의 시공간을 나타내며, 반면에 두 번째 집합은 우주 비행사가 그의 여행을 출발한 후 그의 시공간을 나타낸다. 차이의 각은 우주 비행사에 의해서 경험된 시공간의 변화(가속)를 나타낸다.

그러나 우주 비행사와 과학자는 시계들을 맞춘 후에 각자의 휴일을 지내기 위해서 가버린다는 앞에서 든 예를 고려해 보자. 우선 두 개의 카드의 집합들은 전처럼 다른 집합 위에 한 집합이 평행하는 것으로 연속할 것이다. 지금 우주 비행사는 그의 시공간에서 정지 상태에 있고, 과학자도 마찬가지이다. 그러나 과학자의 시공간에서 우주 비행사의 정지 상태의 자취는 여전히 직선이다. 그리고 이와 유사하게 우주 비행사의 시공간 속에서 과학자의 자취도 마찬가지이다. 이 예시에서 오직 다른 시공간 속에 정지 상태에 있는 것으로 투영된 선들은 평행한다. 왜냐하면 휴일 동안에 지속된 변화(가속)는 임계 속도에 비해서 적기 때문에, 우주 비행사가 해변에 있고 과학자가 산에 있는 두 개의 사건들의 표시는 본질적으로 평행하는 것으로 남아 있다.

여기에서 주목할 점은 두 개의 시공간이 평행할 때, 두 개의 시공간 사이의 환경에 대한 비교는 상대적으로 쉽다는 것이다. 다른 평행하는 시공간으로 투영될 때, 한 시간에 대응하는 시공간에서의 구간은 동치의 관점에서 합동한다. 그리고 영속성의 판단은 다른 시공간들 사이에 적용될 수 있다. 사실상 우주 비행사와 과학자는 휴일에 한 시간에 대해서 말할 때, 한 쪽이 다른 쪽이 의미하는 것을 이해한다. 그 이유는 그들이 자신들의 시공간들을 서로 간에 점근선적으로 동치하고 영속하는 평행과 사영으로 보고, 사영된 한 시간을 자신들의 시공간과 동치인 것으로 인식하기 때문이다.

> …영속성의 판단은 인지(recognition)…
> 우리의 인지는 과학에 있어서 자연의 궁극적인 사실들이며, 전 과학적 이론은 그런 인지가 일어나는 환경에 대한 우리의 인식을 체계화하는 시도에 지나지 않는다. 합동 이론은 인지의 보다 일반적인 이론의 하나의 가지이다(PNK 56).

인지의 사실은 하나의 평행하는 시공간으로부터 다른 시공간으로 동등하게 합동하는 투영에 의해서 나타난다. 우주 비행사가 여행을 하면서 측정한 시간과 과학자가 지구에서 측정한 시간 사이의 비인지의 사실은 그 그림에서 두 개의 시공간들 사이에 투영된 동등하지 않은(그러나 동시성에 의해서 합동되는) 구간들에 의해서 나타난다. 시공간 λ에서, E1E2에 의해서 나타난 구간은 E1H2 + H1E2 에 의해서 재현된 시공간 α→β에서의 구간과 시공간 γ에로 투영에 동등하지는 않으나 대등(합동으로)하다.

여기에서의 요점은 합동이 일치(coincidence)에 의해서 설정되는 것이 아니라, 인지에 의해서 설정된다는 것이다. 동치에 의해서가 아니라 한 시공간으로부터 다른 시공간에로 사영에 근거한 감각된 조화에 의해서 합동이 설정된다. 시공간들이 평행할 때, 우리는 사영들을 인식한다. 그것들이 변화(가속)를 겪을 때, 우리는 더 이상 사영들을 인식하지 못한다. 차이의 각이 증가할 때(가속이 임계 속도에 접근할 때), 시계의 회전 주기의 사영은 최초의 시공간에서 점점 더 연장된다. 차이의 각이 그 그림에서 나타난 임계 속도에 접근해갈 때, Θ는 E1E2서

오른쪽 각에 이르며, 시계의 한 회전 주기의 사영은 최초의 시공간에서 무한하게 되며, 판단은 이것을 '시간이 멈춰진 것으로' 여긴다. 이것은 매우 특수한 경우를 나타내지만, 우리는 이 장에서 자세한 언급은 생략할 것이다.

합동 이론은 실제적으로 우리가 본질적으로 서로 간에 평행하는 다른 시공간 속에 있는 환경을 인식하고 비교하는 원리들의 진술이다. 1 장에서(ADG 44) 탐구된 합동의 공리들은 이 우주 시대에 일어나는 것과 같은 원리들을 나타낸다. MC와 화법 기하학과 사영 기하학에서 대한 논의에서 지시된 것처럼, 화이트헤드는 구조를 분석하는 데 있어서 가장 중요한 것이 평행과 수직(parallels and perpendicularity)의 이론이라는 것을 발견한다. 이 경우에 있어서, 이러한 이론들과 함께 분리된 시공간들 간의 상대적 운동의 이론을 사용함으로써, 그는 우리의 경험에 상응하는 합동이론을 구성할 수 있었다(CN 127 ff).

화이트헤드가 합동에 관해서 작업했던 수학적 저서의 대부분을 통해서 볼 때, 비록 그의 관심이 명백하게 철학적인 것이 아니며 주로 기하학적 논증에 있어서 표현된 정확성에 관한 것이었다 하더라도, 그의 합동 이론에 대한 결론들이 자신의 성숙한 우주론에서 결정적으로 근본적이라는 점에 주목하는 것은 중요하다. PNK와 CN이 출판되었을 때, 그의 관심은 비록 그가 동치보다 더 넓게 적용될 수 있는 것으로 합동의 일반적 의미를 표현하고 있다고 하더라도, 동치로써의 합동에 명백하게 초점이 맞추어져 있었다. 1922년 「상대성 원리」에서 그는 합동이 단순한 동치보다도 훨씬 더 넓은 적용성을 가진다는 명백한 입장을 전개하였다. 비교되는 것은 시공간의 뻗침(stretches)의 거리적 값이 아니라, 오히려 시공간 구간 내에서 성질의 동일성이다. 우리가 합동에서 인식하는 것은 엄격하게 수적인 측정이 아니라,

비교된 시공간들의 매우 개별적인 한정성이다. (이 일부의 한정성은 PR에서 패턴이 된다.)

우리가 경험 세계를 탐구하고자 할 때, 화이트헤드는 다양한 시공간 체계들의 존재, 각각의 개별적인 시공간들의 평행과 수직의 현존, 특수 상대성 이론에서 시공간의 결합 및 점-복합성 직관이 전반적인 합동 이론을 만들기 위해서 함께 이용되어야 한다는 것을 보여주었다. 그의 합동 이론은 실제로 시공간의 구간들에서 성질들 혹은 패턴들을 대응시키는 체계이다. 그러나 측정은 성질들 사이에 있는 것이 아니라 시공간에 있는 물질의 조각들 사이에서 일어나는 것이 아닌가? 화이트헤드는 측정에 대한 이전의 정의와 관계하지 않고 합동을 정의하였다. 그리하여 그가 물체들이 측정, 합동, 동시성, 그리고 지각의 주된 초점이 아니라는 결론에 이르게 되었다는 것은 그렇게 놀랄만한 일은 아니다.

> 우리가 자연에 대해서 인식할 때, 우리가 실제로 관찰하는 것은 무엇인가? 명백한 대답은 우리가 의자, 벽돌, 나무와 같은 여러 가지 물체들을 인식한다고 하는 것이다. 우리는 그것들을 만질 수 있으며, 그것들을 보며, 그것들의 소리를 들을 수 있다. 나는 이 글을 적고 있을 때, 이른 봄에 버크셔 공원에서 들려오는 새들의 노래 소리를 들을 수 있다.
>
> 이 물질들은 실제적으로 더 이상 분석할 수 없는 지각의 궁극적인 여건인가? 만약 그것들이 궁극적인 여건이라면, 나는 즉각 포기할 것이다. 그러나 나는 그것들이 명백하게 궁극적인 성격을 가지지 않음을 인정한다. 노래하는 새들에 대한 나의 언급은 내가 시적으로 느꼈기 때문에 만들어지는 것이 아니다. 그러나 여러분에게 우리는 어떤 어려움으로 빠져들어가고 있는 것을 경고한다. 내가 직접적으로 들었던 것은 노래이다. 새들은 오직 지각의 보다 궁극적인 직접적인 여건의 상응 관계로서 지각에 들어올 뿐이다. 그 가운데서 나의 의식에 있어서는 새들의 노래가 지배적이다(R 53).

화이트헤드에게는 자연의 추이가 선행적인 일이다. 반면에 대상들은 지속한다. 즉 그것들은 시간과 함께 지나가는 것이 아니라 여전히 동일한 것으로 남아 있다. 각각의 시공간의 구간과 함께 지나가는 것은 그 구간에서 일어나는 것이다. "…직접적으로 관찰되는 것은 사건이다"(R 7). 시간의 순간들로부터 시간의 경과에로의 변화와 시간과 공간의 통일(공간의 역학)은 자연의 궁극적인 사실이 공간의 넓이뿐만 아니라 시간의 추이의 어떤 양상을 포함해야만 한다는 것이다. 측정되는 것은 사건이며, 보다 정확하게는 그 사건의 성격을 구성하는 어떤 성질의 패턴이다. 그러나 그 성격은 시간적 추이에서 고유한 근본적인 구조를 표현하는 것에 지나지 않는다.

> …자연의 구체적인 사실은 언제나 시간적 추이를 포함해야만 한다(R 7).
> …시간의 유동은 자연의 구체적인 실재에 본질적이다(R 10).
> …시간에서 추이는 자연에서 본질적이다(R 54).

만약 구체적인 사실들의 성질들이 합동하는 것으로 혹은 대등한 것으로 판단된다면, 그 성질들은 근본적으로 자연의 추이에 관계되어야만 한다.

> …자연의 한 요소의 본질적인 의미 관련은 시공간 속에서 일어난 것과의 관련성이다. 나는 시공간적 일어남에 '사건'이라는 이름을 붙인다.
> 사건은 어떤 방식에서 급속한 변화를 함축하는 것은 아니다; 블록이나 대리석의 지속은 하나의 사건이다(R 21).

대리석 덩어리가 자연의 구체적인 사실에서가 아니라, 오히려 시공간의 구간 속에서 영속한다는 것은 분명하다. 물체 그 자체는 영속의 성격이나 성질이며, 자연의 근본적인 단위는 사건이다. 경험되는 것은 어떤 시공간의 구간에서 다른 시공간으로 희고-부드럽고-딱딱한 패턴의 영속이거나 반복이다. 합동은 각각의 시공간에서 어떤 성질들을 동치하게 함으로써 시공간 안에 있는 사건들 혹은 발생들 사이에서 설정된다.

> …사건의 추이는 추이하지 않는 대상들을 드러낸다(R 26).
>
> …모든 사건은 그 자체로 오직 성격을 의미한다…. 나는 그런 성격을 그 사건의 형용사라고 부를 것이다(R 28).
>
> …즉각 감각-대상들은 그 자체 사건들의… 형용사들임을 선언한다(R 54).
>
> 우리가 보는 것은 단순한 빨강은 아니다. 그러나 일정한 시간을 통해서 영속하는 일정한 장소에 있는 빨간 조각이다. 빨강은 시간과 장소의 형용사이다(R 54).

빨간 기와 빨간 차는 일정한 시간의 주기를 통해서 일정한 장소에서 보인다. 그러나 양 사건들은 사건들 속에 포함된 빨강을 보고 성질 혹은 성격을 조화시킴으로써 합동의 어떤 요소가 있는지를 판단한다. 이 간단한 사례를 확장하기 위해서, 우리는 헤아릴 수 없이 많은 성질들 혹은 성격들(대상들이라고 부르는 것)을 포함하는 훨씬 더 복잡한 경험들로 나갈 필요는 없다. 그러나 각 경험은 시공간의 구간에서 발생하며, 그 경험은 자연의 추이를 드러낸다. 이 추이는 화이트헤드가 사건이라고 부르는 보다 근본적인 경험의 단위를 환기시킨다.

동시성, 측정, 그리고 합동은 경험의 저 단위들의 어떤 성질과 성격들을 대비하고 비교함으로써 사건들로 판단된다.

> 따라서 자연은 공간과 시간의 관점에서 사건들의 체계적인 구조를 형성하기 위한 상호 의미 있는 사건들의 생성이다. 따라서 공간과 시간은 이 구조로부터 추상화한 것이다(R 21).

이 장의 목적은 이 사건들 사이에 그리고 사건들 내에 구조가 있다는 것이다. 우리는 근본적 구조를 자연의 추이에서 발견하고, 이것을 개별적인 사건들의 성격 혹은 성질로 명백하게 나타낸다. 각각의 성격들 사이의 근본적인 관계들은 이 구조를 증명해야만 하며, 이것은 시공간이 자신의 구조를 추상으로 드러내도록 한다.

> …측정은 성질 속에 조화하는 지각을 전제한다. 따라서 임의의 개별적인 측정의 종류의 의미를 조사하는 데 있어서 우리는 다음과 같이 물어야 한다. 조화하는 성질은 무엇인가?
>
> …그 사물들의 성질들이 대응한 것들은 사건들이다. 그것은 합동하는 사건들이며, 그리고 공간적 합동과 시간적 합동은 단지 이 근본적인 합동의 특수한 예에 지나지 않는다…. 공간과 시간은 단지 사건들 사이의 관계의 드러남이다(R 58).

동치인 성질들은 사건들의 구조와 자연의 추이에서 일어난다. 4 장에서 우리는 보다 충분히 이 대상들과 그것들이 성격지우는 사건들 간의 구별을 탐구할 것이다. 여기에서는 우리의 목적을 위해서 동시적인 사건들, 측정된 성질들, 그리고 합동하는 사건들이 있다는 것을 보는 것으로 충분하다.

> 시공간에 관한 두 관점 사이의 차이점, 즉 시공간이 사건들 사이의 관계들인지, 혹은 사건들 속의 대상들 사이의 관계들인지는 물리학의 국면에서 실제적으로 가장 중요한 것이다.
>
> 만약 그것이 사건들 간의 관계성이라면, 그것은 우연적인 형용사적 사건들과는 무관한 사건들 간의 체계적인 일정한 관계성의 성격을 가진다. 이 경우에 있어서 우리는 시공간에 대한 아인슈타인의 이종(heterogeneity)의 관점을 거부해야만 한다.
>
> 만약 시공간이 대상들 사이의 관계성이라면, 그것은 대상들의 우연성에 달려 있으며, 대상들의 우연적인 성격에서 이종을 획득하게 될 것으로 기대

된다(R 58).

화이트헤드는 시공간의 구조를 사건들 간의 관계성 속에서 표현하고 있으며, 반면에 저 사건들 속에 있는 대상들 간의 관계들에서 표현하고 있지 않음은 명백하다. 그의 목표는 경험의 세계에서 가장 근본적인 구조를 드러내는 것이다. 그리고 실재에 대한 어떤 아주 명백한 것으로 받아들여진 양상들에 대해서 매우 신중하게 의문을 제기함으로써, 그는 경험의 기저를 이루는 근본적인 구조가 실제적으로 사건들 간의 관계들을 통해서 표현된다고 결론지었다. 즉 그것은 시공간에서의 발생(happening)이다. 지금 우리의 임무는 근본적인 관계들에 대한 탐구로부터 그것의 구조를 자연의 추이에서 발견하는 것이다. 연장적 결합의 범주가 경험의 세계에서 그 기능의 여러 양상들에서 나타나기 시작하는 것은 이 구조 혹은 위상으로부터이다.

포 함

화이트헤드는 근본적인 사건들의 위상학과 대상들의 기하학 사이를 구별하는 데 많은 노력을 기울였다. 그는 점-복합성 직관(point-complexity intuition)을 통해서 시간의 주기들과 공간의 영역들이 있음을 도출한다. 그리고 그는 특수 상대성 이론(공간의 상대성 이론)으로부터 다음과 같은 결론을 끌어냈다. (1) 시공간의 주기들과 영역들로부터 그것들의 구간들에서 시간과 공간의 통일성(공간의 역학)이 나온다. (2) 다양한 시공간들의 존재가 있다. 이 통일성은 시공간의 근본적인 본성이 추이(passage), 혹은 과정이라는 결론을 도출해 낸다. 또한 이 통일성은 추이의 근본적인 단위들이 대상들이 아니라 시공간의 구간들에서 일어나는 발생들(happenings)이거나 사건들(events)이라는 결론을 드러낸다. 시공간을 특징짓는 추이의 본질적인 본성은 시공간의 근본적인 구조(혹은 위상)가 한 구간으로부터 다른 구간으로 연장된다는 것을 함축한다. 하지만 이 함축은 거기에 함의된 것 이상을 수행하는데, 이것은 구간들 사이의 연장된 결합들이 자연의 추이의 근본적인 구조(혹은 위상) 속에 있는 전반적인 일정성과 동질성(homogeneity)을 표현한다는 것이다.

화이트헤드는 시공간의 발생들의 형식적 구조에 대해서 결정하기를 원한다. 그것은 사건의 위상학이다. 이것을 위해 그는 시공간의 구간들 속의 사건들, 즉 근본적인 추이의 단위들 사이와 이 단위들에서 획득되는 관계들을 고려한다. 시공간의 다른 구간들 간의 관계성은 한 구간으로부터 다른 구간으로 성질들의 성격이나 패턴이 변환되는 것이다. 한 구간 내의 관계성은 성질들의 그 성격 혹은 패턴을 한정한다. 의미 관련 학설의 두 번째 범주를 형성하는 근본적인 두 가지 관계성의 유형이 있다. 관계항(학설의 세 번째 범주)은 구간들의 사건들이며, 우리는 이것을 4장에서 성질들(혹은 대상들)로 상세하게 구분해 볼 것이다.

우리가 동시성에 대한 절에서 도출했듯이, 자연의 추이(혹은 과정)에는 두 가지 근본적인 경험의 양태들이 있다. 그것은 인과성과 동시성이다. 전자는 화이트헤드가 포함(inclusion), 울타리(enclosure), 포접(containing), 점유(occupation), 덮개(covering)라고 부르는 사건들 간의 관계성에 의해서 특성이 생겨나며, 후자는 화이트헤드가 PR에서 매우 특수한 용어로 부른, 즉 제시적 직접성이라고 부른 사건들 사이의 관계성에 의해서 특성이 발생한다. 그것은 공액(cogredience)이라고 불리는 특수한 지속(시공간의 구간) 내에서 경험된 동시성의 관계로부터 추상화된 것이다. 이 후자의 관계는 다음 절에서 간단히 탐구될 것이다. 관계성의 근본적인 유형인 이 양자는—MC만큼이나 일찍이(34, 60)—교차(intersection)라는 근본적 개념을 구성하는데, 화이트헤드의 주의 깊은 경고에 따르면, 이 개념은 그 용어의 기하학적 친숙함에 제한되어서는 안된다. 사건들 간의 교차, 포함, 공액(cogredience)이라고 불리는 이 근본적인 관계들은 결합들의 유형들인데, 이것들은 시공간의 구간들로부터의 변환을 통해서 다른 구간들에로 연장되는 것이다. 이것이 연장적 결합의 개념을 드러낸다. 자연의 추이(과정)의 근본적인 단위들 간의 관계들을 조사함으로써 화이트헤드는 한 시공간 구간으로부터 다른 시공간에로의 변환을 통해서 위상학적으로 불변하는 연장적 결합들의 집합을 드러낼 것이다.

복합체로써의 점의 관념이 화이트헤드의 최초의 저서에서 중요한 방식으로 처음으로 나타난 것은 MC에 있는 교점이론이며, PR에서 연장적 결합의 성숙한 개념으로 나타나는 포함의 관계는 교점이론에 그 근원을 갖고 있다. 교점들은 각각 한정하는 선형 대상적 실재를 교차하는 선들의 다발로 정의했다. 임의의 교점들이 있다면, 이것들은 문제의 점의 합성적인 부분들이다. 화이트헤드가 이러한 형식으로 점들을 정의하면서 봉착하게 된 어려움은 대단히 오랫동안 논쟁거리가 되었다. 이 도식 대다수의 세부사항들에 관해서 불만을 느끼고 있었을 때, 1927년 그는 「과정과 실재」에서 자신의 성숙한 입장을 드러내었다. 이 내용은 5장에서 좀더 상세하게 다루어 볼 것이다. 그러나 MC이후 이십여 년에 걸쳐 그는 연장적 결합의 전개에 계속적으로 영향을 미치는 몇 가지 개념들을 도입했다. 선이 합성적 존재이고 동질적인 존재(MC 42)로 주장될 수 있다는 관념은, 십년 후 "공간의 관계이론”(1914 RTS)이라는 논문에서 전체와 부분의 관계 및 σ-포함(RTS 15ff.)에 대한 세 개의 정의들 사이로 나눈 곳에서 다시금 재현된다. 부가적으로 나의 판단에 따르면, 개념 V(MC 44 ff.)에 나오는 차원 이론은 실제적으로 화이트헤드의 저서들 속에서 이후에 완전한 관념으로 자라난다. 이것들과 관련된 부가적인 개념들은 다른 시점과 저서를 기다려야만 한다.

1914년 RTS에서 화이트헤드는 선형 대상적 실재를 하나의 단위로 받아들여야 한다는 관념을 확장한다. 선형 대상적 실재의 부분들 사이의 관계들은 고려된 선형 존재의 부분을 넘어서 연장된다(RTS 8). 그는 공간적 존재들의 관점에서 전체/부분의 관계의 본성에 대해 논의하며, 이 관계에 대해 세 가지 의미를 제시했다(RTS 15). 먼저 그는 집합 이론에서 사용된 집합 개념에서 혹은 논리학의 모든/약간의 관점에서 정의를 내린다. 전체는 존재들의 클라스의 집합, 즉 모든 살아있는 나무들의 클라스이다. 그리고 그 집합의 고유한 부분은 어떤 살아있는 나무들의 클라스일 것이다. 두 번째 집합은 처음의 집합에 논리적으로 둘러싸이거나 포함되는 것으로 말할 수 있다. 전체/부분 관계의 이 의미는 하위(subset)집합의 정의로 언급될 것이다. 두 번째 의미는 복합적인 전체의 이질성이거나 그런 구성적 부분일 것이다. 이 부분의 본성은 전체와는 전적으로 다르며, 어떤 경우에는 복합적인 전체와도 엄격하게 독립된 것으로 고려될 수 있다. 화이트헤드는 이 이질적인 부분의 유형의 예로 초콜릿 푸딩 속에 있는 ‘설탕’의 구성요소, 혹은 음악의 조화 속의 한 음조(note)를 든다. 이와 같은 전체/부분의 의미는 화이트헤드가 탐구하기를 원하는 것이 아니다. 이와는 달리 그는 “동질적 부분” 혹은 전체 공간과 부분 공간으로 언급되는 의미에 초점을 맞추고자 했다. 이 세 번째 의미의 예는 말의 머리 혹은 한 국가의 영토의 지역 부분 혹은 1킬로미터의 1미터 부분이다(RTS 16). 이것은 MC에서 전체적으로 연장되고 무한한 성격을 가지는 선형 대상적 실재에 가장 유사한 의미이다. 푸딩 속의 설탕이라는 구성 요소의 의미, 혹은 논리적으로 구별되는 모든/어떤 이라는 의미와는 완전히 다른 방식으로, 말의 머리는 실제로 말의 부분이며, 지역은 실제로 국가의 일부이고, 1미터는 1킬로미터의 일부이다.

화이트헤드가 탐구하기를 원한 통찰은 동질적 부분을 받아들이고 전체로 연장되는 존재의 성격을 평가하는 것이다. 비록 궁극적으로 화이트헤드가 칼 멩거(Menger)의 덩어리(lump) 위상학과 드라구나(De Laguna: 5장을 보라)의 단 한 개의 용어의 도움으로 1927년에 이 구별이 변경되는 것을 궁극적으로 허용하기는 했지만, 그는 동질적인 전체/부분이라는 이 예비적인 개념을 연장적 결합의 개념의 직접적 선구자인 σ-포함의 관계를 정의하기 위해 사용했다. 본질적으로 α라는 전체가 β라는 부분을 σ-포함에 속한다고 말하기 위해서는, 만약 그것이 다른 δ-포함된 부분들로 연장된다면, α라는 동질적인 부분과 동일하게 취급되는 성격이나 패턴의 의미에서 합동하거나 대등하는 것으로 발견될 어떤 성격이나 패턴이 β내에 존재한다고 말해질 수 있어야 한다. 예를 들면, 만약 우리가 말을 여러 부분들로 자른다면, 다리들은 말-다리-부분들이며, 머리는 말-머리-부분이 될 것이고, 꼬리도 이와 같으며, 나머지 모든 것들도 말의-부분들이 될 것이다. 동질적인 부분들의 각각을 특징짓는 성격 혹은 패턴은 전체와 동일한 패턴이거나 성격이다. 반면에 부분집합의 사례에서 모든 살아있는 나무들의 집합의 '부분'은 나무들을 포함할 것이며, 나무의 '부분'들은 말-부분들과 동일한 의미를 가지게 되지는 않을 것이다. 여기서 근본적인 직관은 부분에 현존하는 패턴이 전체의 통일성을 특징짓는 것이다.

그리고 부분은 이에 따라서 전체와 그 부분들을 통해서 연장되는 이 패턴의 특수한 성질에 의해서 다른 부분들과 결합된다.

1915년에 발표된 "공간, 시간 그리고 상대성"(STR)이라는 논문에서, 화이트헤드는 동질적 부분의 개념이 논리학 모두/어떤 것의 부분집합의 정의와는 근본적으로 다른 것으로 반드시 고려되어야 한다는 입장을 재차 되풀이한다. 여기서 그 구별은 미묘하며, 매우 중요하다. 왜냐하면 그것은 화이트헤드의 성숙한 우주론에서 전적으로 기초를 이루기 때문이다. 부분집합의 정의는 점들이 근본적이라는 가정에 근거해 있다. 동질적인 부분 정의는 영역들, 주기들 혹은 간격들이 근본적이라는 가정에 근거해 있다. 이것은 점들이 단지 차원 없는 단위들이라기보다는 복합적으로 연장된 존재들이라는 개념에서 생겨난 것이다. 이것은 점에 대한 전자의 차원 없는 본성으로부터 전체로써 받아들여진 제한된, 유한한 존재로의 점의 연장이다. "…연장들과 그것들의 관계들이 점들보다 더 근본적이다"(STR 103). 이 경우에 있어서 화이트헤드는 이 논증을 공간의 고전적 점들과는 대비해서 공간의 연장된 영역의 관점에서 그것을 나타내려고 계획한다. 그러나 그가 일찍이 언급했듯이 시간+공간의 통합에 대해 그는 이미 잘 알고 있었다. 나는 화이트헤드가 공간이라는 용어, 혹은 시간이라는 용어만을 사용한 문장을 시공간이라는 용어로 바꾸어야 한다고 생각한다. 왜냐하면 화이트헤드 자신의 어법에서 시공간이라는 용어가 사용되지 않음에도 불구하고 이 논증의 논리적 구조는 보다 현대적인 용어를 포함하고 있기 때문이다. 화이트헤드가 전개하는 우주론에 기초를 제공하는 것은 시공간의 연장된 단위라는 근본적 본성이다.

이 연장이 내적인 양상과 외적인 양상을 가지고 있는 것으로 보이지는 않는다. 여기서 내적이라는 의미는 점이 지금 하나의 영역이라는 것이고 외적이라는 의미는 그 영역이 다른 영역들과 결합된다는 것이다. 이 연장은 구간들 내의 시공간의 연장과 구간들을 다른 구간들로의 연장 혹은 포함(동질적인 전체/부분 구별)을 함축하는 자연의 추이의 근본적 개념이다. 만약 시간의 지속과 공간의 영역이 시공간의 구간으로 경험된다면, 구간들의 부분들의 성격은 구간 그 자체의 성격과 다른 것으로 보여서는 안 된다. 만약 우리가 구간의 부분들을 인정한다면, 무한한 퇴보의 덫에 빠지게 될 것이다.

"공간의 상대성 이론"(The Relational Theory of Space)에서, σ-포함의 관계는 다섯 개의 가설에 의해서 한정된다: (1) σ의 영역, (2) 재귀성(Reflexivity), (3) 이행성(Transitivity), (4) 비대칭(asymmetry), (5) 무한 분할(infinite divisibility). 3년 후 이 관계에 새로운 이름이 부여되고, 이 정의들 중의 일부가 제외된다. 우리는 이 관계에 포함된 전개과정에 주목하기 위해서는 점이라고 불리는 존재 속에 선들이 포함되어 있음을 정의해야 하며, 이것을 이해하기 위해서는 화이트헤드가 엄청나게 공을 들인 MC에서 시작해야 한다. 비록 그것이 1905년에 있었다고 하더라도, 십년이 지나서야 비로소 이 관계는 공식적으로 제시되었다. "일부 과학적 관념들의 해부"(1917 ASI)에서 화이트헤드는 이 관계를 울타리(enclosure)라고 불렀으며, 영역(domain)과 재귀성(reflexivity)이라는 가정을 제거하고서(PR에서 연장적 결합은 실제적으로 비-재귀적이다) 연장적 추상화 방법에서 최초의 형식적 형태로서 매우 중요한 특수 조건으로 부가되었다. 헐리(Hurley)가 지적하듯이,[54] 이 방법은 「프린치피아 마테마티카」(*Principia Mathematica*)의 논리적 장

---

54) Patrick Hurley, "Whitehead's Relational Theory of Space"; Text, Translation and Commentary", *Philosophy Research Archives*, 4, 1978, p. 24.

치를 공간적 개념들에 적용한 결과에 지나지 않는다. 하지만 그 결과는 매우 복잡하며, 현재의 연구 계획을 넘어서는 것이다. 하나의 방법으로써, 이것은 결점이 있는 형태로 PTS에서 시작되며, 이때 그것은 1917년 “사건의 축소로 단순화시킨 수렴의 원리”(ASI 128)라는 이름으로 재현된다. 이 경우는 울타리(enclosure)의 관계에 해당하는 네 번째 조건과 동일하다.

울타리의 네 번째 조건의 목적은 포함의 주된 관계의 관점에서 순환성 없이 점들을 정의하는 방법을 찾는 것이다. 그 다음 이년 동안에(1917-1919), 이 방법은(연장적 추상화; 단순성에 대한 수렴) 세밀하게 정교화되어서 전개된다.[55] 하지만 그 방법의 근본적 구조는 오히려 단순해졌다.

> 예를 들어서, 높이 h ft, 넓이 b ft, 두께 c ft인 사각형의 박스를 고려해 보자. h와 b를 일치시키고, 두께에서 수직인 중앙면을 고정시키고, c를 무한히 줄여보자. 우리는 이에 따라 박스들의 수가 무한해지는 수렴하는 계열들을 얻을 수 있다. 여기서 가장 작은 박스는 없다. 따라서 이 수렴하는 계열들은 높이 h, 넓이 b, 두께c가 없는 평면으로 표현되는 단순성의 유형에 따라 접근의 루트를 보여준다.
>
> 거듭해서, 높이 h를 중앙선으로 고정시키고, b 와 c를 무한히 줄여보자. 그 계열은 길이 h의 직선에 대한 선분에 수렴한다. 최종적으로 오직 중앙점을 고정시키고, h, b, c를 무한히 줄여보자. 그 계열들은 한 점에 수렴한다.
>
> 우리는 지금 울타리 관계에 발견된 개념들을 이용함으로써, 단 하나의 점에 수렴하는 이 집합들은 다른 유형의 집합들과 구별되는 방식으로 고찰한다(ASI 140-141).

---

55) Palter, pp. 42~146; A. N. Whitehead, *The Principles of Nature Knowledge,* Cambridge University Press, 1919, pp. 101~146(이후부터 PNK); 또한 CN pp. 74~99.

왜 울타리 개념은 중요한가? 화이트헤드는 점-복합성 직관을 사영 기하학을 통해 배우며, 그것을 시간과 공간에 응용하고, 점들과 순간들을 영역과 지속들로 대체한다. 이와 같이 연장된(extended) 개념들은 사실상 화이트헤드가 보기에는, 현실 경험에 보다 명백하게 대응한다. 왜냐하면 우리는 영역을 통해서 일어나는 것을 경험하기 때문이다. "우리의 문제는 사실상 세계에 우리 자신의 지각을 적용하는 것이 아니라, 지각들에 세계를 적용하는 것이다"(STR 107). 우리는 순간들이 아니라, 시간의 주기(지속들)를 경험한다. 그리고 이 유한 지속들은 그 최초의 지속을 한정하는 동일한 성격의 패턴 혹은 성질들을 수행하는 보다 작은 지속들을 너머-연장되거나(extend-over), 포함(include), 중첩(overlap), 울타리(enclose)치는 것과 같다. 예를 들면, 월요일 동안의 나의 삶은 월요일 아침의 삶, 오후의 삶, 저녁의 삶을 포함하거나 너머-연장(extend-over)된다. 나는 부분적으로 월요일이라는 용어에 의해서 묘사된, 다양성 가운데서 성격의 동일성에 대한 명백한 경험을 한다. 월요일은 세 개의 지속들이 서로 결합되며, 오전의 지속과 오후의 지속이 결합된다. 우리는 그 지속들 사이에서, 그리고 그 지속들 내에서 관계뿐만 아니라 지속을 경험한다. 화이트헤드의 목표는 이 시간 경과들을 진지하게 받아들이며, 그 지속들 내에서, 지속들 사이에서 얻어지는 관계들을 탐구하는 것이다.

「자연 인식에 관한 원리」(1919 PNK)와 「자연의 개념」(1919 CN)에서, 화이트헤드는 그의 직관을 다음과 같이 표현한다. "공간과 시간의 과학적 개념들은 경험에서 가장 단순한 일반화에 대한 최초의 결과물이다"(PNK vi). 포함(inclusion)이라는 경험된 관계에 새로운 이름, 연장(extension) 혹은 너머-연장되기(extending over)가 제공된다. 그리고 그 관계의 특성은 그 관계의 제한을 기술하기 위해서 보다 정확하게 기술된다. 데드킨트(Dedekind)의 연속성의 공리는 사영 기하학의 공리로부터 재도입되며, 사이에 놓임(lying between)이라는 관계로 일반화된다. 비록 이름이 개명되었다고 하더라도, 포함의 관계는 재귀성의 공리(axiom of reflexivity)를 예외로 한다면 근본적으로 동일하다. 이 재귀성의 공리는 더 이상 논의되지 않을 것이다. 부분과 전체의 관념은 러셀의 유형 이론에서 제시되는 문제와 관련이 있으나, 이 글에서는 언급하지 않을 것이다.

그러나 너머-연장되기(extending over)라는 개념은 경험에서 더 이상 포함의 개념을 사용하지 않게 한다. 연장적 추상화의 방법이 사건들이 관계할 수 있는 여러 가지 방식들을 설명하기 위해 정교화될 때, 연장의 관계는 특수한 한 가지 예외를 제외하고는 포함의 기본적인 조건을 표현하는 일반적인 관계 개념이 된다. 우리가 아무리 연장을 제한해서 말하더라도, 그것은 지속을 통해 연장된 월요일 아침 동안의 사건이다. 이 사건은 또 월요일이라고 부르는 보다 연장적 지속에 포함되지만, 월요일이라는 지속에서의 그 사건의 포함은(이것은 전 지속을 통해서 존속하는데) 월요일 아침이라는 지속(이 사건은 오직 한 구간을 통해서만 존속하는데)과의 관계에서 다른 포함의 의미를 지닌다. 처음의 관계는 지금 공액이라고 부르는 특수한 포함의 관계로 진행되는데 반해서, 두 번째 관계는 보다 일반적인 '연장'의 의미 하에 어떤 정교한 특성을 가지는 포함의 의미를 유지한다. 이것은 관계의 주요한 특성으로 부상할 것이다.

공액 : 특수한 포함 관계

월요일에 일어나는 경험을 예로 들어보자. 단지 예시를 위하여, 우리는 오전 9시에서 정오 동안에 일어나는 지속, 오후에서 저녁 6시까지 일어나는 지속, 저녁에서 밤 12시까지 일어나는 지속으로 제한해 보자. 내가 아침에 눈을 뜨니 감기 기운이 있어서 찜찜한 기분이 들었다. 오전 9시에 나는 불쾌한 기분이 들었다. 내가 아침을 먹고 있을 때 고양이가 여기저기를 배회하고 있는 것을 보고, 그를 발로 차니, 재빨리 도망가 버렸다. 아침을 먹은 후, 나는 몇 시간 동안 도서관에서 공부를 하였다. 거기서 소방차가 사이렌 소리와 전등을 깜박이면서 질주하는 것을 보았다. 오후에 접어들자 다소 기분이 괜찮아져서, 점심을 먹었다. 나의 아들이 학교에서 돌아와서 우리는 잡담을 나누었다. 그 후 아이는 저녁을 먹을 때까지 밖에 놀러 나갔다. 나는 저녁을 짓기 시작했는데, 대략 오후 7시 전후에 아내가 일을 마치고 집에 왔다. 우리는 함께 식사를 한다. 식사를 한 후, 약간의 대화를 나누는 동안에, 아이는 숙제를 한다. 아내는 아이의 숙제를 도와주고, 그 동안에 나는 밤 10시에 잠자리에 들기 전까지 책을 읽는다.

이 예시에서 지속의 시작과 끝은 어디인가? 우리는 이 사건들에 대해 연대기적인 정의를 자의적으로 내렸다. 하지만 실제적으로 그것들의 시작과 끝은 모호하지 않은가? 그러나 그것들이 시작과 끝이 있음은 분명하다. 우리가 아침이라는 사건을 어떻게 끝내든 간에 아침은 끝난다. 오후도, 그 날 전체도 마찬가지이다. 이것은 자연의 추이에 대한 가장 명백한 표현이자, 예시이다. 우리가 각각의 지속의 시작과 끝을 결정할 수 없음에도 불구하고, 공액 관계를 주장할 수 있다. 우리는 예시에서 그것을 단순하게 진술하였다. 사건들이 어떻게 구분되는가(4장을 보라)를 보다 더 세부적으로 제공할 수 없음에도 불구하고, 나는 중요한 사건들의 일부를 제시할 수 있다: 일어나는 것, 기분이 안 좋은 것, 투덜대는 것, 아침을 먹는 것, 방에 고양이가 배회하는 것, 고양이를 발로 차는 것, 고양이가 방에서 도망가는 것, 도서관에서 공부하는 것, 소방차가 질주하는 것, 기분이 약간 나아지는 것, 아들이 집에 오는 것, 아이와 잡담하는 것, 아이가 놀기 위해서 나가는 것, 저녁을 만드는 것, 아내가 집에 오는 것, 저녁을 먹는 것, 대화, 아이가 숙제를 하는 것, 아내가 책을 읽어주는 것, 독서를 하는 것, 잠자리에 드는 것이다.

이 사건들의 각각은 월요일이라는 지속 속에 포함된다. '소방차가 질주하는 것'까지 월요일 아침의 지속 속에 포함되는 것으로 말할 수 있다. 우리가 '기분이 안 좋다'는 사건에 초점을 맞춘다면, 그 사건이 월요일 아침에서 오후까지 그 지속이 연장된다는 것을 알 수 있다. 그런데 '아침을 먹는다는 것' 역시 이 지속 속에 포함지만, 처음부터 끝까지 연장되지는 않는다. 대신에 '아침을 먹는다는 것'은 월요일 아침의 일정 부분만을 포함한다. 우리는 '기분이 안 좋다'는 사건을 월요일 아침이라는 지속과 함께 연장된다고 말할 수 있다. 즉 그것은 지속의 시작부터 끝까지 연장된다. 이 경우를 달리 보면 월요일 오전 9시에서 오전 11시까지 지속을 제한하는 것은 '기분이 안 좋다'는 것을 여전히 포함하는 것이라고 말할 수 있다. 우리는 또한 '아침을 먹는 것'이 일어났던 오전 9시에서 오전 9시 30분으로 그 지속을 제한할 수 있다. 그런데 우리는 이 사건이 '기분이 안 좋다'는 사건뿐만 아니라 새롭게 재정의된 지속과 함께 연장되는 것이라고 말할 수 있다. 사실 이와 같이 그 지속이 제한될 때, 우리는 양 사건을 공존하는 지속으로 보거나 혹은 그 지속과 공액하는 것이라고 말할 수 있다. 그 이상으로 지속을 제한하는 것이 그 지속 속의 어떤 사건에 대한 포함의 유형을 변화시키지는 못한다.

이 예시의 요점은, 아무리 제한되거나 한정되든 간에, 한 지속과 함께 연장하는 임의의 사건은 그 지속과 공액하는 사건이라는 것이다. 사건과 지속은 서로 간에 충분히 동시적이다. 그리고 '기분이 안좋다'는 사건과 '아침을 먹는다'는 두 사건은 동시적인 것이라고 말할 수 있다. 왜냐하면 우리는 그것들 양자가 공액하는 지속을 발견할 수 있기 때문이다. 그 제한된 지속의 전망으로부터 그 두 가지 사건들이 동시에 일어난다. 한편 월요일 아침이라는 그 최초의 지속의 전망에서부터 '기분이 안 좋다'는 사건의 일부분은 '아침을 먹는다'는 사건과 동시적이다. 왜냐하면 '기분이 안 좋다'는 사건은 '아침을 먹는다'는 사건과 공액하는 지속을 넘어서 연장하기 때문이다. 이와 유사하게 '아침을 먹는다'는 것과 '아이가 놀러 나간다'는 두 가지 사건들은 동시적이지 않다. 왜냐하면 이 시공간 속에서 두 사건이 공액하는 것을 발견할 수 있는 어떤 지속도 존재하지 않기 때문이다.

물론 이러한 예시는 특수한 지속을 구성하는 각각의 시공간에서 평행하는 순간들의 관점에서 자연의 추이에 대해 기술한 것이다. 그 예는 전 지속을 통해서 연장하는 한 사건의 공액을 예시할 뿐만 아니라, (1) 그 지속에 포함된 사건을 넘어선 지속, (2) 공액하는 사건을 넘어선 지속, (3) 한 사건이 다른 사건을 넘어서 연장하거나 혹은 다른 사건을 넘어서서 사건의 중첩(overlap) 혹은 너머-연장되기(extending over)를 예시한다.

동시성에 대한 절에서 논의한 것을 토대로 볼 때, 다음과 같은 점이 중요하다고 말할 수 있다. 한 지속 내에서 한 사건의 공액은 지속 혹은 관계에 대한 공식적인 정의에 의해서가 아니라 실제적으로 동시성의 경험에 의해서 정의된다. 그것들은 경험에서 파생된다. 내가 '월요일 아침에 기분이 안좋다'는 것과 '아침을 먹는다'고 말하는 것은 과학적 측정의 산물이 아니다. '기분이 안 좋다'는 것과 '아침을 먹는다'는 것이 월요일 아침의 일정부분 동안에 동시적으로 일어났다는 것을 나는 충분히 잘 안다. 이러한 경험에 대한 화이트헤드의 설명은 단지 일어났던 사건들과 지속들 사이의 관계에 집중하는 데 기여한다. 경험의 근본적 구조는 우리 자신의 경험에 의해서 명백해지며, 이것은 가능한 한 명백하게 경험의 근본적 구조가 무엇인가를 탐구하는 화이트헤드의 목표이다.

공액 관계는 동시성에 대한 절에서 언급한 여기/지금에 대한 초점이다. 우리는 여기/지금이 있다는 것을 안다. 왜냐하면 우리는 시작부터 끝까지 존재하는 지속, 즉 시공간의 구간을 발견할 수 있기 때문이다. 이와 유사하게 우리는 저기/그때를 경험할 수 있다. 왜냐하면 공액이 나타나지 않기 때문이다. 우리는 '저녁을 먹는 것'이 '아이와 잡담하는 것'과는 다른 지속에서 일어났다는 것을 안다. 이것은 현재의 지속과 공존하거나 공액하는 것이 아니다. 그리고 우리는 비록 그것이 월요일 지속 속에 포함된다고 할지라도 "일찍 일어난 사건"이라고 말할 수 있다. '아이와 잡담을 나누는 것'은 여기/지금이 아니라 저기/그때 일어났던 사건이며, 우리는 이러한 비동시적인 느낌을 전달하기 위해서 빛의 신호나 다른 메시지를 필요로 하지 않는다.

이전의 절에서 우리는 두 가지 근본적인 경험의 양태에 대해 논의했었다. 인과적인 경험과 동시적인 경험이다. 공액 관계는 후자를 특징짓는 경험이다. 이것은 '연장'이라는 근본적 관계의 한 유형이며, 이것은 그 최초의 포함으로부터 관계에 대한 보다 일반적인 범주가 된다. 포함의 유형은 실제적으로 연장이라는 일반적 관계의 특수한 사례들이다. 공액의 경우에 있어서 우리는 지속과 함께 공존하는 특수한 경우를 발견한다. 동시성은 시공간 속에서 사건들 사이에 얻어지는 구조의 특성에 의해서 진술되며, 직접적 경험의 대상이다. 우리는 지금 '연장'이라는 관계에 의해서 예시된 일반적인 관계 범주에 관심을 돌릴 것이다. 이것은 PR에서 화이트헤드가 경험의 인과적 양태를 어떻게 이해하는가를 밝히려는 시도와 관련이 있다. 이 설명이 수행된다면, 의미 관련 학설의 두 번째 범주가 정의된다.

연장 : 충만한 관계성

우리는 의미 관련 학설을 중심으로 '연장적 결합'의 개념이 도출된 근거를 탐구하였다. 이 학설은 우주에서 사물들이 존재하는 방식이 있다는 화이트헤드의 체계적이고 경험적인 직관에서 나왔다. 왜냐하면 이 우주에는 그러한 사물들을 허용하는 인내가 존재하기 때문이다. 이 학설의 첫 번째 범주는 일정성과 순서이며, 두 번째 범주는 그 우주 내의 존재들 사이의 관계들에 초점을 맞추는데, 여기서 이 관계들은 그 기능들이 경험의 세계를 구성하는 결합들이다. 화이트헤드에게 관심을 끄는 특수한 결합의 클라스는 우주의 기초를 이루는 구조를 표현하는 것이다. 그 관계항들이 바뀔 때마다 변하는 그러한 결합들은 그 세계의 우연적인 특징을 표현한다. 반면에 '불변하는' 그러한 결합들은 필연적이라고 고려할 수 있는, 혹은 적어도 이 특수한 우주에서 근본적인 특징을 표현한다. '불변하는' 결합에 있어서 하위-클라스는 '특수' 상대성과 '일반' 상대성의 전망에서 고려될 때 유일하게 중요한 것이 된다. 한 시공간에서 다른 시공간으로의 변환을 통해서 불변하는 그러한 결합들은, 일정하게 운동하든 비일정하게 운동하든 간에, 현재 우주의 구조 혹은 위상학을 구성하는 특수한 클라스를 점유한다. 화이트헤드의 목표 중의 하나는 경험 세계에서 이러한 결합의 클라스의 구성원들을 입증하는 것이다.

지금까지 화이트헤드가 다양한 시공간의 체계와 점-복합성의 직관에서 그의 증거를 도출했다는 것은 분명하다. 이러한 결합에서 경험의 세계를 바라보면서 화이트헤드는 근본적인 관계인 포함과 공액을 도출하였다. 포함은 경험의 인과적 양태를 표현하는 것이며, 공액은 특수한 포함의 경우로써 경험의 동시적인 양태를 표현한다. 앞으로 5장에서 보다 상세히 다루겠지만, 포함-관계의 근본적 집합은 사건의 세계에 만연해 있는 것을 표현한다.

연장(포함, 연장, 공액)이라는 일반적 개념이 전개되는 대부분의 경로는 그 뿌리를 점-복합성 직관에 둔다. 즉 점들은 차원이 없는 존재들이 아니라 연장된 영역들이며, 시간의 순간들은 공간에서의 순간적인 절단들이 아니라 연장된 기간 혹은 지속들이다. 이와 같이 결합된 연장적 특성은 시공간의 구간들이라는 개념을 제공하였다. 점들과 순간들의 단위들이 연장된 단위들로 대체될 때, 화이트헤드는 자연스럽게 이 새로운 단위들 사이에 얻어지는 연장적 관계들을 추구하였다. PR에서 그의 성숙한 연장 이론은 주로 점-복합성 직관에서 나온 것이다. 그 결과를 그는 "사건들의 연장적 구조"(CN 193)라고 부른다. 고전 세계(역학)에서 시공간의 점들이 관계를 나타낼 때, 주로 기하학의 공리들에 의해서 표현되는 것과 마찬가지로, 이 새로운 실재의 단위들 사이의 관계들도 어떤 체계적인 양식으로 표출되어야 한다. 근본적 구조에 대한 화이트헤드의 관심은 오히려 연장적 속성들을 제한하고 특징짓는 탐구로 자연스럽게 진행되어 갔다.

아마도 화이트헤드의 과학과 수학에 대한 연구가들 중에서 가장 저명한 인물 중의 한명인 로버터 팔터(Robert M. Palter)는 일찍이 1961년에 사건들의 연장적 속성들을 드러내려는 화이트헤드의 노력을 다음과 같이 기술하였다. 즉, 그 고찰은 사건들의 연장적 속성들이 위상학적(이중 연속적인 변환을 통해서 불변하는)일 수 있다는 것을 드러낸다.

최종적으로, 화이트헤드의 연장이론은 우주의 가장 보편적인 "연장적" 속성을 밝히려는 시도이다. 이러한 속성들은—화이트헤드는 이것을 "궁극적인 형이상학적 필연성"(PR 288)이라 한다—영역들 가운데서 공식적으로 정의된 관계들의 관점에서 표현되었다. 이것들은 유기체 철학의 근본적인 범주들의 관점에서 자체적으로 해석될 수 있다. 영역들에 관한 공식적인 가정들에 대한 연구는 그것들이 위상학적 존재들이라는 것을 드러내며, 이것은 우주의 궁극적인 연장적 속성들이 아마도 무제약적인 분할가능성과 무한한 연장을 포함한다는 화이트헤드의 견해와 일치한다. 하지만 화이트헤드는 그 속성들이 차원, 똑바름, 측정가능성, 형태 혹은 시공간 사이의 구별을 갖지는 않는다고 말했다.[56]

팔터가 위상학적 존재들이라고 한 것은 그 존재들의 관계가 위상학적이라는 것이다. 팔터는 "화이트헤드의 과학 철학"(1963)에서도 줄기

---

56) Robert M. Palter, "The Place of Mathematics in Whitehead's Philosophy", in *Alfred North Whitehead: Essays on His Philosophy*, ed. George L. Kline (New Jersey: Prentice-Hall, 1963), p. 49.

차게 화이트헤드의 연장을 위상학적 성격을 지닌 것이라고 주장했다. 팔터의 이 저서는 화이트헤드의 과학 철학에 대한 표준적인 저서이다. 다른 연구가들도 팔터의 입장을 점차적으로 수용했으며, 이후의 연구가들도 이러한 입장에 동참할 것이라고 판단된다. 시공간 구간들에 대한 연장적 특성은 연장적 관계들을 제공하며, 이 관계들은 화이트헤드의 성숙한 우주론인 PR에서 주요한 관계성의 초점을 형성한다.

연장적 결합의 개념이 역사적인 순서에 따라서 전개될 때, PR IV의 공리들이 공식적으로 도출된다. 그러나 화이트헤드가 도식화 작업을 해 나갈 때, 매우 강력하면서도 보다 미묘하고 복합적인 영향을 미치는 다른 것이 있다. 그 영향은 입증하기가 쉽지만, 충분히 이해하기에는 어려운 면을 갖고 있다. 왜냐하면 그것은 적어도 그의 저서들 속에서 클라스들(특히 난형 클라스(ovate classes))의 관점에서 사건들의 연장적 속성들이 정식화될 때까지는 실제적인 표면에 나타나고 있지 않았기 때문이다. 이 중요한 영향은 우리가 현재 탐구하는 것보다 더 많은 노력을 요구하며, 이 작업은 현재의 노력으로는 거의 도달할 수 없다. 왜냐하면 그것은 논리학의 전개를 요구하기 때문이다. 앞에서 언급했듯이, 1914년까지 화이트헤드의 작업은 주요 수학의 기초, 혹은 특히 논리의 기초 분야에 관심을 두었다. 이러한 배경으로부터 함수들의 연장적 함수들에 대한 미묘하지만 중요한 전망이 나오게 된다.

> 함수의 함수는 임의의 논증을 갖는 그것의 진리 값(truth-value)이 형식적으로 임의의 대등한 논증과 동일할 때 연장적(extensional)이라고 불린다. 즉, 만약 f($\phi\hat{z}$)가 f($\psi\hat{z}$)와 동등하다면, $\psi\hat{z}$가 형식적으로 $\phi\hat{z}$와 동등하다는 조건으로, f($\phi\hat{z}$)는 $\phi\hat{z}$의 연장적 함수(extensional function)이다. 여기에서 명백한 변수 ϕ와 ψ가 논증이 필연적으로 f에 의미가 있는 것으로 제공될 수 있는 유형이다.

함수의 함수는 그것이 연장적이지 아닐 때 내포적(intentional)이라고 불린다. 내포적 함수와 연장적 함수 간의 구별과 그 중요성은 어떤 예시들에 의해 보다 명백하게 될 것이다. ‘x는 사람이다’라는 것이 언제나 ‘x는 가사적이다’라는 것을 함축하는 명제는 ‘x는 사람이다’라는 함수의 연장적 함수이다. 왜냐하면 우리는 ‘x는 사람이다’에 대해서 ‘x는 날개 없는 두 발 달린 짐승이다’ 혹은 ‘x는 사람이다’라는 것에 적용되는 동일한 대상을 언급하는 다른 진술, 그리고 다른 주장에는 사용되지 않는 진술로 대체될 수 있기 때문이다.

그러나 “A는 ‘x가 사람이다’라는 것이 언제나 ‘x는 가사적이다’라는 것을 함축하는 것을 믿는다”라는 명제는 “x가 사람이다”의 내포적 함수이다. 왜냐하면 A는 날개 없는 두발 달린 짐승이 가사적일 수도 있고, 날개 없는 두 발 달린 짐승이 가사적일 수 없다고 잘못 믿을 수 있다는 문제에 관해서는 전혀 고려하지 않기 때문이다. 따라서 만약 “x가 날개 없는 두 발 달린 짐승이다”라는 것이 “x는 사람이다”라는 것과 형식적으로 동등하다면, 그것은 결코 모든 사람들이 가사적이라고 믿는 사람이 모든 날개 없는 짐승이 가사적이라는 것을 믿어야만 하는 것을 결코 도출하지 않는다. 왜냐하면 그는 날개 없는 두 발 달린 짐승에 관해서는 결코 생각할 수 없기 때문이다. 혹은 날개 없는 두 발 달린 짐승이 언제나 사람이 아니라는 것을 가정할 수 있기 때문이다(PM 73).

논리학자가 아닌 우리들이 「프린치피아 마테마티카」의 논리적 전개에 대해서 짧은 인용을 통해서 설명한다는 것은 매우 두려운 일이다. 화이트헤드가 형식 논리학에서 시도하고자 한 것은(사건 언어로 번역된다면), 만약 두 개의 사건들이 형식적으로 동등하고, 그 사건들에서 두 개의 성격들의 함수가 동등하다면, 이때 한 사건의 성격의 함수는 연장적이다. 달리 말해서, 만약 그 성격들과 저 성격들이 동일하다면 그리고 저 성격들의 함수들이 동일하다면, 이때 그 함수는 그 사건의 성격에 연장적이라는 것이다. 그 함수는 저 성격 속에 있는 어떤 것이 여전히 그 함수에서 불변하는 것으로 남아있다면, 그 함수는 그 성격의 연장이다.

화이트헤드는 그 사건 자체를 넘어서서 연장되는 사건들 간의, 사건들 내의 불변하는 성격을 찾고 있다. 함수에서 연장적 함수들의 논리적 장치는 어떤 것이 동일한 사건들과 동일한 함수들을 비교함으로써 연장적인지 아닌지를 명백하게 결정하는 데 있어서 메커니즘을 제공한다. 만약 그 동일함이 유지된다면, 그 함수는 그 주체의 사건에 대한 성격의 연장이다. 이 논리적 개념은 역시 사건들의 클라스에 적용됨으로써 일반화될 수 있다.

> 만약 Fx가 x가 ϕ인 것으로 혹은 ϕ에 연장적으로 동일한 어떤 다른 명제적 함수인 것으로 결정될 때에만 참이라면, 명제 Fϕ는 연장 속에서 받아들여진 ϕx에 의해서 결정된 클라스에 관한 것으로써 일상적으로 인식되는 형태이다. 즉, ϕx는 x가 그것들 중의 임의의 하나인 것으로 결정될 때 참된 명제인 존재들의 클라스이다.
>
> 유사한 이론[러셀의 유형 이론]은 두 개 혹은 세 개의 변수 논증과 함께 명제적 함수들의 고려로부터 발생하는 관계들에 대해서 주장한다. 이때 이것은 클라스들의 클라스, 관계들의 클라스, 클라스들 간의 관계들 등등에 의해서 의미되는 평행하는 정교화에 의해서 한정되는 것이 가능하다. 따라서 관계들의 많은 클라스는 한정될 수 있고 혹은 클라스들의 클라스 등등으로 한정된다.
>
> [러셀의] 이 이론은 클라스와 관계들의 이론에 효과적으로 이용되지만, 연장 속에 있는 클라스가 하나의 존재라는 의미에 관한 철학적 문제들을 결정하지는 않는다. 그것은[러셀의 이론] 실로 그것이[클라스] 그 구성원들의 하나가 존재라는 의미에서 존재는 부정한다(M 202).

헐리(Hurely)가 지적한 바와 같이 사건들의 클라스 이론이 시공간 개념에 적용될 때, 화이트헤드의 연장적 추상화 방법이 드러난다. 지속들의 클라스 혹은 지속들의 집합들은 한 집합의 추상적 함수가 다른 집합에 적용되는 동일한 추상적 함수와 동치일 때 동일한 것이라고 말할 수 있다. 연장적 추상화의 방법은 다른 집합들에 적용될 때 함수들의 동일함을 진술함으로써 연장 속에 있는 사건들의 집합의 동일함을 구성한다. 예를 들면, x에 수렴하는 박스들의 집합을 놓고서, 각각 다양한 모든 차원들을 가지는 ф를 어떤 영속하는 성격을 가지지 않는 수렴하는 함수로 포함하도록 하자. 이때 фx 는 그것의 수렴 점에 의해서 나타나는 박스들의 집합이다. 연장 속에 있는 фx를 취함으로써 우리는 수렴하는 박스들의 클라스를 한정할 수 있다. 이 속에서 x는 한 구성원이며, 그는 동일한 성격을 지닌다. 즉 x는 한 점에 수렴한다. 이때 Fф는 실제적으로 한 점에 수렴하는 모든 존재들의 연장적 성격에 관한 명제이다. PR에서 우리는 이 논리가 동일한 요소에 수렴하는 모든 사건들의 집합이 위상학적으로 동일하다는 결론에 이르게 된다.

우리는 여기서 연장 이론과 러셀의 유형 이론 간의 유사성에 관해서 좀 더 고려해야 한다. 화이트헤드가 위의 절에서 진술한 바와 같이, 두 개의 이론들은 유사하다. 러셀의 이론은 관계들의 클라스의 구성원을 한정하는 방향으로 나가며, 이렇게 한정될 수 있는 그 클라스의 문제에 초점을 맞춘다. 화이트헤드의 이론은 "연장 속에 있는 클라스를 하나의 존재라는 의미로 간주하는 철학적 문제"의 방향으로 향해가며(일과 다에 관한 고전 문제), 1919년 그는 러셀의 이론이 불만스럽다는 것을 발견하였다(PNK 294). 1927년에 PR에서 그는 클라스가 그것의 구성원들과 같은 유일한 존재로 볼 수 있다는 도식으로 연장적 추상화의 이론을 전개하였다. 화이트헤드의 사영 기하학의 저서에서 유래하는 점-복합성 직관은 명백하게 PM에서 사용된 논리적인 연장의 형식주의, 즉 연장적 추상화의 방법과 연장적 결합의 개념의 전개에서 드러난다.

점-복합성 직관은 어떤 경우에도 문제의 근원인 것 같다. 이 직관에서 자연의 진행이라는 가장 흥미로운 사건이 나온다. 사건은 지금까지 시간의 순간들로서 점의 지배의 배후에 숨겨져 있던 것이다. 점들에서 벗어나서 시공간의 영역의 전망에서 제시했듯이, 자연의 방향과 흐름은 회피할 수 없을 정도로 명백하다. 자연의 이와 같은 진행은 각각의 영역을 통해서 연장되며(시공간의 구간), 각각의 영역을 넘어서서 연장된다. 그것은 연장되는 시간이 아니라, 진행이다. 이 진행에서 추상화된 것이 시간(시공간)이다.

> 연장의 개념은 사유 속에서 궁극적인 자연의 진행의 한 단면을 드러낸다. 관계는 진행이 자연 속에 나타내는 특수한 성격 때문에 유지된다; 그것은 '너머-진행하는'(너머-연장하는) 성질들을 표현하는 지속의 경우에 있는 관계이다.
>
> 나는 '전체'와 '부분'이라는 용어를 오로지 이 의미에서 사용할 것이다. 즉 '부분'은 '전체'인 다른 사건을 넘어서서 연장되는 사건이다. 따라서 나의 용어에서 '전체'와 '부분'은 오로지 이 연장의 근본적인 관계에 관련될 뿐이다; 따라서 이 전문적 사용을 통해서 사건들만이 전체 혹은 부분들일 수 있다(CN 58).

자연의 추이는 지속이 시간의 순간들을 대체할 때 나타나는 관계 속에 명시된다. 그 추이는 언제나 거기에 있지만 점의 잘못된 지배에 의해서 숨겨져 있다. 그리고 추이는 우주 내의 구조적 요소들의 완전히 새로운 도식을 드러낸다. 추이가 지속(구간, 사건)을 통해서 연장된다는 사실은 공-연장성(co-extensiveness), 혹은 공액(cogredience)의 구조적 관계를 예시하였다. 추이가 한 지속 내에 연장된다는 사실은 포함이라는 보다 일반적인 구조적 관계를 예시한다. 자연의 진행이 개별적인 지속들을 넘어서서 연장된다는 사실은 중첩이나 외적인 관계라는 보다 복잡한 구조적 관계를 드러낸다(5장 참조). 이 관계들의 일부는 자연의 추이의 변환 하에서 불변하는 위상학적 성질들을 가지고 있다. 연장의 근본적인 관계에서 이 불변하는 성질들은 차례로 자연에서 연속성의 경험을 산출한다.

이 근본적인 관계성의 유형은, 연장 혹은 연장적 결합이라는 근본적인 관계의 특수한 경우로 발견되는, 의미 관련 학설의 제 2의 범주를 구성한다. 4 장의 관계항과 더불어서, 연장적 결합은 관계들의 의미 관련의 일정성에서 명시되는 경험의 측면과 상호 간에 관계항을 형성한다. 지금부터 우리의 연구 작업은 의미 관련 학설을 완성하기 위해 사실의 요인들을 탐구하고, 자연의 추이의 관계항을 검토할 것이다.

제4장

사실의 요인들 : 근본적 관계항

- 연장적 결합의 기능 -

… 감각 인식(awareness)에 대한 직접적인 **사실**은 자연 전체에서 일어나는 발생(occurrence)이다. 그것은 감각-지각에서 나타나는 사건(event)으로써의 자연이며, 본질적으로 추이(passing)이다. 그러나 지속하는 자연은 없으며, 이를 알 수도 없다(CN 14).

의미 관련 학설의 범주 : 세 가지 범주

지금까지 우리는 연장적 결합 개념을 탐구하기 위해 의미 관련 학설을 살펴보았다. 연장적 결합은 의미 관련의 범주를 통해 최종적으로 결실을 맺는다. 의미 관련 이론은 화이트헤드 우주론의 나침반이다. 화이트헤드는 경험 세계에서 의미 관련된 것이 무엇인가를 정확히 밝혀내기 위해, 초기에는 MC에서 점을 선형 대상적 실재로 간주하고 시간을 연장된 현실적 실재로 여겼으며, 후기의 PR에서는 점이 경험에서 극단적으로 파생된 추상물이라고 보았고, 연장된 형태를 지닌 시간이 다른 모든 관계들을 도출하는 주된 공리가 된다고 보았다. 의미 관련 학설의 제일 범주의 기반은 제이 범주를 구성하는 기초로 제공된다. 이 장에서는 세 번째 범주를 탐구할 것이다. 즉 사실의 요인들(factors of fact)이라고 불리는 관계들의 관계항을 탐구할 것이다.

> 의미 관련(significance)은 사물들의 관계성이다. 이 의미 관련을 경험이라고 말하는 것은, 지각적(perceptual) 인식이 사물들의 관계성의—즉 관계 속에 있는 사물들과 관계된 사물들—파악(apprehension)임을 알려준다.
> 소위 사물의 성질은 언제나 특수화되지 않은 다른 사물들에 대한 관계성으로 표현될 수 있으며, 자연적 인식은 오로지 관계성과 관련된다.
> …인식되는 것은 단지 사물이 아니라 사물의 관계성이다. 그리고 추상적 관계성이 아니라 특수하게 관계된 사물들이다(PNK 12-13).

여기서 언급된 "사물"(things)은, 앞에서도 말했듯이, 물질 세계의 단순한 물체가 아니다. 만약 시공간의 **연장**이라는 것이 진지하게 받아들여진다면, 시공간을 통해서 관계된 사물들은 시공간의 근본적 특성을 명시해야만 한다. 즉 자연의 추이(Passage)가 있어야 한다. 이리하여 물체들은 화이트헤드가 앞의 인용구에서 언급한 "사물"로 규정되어서는 안 된다. 대신에 그는 사건이라는 자연의 추이의 근본적인 단위에 관해 말하고 있다.

화이트헤드의 사유의 의미를 드러내려는 시도는 종종 간결하면서도 간명한 그 자신의 표현에 의해 좌절감을 느끼게 된다. 필연적으로 쉽게 이해할 수 있게 하려는 그의 노력이 보다 엉성하고 불분명한 해석을 낳게 한다. 우리가 대상들과 사건들, 즉 사실의 실재적 요인들 간의 구별의 단계에 착수할 때, 막 이와 같은 딜레마에 빠지게 된다. 이 구별에 대한 화이트헤드 자신의 사유의 핵심은 두 개의 동반자적인 책인 「자연의 개념」과 「자연 인식의 원리」에 나타나기 시작했다. 비록 이전의 절에서 지적했듯이, 1905년에 MC에서 이미 그 구별의 기초가 놓여 있었다고 하더라도 말이다. 막 언급한 두 권의 책을 통해 화이트헤드는 철학에서 느낌 이론이(Part III) 되는 지각이론을 만들어 낸다. 이 지각 이론은 복잡해서 간단하게 해명되지는 않는다. 그것을 전체적으로 탐구하기 위해서는 현재의 연구처럼 방대한 규모의 기술이 요구된다. 그리하여 이 지각 이론의 전개에 관한 논의는 의미 관련 학설의 근본적인 관계항에 대한 검토의 맥락에 관련된 것으로 제한될 것이다.

「자연의 개념」 1장은(CN) 화이트헤드가 전개하는 지각 이론에 관해서 최초로 공정하게 이해할 만한 설명을 제공한다. 왜냐하면 그것은 또한 사물들과 사건들 간의 구별의 기초가 되는 것을 포함하기 때문이다. 이 장을 통해서 우리는 화이트헤드가 직관적으로 파악한 예리한 구별들을 포괄적으로 밝혀볼 것이다.

…과학 철학의 최초의 임무는 감각-지각(perception) 속에서 드러나는 존재들의 어떤 일반적인 분류화이다(CN 15).
자연은 우리가 감각을 통해서 지각으로 관찰하는 것이다. 이 감각-지각 속에서 우리는 사유가 아니면서 사유를 위한 자기-포함적인 어떤 것을 인식한다(CN 3).

자연에 관한 사유는 감각-지각과는 다른 것이다. 따라서 감각 지각의 사실은 사유가 아닌 구성 요소(ingredient)를 갖고 있다. 나는 이 구성요소를 감각-인식(awareness)이라고 부른다(CN 4).

화이트헤드가 감각-경험의 세계를 지각(perception)과 인식(awareness)으로 구별하는 것은 흄(Hume)이 그것을 인상(impression)과 관념(idea)으로 나누는 것과 유사하다고 할 수 있다. 그러나 이것은 경험의 영역을 이분화하려는 것이 아니다. 이 구별은 대체적으로 화이트헤드가 경험을 검토하는 초점으로 기여한다. 화이트헤드의 주된 관심은 경험에 명백한 모든 요인들과 관계들을 포함하는 것이며, 이 경우에 정신도 사실에 포함시킨다. 만약 감각-지각(P)이 사유를 포함하지 않는다면, 이때 감각-인식과 감각-지각은 동일한 것이다.

…감각-지각(P)에서 자연은 존재들의 복합체로 드러나며, 그것의 상호관계들은 정신에 대한 언급 없이 즉, 감각-인식 혹은 사유에 대한 언급 없이, 사유 속에서 표현될 수 있다(CN 4-5).

우리는 우리 자신들을 감각-인식에서 드러난 존재들에 한정한다. 이리하여 존재는 복합체인 자연에서 관계항(relatum)으로 드러난다.

그것은(존재) 그것의 관계들 때문에 관계자에게 도출된다; 그러나 그것은 그 자신의 단순한 개별성에 있어서 사유를 위한 대상이다(CN 8).

감각-인식은 사유를 위한 존재들인 요인들에 관한 사실을 드러낸다(CN 12).

여기서 화이트헤드는 감각 경험에 의해서 만들어진 인상의 제일 양태에 관심을 돌린다. 이것은 관계성의 양태이다. 이것은 이미 3장에서 살펴보았으며, 다음 절에서 좀 더 고려할 것이다. 정신을 객관화하는 활동으로 고양된 두 번째 양태는 관계된 요인이 자신을 자신으로서 보여주는 양태이다.

요약을 하자면; 사유를 위한 종착점의 첫째는 단순한 개별성을 갖는 존재들이며, 두 번째로 사유의 절차에서 그것들에 귀속되는 성질들과 관계에 관한 것들이다.

감각 인식에 대한 종착점은 자연의 사실 속에 있는 요인들이다. 그것은 우선은 관계항으로, 오직 두 번째는 별개의 개별성으로 구별된다(CN 3).

이리하여 중요성의 순서가 관계된 것으로서의 관계항과 존재들로서의 관계항 사이가 뒤집어진다. 그러나 이 두 개의 양태들이 결코 별개로 경험되지 않음을 인식하는 것은 중요하다. 고양된 것은 분석의 추상적 과정에 의해 차별화되는 것으로서 지각을 구성하는 본성이다.

따라서 우리의 자연에 대한 인식에는 세 개의 구성들이 있다. 즉 사실, 요인들, 그리고 존재들이다. 사실은 감각-인식의 구별되지 않는 종착점이다. 요인들은 사실들의 원소들로서 구별되는 감각-인식의 목표이다. 존재들은 사유의 목표로서 그것들의 기능에 있어서 요인들이다. 따라서 말해진 존재들은 자연적 존재들이다. 사유는 자연보다 넓다. 따라서 자연적 존재들이 아닌 사유를 위한 존재들이 있다(CN 12-13).

…자연적 존재들 간의 관계들은 그 자체가 자연적 존재들이다. 즉 그것들

은 또한 사실의 요인들이다. 그리고 그것은 거기에 감각-인식을 두기 위해 존재한다(CN 14).

화이트헤드의 목표는 경험의 근본적 요소들에 대해 해명하는 것이다. 즉 사건들을 밝히는 것이 그의 목적이다.

이 요소들을 추상화시켜서 볼 때, 그것들은 자연의 추이라는 근본적 성격을 잃게 된다. 세 가지 구성요소들이 저 근본적인 행위의 성격을 보존하기 위해 그것들의 관계를 요구한다.

…감각 인식에 대한 궁극적인 사실은 사건이다. 이와 같은 전 사건은 우리에 의해서 부분적 사건들로 구별된다. 우리는 신체적 생명인 사건에 대해서, 자연의 과정으로써 이 방안의 사건에 대해서, 그리고 다른 부분적인 사건들을 모호하게 지각되는 총체로 인식한다. 이것은 사실의 감각-인식 속에서 부분들로 구별하는 것이다(CN 15).

감각-인식 속에서 구별의 과정은 두 가지 별개의 측면을 가지고 있다. 그것은 사실을 부분들로 구분하는 것이며, 존재들이 사실 속의 구성요소라고 하더라도 사실의 임의의 부분을 사실의 부분들이 아닌 존재들에 대한 관계들을 드러내는 것으로 구별하는 것이다(CN 14).

감각-인식의 구별은 구조의 다른 미묘한 요인들을 드러낸다. 그것은 고전적 사고에 있어서 경험 그 자체의 근본적인 단위들로 나타났다. 이것들은 화이트헤드가 사건들의 형용사라고 불렀던 것이며, 우리가 결합들의 패턴들이라고 부르는 것이며, 전통적으로 대상들이라고 불리는 것이다.

감각-인식은 또한 자연에서 사건들이 아닌 다른 요인들을 우리에게 제공한다. 예를 들자면, 푸른-하늘은 어떤 사건 속에 위치된 것으로서 보인다.

…푸른 하늘은 자연에서 사건 속에 일정한 함축을 지닌 것으로 발견되며, 사건 그 자체는 아니다.

물질 이론의 역사는 아직까지 쓰이지 않았다. 그것은 과학에 대한 그리스 철학의 영향사이다. 그 영향은 자연적 존재들에 대한 형이상학적 지위의 오랫동안 잘못된 개념에서 나온 것이다.

존재는 감각-인식의 종착점인 것으로부터 분리된다. 그것은 그 요인에 대한 궁극적인 실체가 되며, 그 요인은 존재의 속성으로 하락된다. 이 방식에서 어떤 구별은 사실상 어떤 구별도 제공하지 않는 것을 자연에 도입한다(CN 15-16).

존재에 비해 요인을 중요시하는 화이트헤드의 초점은 1927년의 우주론에서 주요한 역할을 하는 사건과 대상 간의 결정적 구별을 위한 기초를 제공한다. 그의 지각 이론은 요인들로 사건의 중요성을 방해하는 고전적 초점에 대한 하나의 설명을 제공한다.

자연적 존재를 사실의 복합체에서 분리하는 것은 추상일 뿐이다. 이것은 요인의 실체가 아니라 사유에서 벗어난 바로 요인 그 자체이다.

따라서 감각-인식을 지리멸렬한 지식으로 번역하는 데 있어서 정신의 전개과정이라는 것은 자연의 근본적 성격을 변형시켰다. 이러한 방식으로 본질은 속성들의 형이상학적 기체로 드러나며, 자연의 과정은 물질의 역사로 해석된다(CN 16).

우리가 화이트헤드의 전 우주론적 도식을 흠이 없는 상태로 보기 위해서는 적어도 그의 체계의 각각의 양상을 간결하게 탐구해 보아야 하는데, 이는 연장적 결합 개념에 대한 전개가 그의 지각 이론과 밀접하게 관련되어 있기 때문이다. 위의 논의를 좀 더 고려해 보면, 이 장의 탐구 목표가 되는 대상과 사건 사이를 구별하는 중요한 국면에 이를 것이다.

먼저 화이트헤드는 자연과 우리의 접촉이 감각-지각 속에서 성립된다고 했다. 이 접촉에서 그는 자연에 관한(about nature) 활동을 자연에서의(of nature) 활동과 구별한다. 전자는 후자에 대한 반성이며, 그것으로부터 파생된 것이다. 그는 후자를 감각 인식이라고 부르며, 전자를 사유라고 부른다. 이 두 가지 양상들을 제각각 고려해야 한다는 것은 추상적인 분석적 행위에 근거한 착각에 지나지 않는다. 이 둘은 함께 경험되고, 결코 분리되지 않는다. 그것들을 그렇게 제시하기 위해 그가 자연의 이분화라고 불렀던 실례가 존재한다. 그것들 간의 분리는 지각을 어떻게 보느냐의 문제이다. 우리는 감각-지각에서 어떤 복합체에 관여하고, 감각-인식에서 요인들을 가지는 복합체적 사실에 관여하며, 사유에서 존재들로서의 요인들에 관여한다.

달리 보면, 지각된 사실은 모든 자연이 추이 속에 있는 사건이다. 그것은 그 자체가 사건이라는 그 주된 사건과 다른 부분들로 되어 있다. 그리고 존재들은 사실 속의 요인들이며, 이것들은 사건들로 구성된다. "공간의 상대성 이론"에서 동질적인 부분들과 이질적인 부분들 간에 만들어진 구별을 회상해 볼 때, 요인은 푸딩의 동질적인 부분이거나 일부분이며, 존재는 이질적인 부분이거나 구성하는 부분으로서 설탕이다. 동질적인 요인은 관계성의 맥락에서 나타나는 반면에, 이질적인 요인은 개별성이나 추상성의 맥락에서 나타난다. 감각-인식은 사실인 자연의 복합체와, 요인들인 자연의 동질적인 부분들 사이의 명료한 결합을 포함하는 지각의 양태이다. 반면 사유는 사실과 사실의 요인들 사이의 비결합을 포함하는 지각의 양태이다. 감각-인식의 초점에서 볼 때, 이것은 다음과 같은 점을 직접적으로 함의한다. 즉, 의미관련학설의 두 번째 범주를 구성하는 관계들이 사실의 요인들 사이 및 요인들 속의 결합들을 특성화시켜야 한다는 것이다.

요인들과 존재들 간의 구별은 사건들과 대상들 간의 구별의 선구자이다. 사실과 요인들 간에는 정도상의 차이가 있다. 사실과 존재들 간에는 종류상의 차이가 있다. 이러한 차이를 구성하는 것은 결합성의 성격이다. 요인들은 사실들과 동질적으로 결합이 되지만, 그 반면에 존재들은 사실과 오직 이질적으로 결합될 뿐이다. 우리는 그것들을 자연이라는 복합체 속의 전 사건으로 보는 것이 아니라, 사실의 복합체적 배경이 없는 개별성 속의 요인들로 알고 있다. 그러나 그것들은 요인들에서 분리되지는 않으며, 다른 시각에서 보자면 그것들도 여전히 요인들이다.

요인들을 사유의 전망으로부터 볼 때, 그것들은 자연적 존재들로 고려된다. 왜냐하면 사유는 지각되는 자연보다도 넓으며, 자연적이지 않으면서도 사유를 위한 종착점인 존재들이다. PR에서 이 비자연적 존재들은 영원한 대상들(eternal objects)이라고 불린다. 이 자연적 존재들 간의 관계들은 그들 자체가 사실의 요인들로서 존재들이다. 나는 요인들 간의 관계들(결합들)및 요인들과 사실들 간의 관계들이 감각-인식에서 드러난다고 본다. 그리고 사유의 전망으로부터 보건대 이것은 자연적 존재들로 고려된다. 의미 관련 학설의 두 번째 범주인 결합성은 사실의 요인들이다. 비록 그것이 엄격히 말해서 사건은 아니라고 하더라도 말이다. 감각-인식에서 고려할 때, 이 관계들은 푸른-하늘이 사건들의 구성요소인 것과는 달리 비-사건들이다.

이 관념들에 대한 도표를 제시해 보겠다. <그림 #4>는 지금까지 기술한 내용에 대한 실례를 보여줄 것이다. 자연의 사실은 사실의 요인들의 복합체로서 혹은 사건들의 복합체로서 감각-지각(sense- perception)을 통해서 만나게 된다. 이 사건들은 사유와 감각-인식을 위한 종착점이라는 이중의 역할을 한다. 종착점인 사유에서 그것들은 개별성으로서

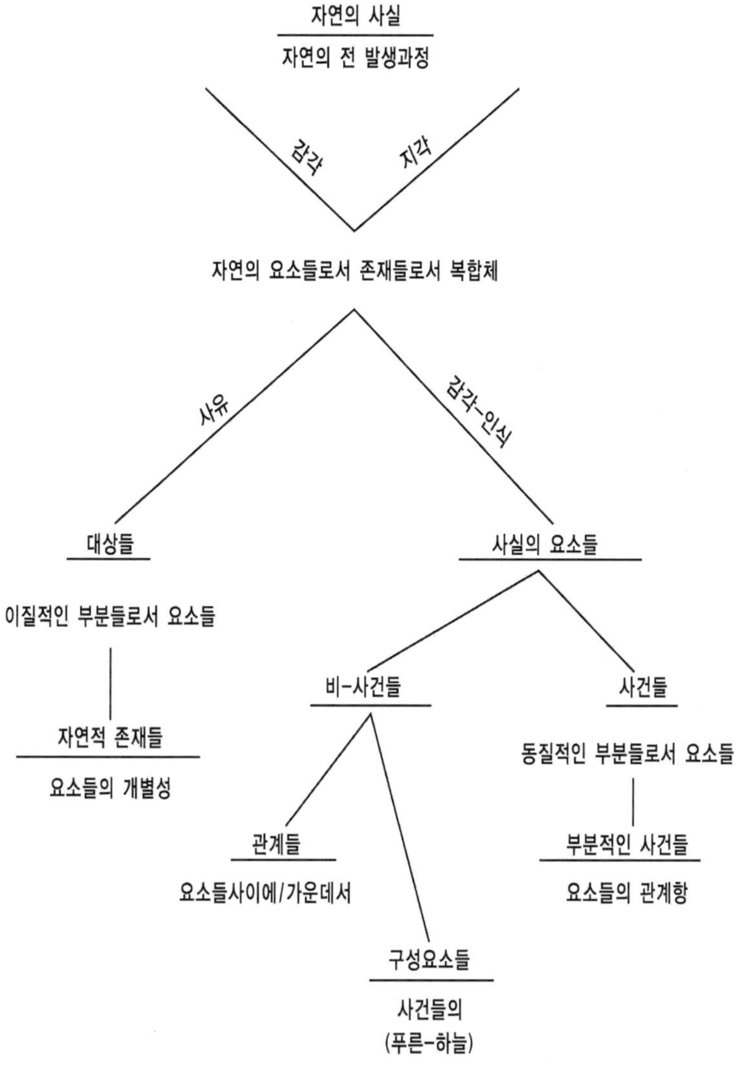
자연의 사실
자연의 전 발생과정
감각
지각
자연의 요소들로서 존재들로서 복합체
사유
감각-인식
대상들
이질적인 부분들로서 요소들
자연적 존재들
요소들의 개별성
사실의 요소들
비-사건들
사건들
동질적인 부분들로서 요소들
관계들
요소들사이에/가운데서
부분적인 사건들
요소들의 관계항
구성요소들
사건들의
(푸른-하늘)

<그림 #4>

단지 보이며, 관계나 결합이 없는 이 개별성은 자연의 사실에서 일차적으로 요인들을 포함하는 것으로 구성된다.

단순 개별성은 포괄적인 전 자연에 대해서 이질적인 부분으로 기능한다. 이와 같이 비-결합된 부분들로서 요인들은 사건들로 작용하기보다는 오히려 대상들로 작용한다.

감각-인식(sense-awarness)의 구별은 자연의 복합적인 사실 내의 관계항으로서 두 가지 근본적인 요인들의 양상들 간의 구별을 제공한다. 즉 그것들은 사건들 혹은 사실의 동질적인 부분들과 대상들 같은 이질적인 부분들인 비-사건들로 나타나는데, 이것은 유형도 다르며, 파생되는 과정도 다르다. 이 후자를 구별하는 양태는 사실의 요인들 사이의 그리고 요인들 중의 관계들 혹은 결합들에 의해서 구성되며, 화이트헤드가 도처에서(PNK 83) 감각-대상들이라고 부르는 것으로서, 구성요소들(ingredients)이라고 부르는 요소들의 클라스에 부가된다. 1919년의 지각 이론의 근본적인 구조를 통해서, 그는 PR에서 보다 복잡한 도식을 만들 수 있었다. 이 점에 대한 탐구는 다음 절의 주제인 대상들과 사건들을 구별하는 데 기초를 제시한다.[57]

사실의 요인들 : 대상 대 사건

1911년에 화이트헤드는 「수학 입문」이라는 제목의 책을 출판하였는데, 이 책은 거의 주목을 받지 못하였다. 그때, 그는 논리학을 통해

57) 사실의 요인들을 상세하게 파악하기 위해서는, A. N. Whitehead, *The Principle of Relativity,* Cambridge: Cambridge University Press, 1922, 2장, esp. pp. 13~29.

산수의 기초를 세우기 위해서 러셀과 공동 작업 중이었다. 수학의 원리들에 대한 간략하면서도 최고의 입문서라고 할 수 있는 이 작은 저서는 (IM) 수학의 기본 원리들에 대한 광범위하면서도 깊이 있는 검토로 수학의 일반 과정의 필요성을 쉽게 충족시킬 수 있었다. 이 저서의 서문에서 화이트헤드는 앞으로 십년 내에 철학적으로 나타나기 시작할 대상들과 사건들 간의 구별에 대한 그 자신의 기초적인 인식을 드러낸다.

> 사건들의 질서(order)의 설명이 반드시 수학적인 경향을 띠어야 할 이유를 우리 자신들에게 명백하게 설명해 보도록 하자.
>
> 모든 사건들이 상호결합되는 방법을 고려해 보자. 우리가 빛이 내려칠 때, 천둥소리를 듣게 된다. 우리가 바람 소리를 들을 때, 바다 위에서 파도가 치는 것을 본다. 쌀쌀한 가을에, 잎들이 떨어진다. 모든 곳에 질서가 있다. 그래서 우리가 어떤 환경에 주목하였을 때, 다른 상황이 나타날 것을 또한 예측할 수 있다.
>
> 우리 주변에 있는 세계의 특수한 사실에 대한 인식은 우리의 감각으로부터 얻어진다.
>
> 우리는 보고, 듣고, 맛보며, 냄새 맡고, 뜨겁고 찬 것을 느끼고, 밀고, 문지르고, 아프고, 욱신거린다. 이것들은 우리 자신의 개인적인 감각들이다. 나의 치통은 당신의 치통일 수는 없다. 그리고 내가 보는 것이 당신이 보는 것일 수 없다.
>
> 그러나 우리는 이 감각들의 기원들을 외적 세계를 형성하는 사물들의 관계들의 탓으로 돌릴 수 있다. 따라서 치과의사는 치통을 없애는 것이 아니라 이를 빼는 것이다.

…우리는 또한 모든 사람들에게 모든 지각의 기초를 이루는 사물들의 결합된 하나의 집합으로서 세계를 상상하려고 노력한다. 나의 감각을 위한 사물들의 어떤 세계와 당신들을 위한 다른 세계의 사물들은 없다. 오직 하나의 세계만이 우리에게 존재한다. 이것은 치과의사와 환자에게는 동일한 이빨이다. 또한, 우리는 우리 자신이 보는 동일한 세계를 듣고 만진다.

우리가 어떠한 개별적인 감각들, 심지어 어떤 개별자의 모든 감각에 의존하지 않는 방식으로 이 외적 관계들 사이의 결합을 기술하기를 원한다는 것은 이해하기 쉽다(IM 3-5).

이 모든 것이 수학입문서에 나타나는 것이다! 일상 세계에 관한 화이트헤드의 접촉의 넓이와 깊이는 임의의 전통적인 아카데미적 규율의 경계선을 넘어선다. 그는 수의 세계에서 시작한 것이 아니라 경험의 세계에서 착수함으로써 수학의 원리들을 도입하고자 한다. 1장에서 우리는 이러한 경향을 어느 정도 탐구했으며, 그것은 화이트헤드의 저서에서 거듭해서 드러난다. 그는 우리에게 거의 주의도 주지 않고서, 대상들이 아니라 사건들의 세계에서 자신의 지각 연구에 착수한다.

화이트헤드에게 세계는 사건들의 세계로 자연스럽게 나타난다. 즉 그것은 듣고, 보고, 만지고, 느끼는 것이다. 그리고 이 사건들은 상호결합되어 있는데, 왜냐하면 질서의 의미가 다소간에 이 사건들의 세계 내에서 지배적이기 때문이다. 의미 관련 학설의 첫 번째 범주는 세계 내에서의 일정성과 질서에 대한 이러한 직관을 반영한다. 세계에 대한 우리의 인식은 우리 자신의 개인적인 감각으로부터 얻어지며, 그것은 다른 사람들의 감각들과 병행하거나 유한한 것이다. 왜냐하면 우리 모두는 동일한 세계 속에 살기 때문이다. 이러한 언급이 하찮을 뿐만 아니라 다소 우스꽝스럽게 들리지만, 화이트헤드는 매우 진지하게 그것을 생각한다. 일정성과 질서에 대한 그의 직관은, 우리 모두가 상당히 동일한 세계를 보고, 듣고, 느끼고, 맛보고, 냄새를 맡는다는 사실의 직접적인 산물이다. 이 감각들의 기원은 세계의 저 밖에 놓여 있는 사물들에 있는 것이 아니라, 사물들 간의 관계들 속에 있다. 치통의 느낌은 다항관계의 결과물이다. 즉 나의 신체, 이, 부패 과정과 내가 고통을 느끼는 아침의 결과물이다. 썩는 이는 고통을 주지 않는다. 아픔이 나타나기 위해서는 신체와 느낌의 맥락(context of feeling)이 있어야만 한다. 치과의사가 다항관계에 있는 이를 제거함으로써 변경될 때, 그 결과로 인해 드러나는 느낌 또한 변한다.

심지어 화이트헤드가 엄격하게 수학적인 기획에서 착수했다고 하더라도, 그는 자신의 철학적 지향에 대한 명백한 증거를 제공한다. 수학의 목표는 어떤 공식적이고 불변하는 방식에서 실재 세계에 있는 사물들 간의 이러한 관계들 혹은 결합들을 기술하는 것이다. 수학자로써 그는 심지어 변화를 통해서도 불변하는 결합들의 표현을 추구한다. 철학자로써 그는 한 사건에서 다른 사건으로 나아가는 데 있어서 불변하는 우리의 일상 세계의 구조를 추구한다. 1911년의 수학이 오늘날 수준까지 전개되었다면, 화이트헤드가 위상학의 관점에서 자기 자신을 표현할 가능성이 훨씬 많았을 것이다. 위상학은 변화를 통해서 영속하는 혹은 불변하는 것으로 남아있는 저러한 구조를 탐구하는 수학의 분야이다. 결합된 사건들의 세계에서 이 구조들은 자연의 추이를 통해서 한 사건에서 다른 사건으로 영속하는 것으로 남아있는 결합들의 유형들일 것이다. 이것은 자연의 추이의 근본적인 단위, 즉 사건들이다. 그것은 화이트헤드가 수학의 원리들의 개념적 기초를 제시할 때 관심을 가졌던 것이다.

우리는 화이트헤드의 점-복합성 직관, 자연의 근본적인 추이, 그리고 다양한 시간 체계들의 사용으로부터 경험 세계의 근본적인 단위들,

즉 사실의 요인들이 정적인 물질적 사물들이 아니라는 것을 안다. 그는 대상과 사건에 관해서 1917년 이후에야 비로소 빈번하게 언급하고, 또한 이 구별을 명백하게 표현하는 정의를 정식화하기 시작한다. 1916년 "사고의 조직"(The organization of Thought)에서, 그는 특수한 명료성을 지닌 예를 인용하는데, 이것은 그의 연구가들의 일부와 또한 화이트헤드 본인에 의해서 나중에 빈번하게 사용되는 것이다. 이것은 바로 의자 개념이다.

> 어떤 일정한 의자를 당신의 마음속에 고려해 보자. 저 의자의 개념은 저 의자와 결합된 상호결합성이 있는 모든 경험의 개념에 지나지 않는다—즉 그것을 보고 사용했던 필부의 경험, 지금 의자가 떠받쳐주는 안락한 기분을 경험하는 것과 그와 더불어서 이와 유사한 미래를 경험하게 될 필부의 경험, 그리고 최종적으로 그 의자가 붕괴되어서 장작개비가 될 다른 종류의 경험이다.
>
> …저러한 유형의 개념의 정식화는 엄청난 일이며, 동물학자와 지질학자는 우리에게 그러한 일이 이루어지기 위해서는 수백만 년이 걸린다고 말할 것이다. 나도 역시 그렇게 믿고 있다(OT 106-107).

이 구조는 MC의 내용과 모호한 유사성이 있지 않는가? 거기에서 화이트헤드는 점의 개념을 단지 그 점과 결합된(일치하는) 상호 관련된 모든 직선들의 개념으로 정의하려고 시도한다. 실로, 그 방법은 매우 유사하다. 이것은 연장적 추상화의 방법에서 결국 나오게 되는 개념적 기초이다. 경험의 세계 내에서 결합성에 대한 그의 전반적인 의식은 그에게 그 경험 내에 있는 대상들과 사건들 간의 구별로 이끌어 간다.

1917년 "일부 과학적 관념들의 해부"(The Anatomy of Some

Scientific Ideas)에서, 화이트헤드는 우리가 <그림 #4>에서 제시했으며, 「자연의 개념」(*The Concept of Nature*)(1919)에서 밝혔던 구별들의 일부를 행하였었다. 그러나 아직까지 그가 관심을 가지고 있는 곳은 공간적 특성에 관한 것이며, 사건의 개념에 대한 관심은 점차적으로 생겨나고 있을 뿐이다. ASI는 OT의 원작의 장들 중의 일부이나, 다음 해에 그것은 ASI라는 제목으로 별도로 출판되었다. 이 논문에서 화이트헤드는 사건에 대한 보다 공식적인 정의를 하면서, 대상들을 보다 효과적으로 구별한다. 과학적 대상, 감각적 대상, 지각된 대상(지각적 대상), 그리고 사유 대상은 일반적으로 어떤 도식에서 지각을 설명하기 위해 고안되었다.

> 과학적 설명의 주된 요소들—분자들(과학적 대상들) 등등—은 직접적으로 지각되는 대상들이 아니다. 예를 들면, 우리는 빛의 파장을 지각하지 못한다. 시각의 감각은 시간의 뻗침을 통해서 수백만의 파장에 대한 충격의 결과로 생겨나는 것이다.
>
> 지각된 대상들이 언제나 동일한 분자들의 군에 대응한다는 것은 참이 아니다. 몇 년 후에 우리는 동일한 고양이를 인식한다. 그러나 우리는 여기에서 다른 분자들과 관련되어 있다.
>
> 우리가 고양이를 인식하였을 때, 우리는 또한 그것을 보는 것이 기쁜 일이라는 것을 알고 있다. 그러나 우리는 단지 고양이의 울음소리를 들으며, 그의 등이 아치형이 되는 것을 보며, 우리에게 그 자신의 몸을 문지르는 것을 느낄 뿐이다.
>
> 우리는 그러므로 고양이가 지니고 있는 많은 직접적인 감각 대상들과 단 하나의 간접적인 사유 대상 사이를 구분해야만 한다.

따라서 우리가 고양이를 지각했었고 그의 느낌을 이해했었다고 말할 때, 우리가 의미하는 바는 소리라는 감각-대상을 듣고, 봄이라는 감각-대상을 보았으며, 접촉이라는 감각-대상을 느끼고, 그리고 우리가 고양이를 생각하였고 그의 느낌을 상상하였다는 것이다(ASI 125).

OT에서 나온 의자의 사례에서 윤곽을 드러낸 실마리와 경험의 근본적인 단위가 시간의 뻗침에서 발견되어야 한다는 자신의 직관을 따름으로써, 화이트헤드는 우리가 경험 내에서 느낌의 패턴들로부터 대상들을 창조하는 여러 가지 방식들을 드러내기 시작하였다. 그 의자를 만들고, 팔고, 보고, 사용했던 사람들이 의자에 의해서 재현된 복합적인 개념을 구성하였을 때, 앞의 예에서 고양이는 역시 경험된 감각-대상들, 사유-대상들, 상상-대상들의 재현이다. 화이트헤드는 이 도식의 전개 속에서 이 단계에 있는 후자의 용어를 사용하지 않으며, ASI에서 그는 복잡한 네 가지 단계의 구조(지각의 최초의 조잡한 사유-대상; 지각의 두 번째 조잡한 사유-대상; 지각의 사유-대상; 그리고 지각의 영속하는 사유-대상)를 가질 때까지 사유 대상들 간의 구별을 계속해 간다. 현재 우리가 흥미를 가지고 있는 분야에서는 더 이상 이 매개적인 개념들을 탐구하지는 않을 것이다.

앞에서 발췌된 것 중에서 그는 또한 「자연인식의 원리들」에서 과학적 대상에 대해서 언급한다. 그는 여전히 공식적으로 정의된 경험의 근본적 단위인 사건("시간의 뻗침에서…감각"과 같은 구절에 밀접히 연관된)의 탐구로 이러한 결론에 이른다. 그는 무언가를 본다는 것은 실제적으로 시간의 뻗침을 통해서 일련의 사건들에 대응함으로써 대상과 감각 사건들을 동일하게 취급하는 것이다. 그는 다른 대상-양상들이 동일하지 않음에도 불구하고, 지각된 대상들이 (다소간에) 동일한 것으로 남아 있다는 사실을 지각적 도식이 더욱 잘 드러내고 있다는 점에 주목했다. 예를 들어 고양이의 분자들은 달라지는 반면에, 고양이는 동일하게 인식된다는 것이다. 그는 시간을 통한 감각 경험이 사유 속에서 지각의 대상들을 창출하는 것과 결부되어 있다는 결론에 이르고자 하였다. 그리고 이 활동은 지각자의 신체라는 사건에서 발생하며, 그것은 지각력이 있는 사건의 장소(locus of the percipient event)로 즉각적으로 간주될 것이다.

"시간, 공간, 그리고 물질"(Time, Space and Maerial)(1919 TSM)에서 화이트헤드는 사건을 공식적으로 정의내리기 시작한다. 이러한 공식적인 정의는 PNK와 CN에로 이행되며, PR에서 현실적 존재자의 출현과 더불어 절정에 다다른다. 1905년 MC에서부터 그가 사건이라고 부르는 존재의 중요성을 드러내는 데까지는 거의 15여년의 세월이 요구되었다.

> 우리는 사건 속에서 살아간다. 사건들은 추이한다. 하지만 반복되는 것이 있다면 반드시 그것은 다른 유형의 존재임에 틀림없다.
>
> …대상과 사건을 자연에서 서로 간에 어떤 결정적인 관계[결합]를 드러내는 근본적으로 다른 존재들의 종류로 보는 것은 아주 간단한 일이다.
>
> …무한하게 많이 구별되는 대상의 종류들이 있다. …임의의 한 유형의 대상들은 임의의 다른 유형의 대상들이 사건에 대해 지니고 있는 것과 근본적으로 구별되는 사건에 대한 관계[결합]을 가지고 있다. 게다가, 감각-인식(awareness)에서 드러난 구체적인 전체는 자연이다. 그리고 자연은 사건과 대상 양자를 드러낸다.
>
> 주요한 유형의 대상은 "감각 대상"이라고 불릴 것이다. 자연에서 모든 다른 대상들은 감각-대상의 지각을 전제한다. 감각-대상은 한 사건 속에 위치된 것으로서 지각된 느낌의 특수한 감각이다.

예를 들면, 일정한 색조의 빨강 색과 벨벳의 특수한 느낌, 그리고 뜨거움의 감각은 모두 감각 대상들이다. 우리는 그것들을 인식하며 우리가 그것들의 위치라고 부르는 사건 속에 그것들을 놓는다(TSM 63).

사건은 공식적으로 대상과 구별된다. 전자는 지나가고 사라져 가는 것인 반면, 후자는 영속하며 한 사건에서 하나의 위치로부터 다른 사건에서 다른 위치로 이동하는 것으로 인식된다. 위치지워진다는 것(혹은 진입)은 대상들이 사건에 관한 관계성의 하나이다. 이 관계는 그 두 가지 사이에 경험된 결합들이며, 그리고 여러 가지 대상들은 사건들과 다양한 관계를 가진다. 궁극적으로, 우리는 그 관계를 모두 결합들의 근본적인 범주들로 나뉘며, 이것이 연장적 결합의 의미로 진행된다는 것을 보게 될 것이다.

화이트헤드는 대상의 주요한 유형을 감각-대상이라고 부르는데, 모든 다른 유형들은 이 주요한 유형을 전제한다. 그는 이러한 입장을 "시간, 공간 그리고 물질"(1919 TSM)에서 「과정과 실재」(PR, 1927)까지 줄곧 견지한다. 신이 영원한 대상들을 지각한다는 것은 별도로 하더라도, 모든 영원한 대상은 감각-대상들의 지각을 전제한다. 감각-대상과 동일시되는 감각 혹은 느낌은 PR에서 또한 다른 대상들에 적용되기 위해서 일반화될 것이다. 대상들의 인지는 그것들과 사건들을 구별하는 데 주요한 것이며, 「상대성의 원리」(1922 R)에서 의미 관련 학설로 간주되는 핵심적인 인식(형용사에 의한 것과 관계성에 의한 것)으로 이원적인 체계로 일반화된다. 사건들에서 대상들을 인식할 때, R에서 감각에 따른 직접적인 인식(형용사로 인식)과 감각에 따른 간접적인 인식(관계성으로 인식)으로 실제적으로 구별할 수 있다. PR에서 전자는 제시적 직접성의 양태에서 나오는 지각이며, 후자는 인과적 효과성의 양태에서 나오는 지각이다. 동시성을 다룬 절에서, 우리는 그것들을 성격짓는 결합들의 유형들의 관점에서 이 두 가지 양태들 사이를 구별해보았다. 전자의 양태가 동시적인 반면, 후자의 양태는 인과적이라고 불린다. 5장에서 우리는 대상과 사건 사이를 구별하는 과정에서 결합들의 근본적인 유형을 보다 심도 있게 탐구해 볼 것이다.

우리가 사건들 속에 있는 대상들을 인지한다고 말할 때, 여기서 의미하는 바는 특수한 성격의 패턴이 A라는 지속을 통해서 존재하며, 또한 B라는 다른 지속을 통해서 존재한다는 것이다.

우리는 두 가지 패턴들을 비교하고, 그것들을 어울리게 해서 합동하는 것을 발견하고, 그것들이 두 가지 다른 사건들 속에 존재하는 동일한 패턴이라는 판단을 내린다. 예를 들면, 우리는 흰 대리석을 보고, 그것의 부드러운 표면을 만지고, 그것의 딱딱함을 느낀다. 다음날 우리는 그 채석장으로 돌아가서 거듭해서 흰 것을 보며, 부드러움을 느끼며, 딱딱함을 느낀다. 즉 우리는 그것을 "대리석"이라고 말한다. 흰-부드러운-딱딱한 패턴은 전자의 지속으로부터 되풀이되며, 우리는 조화의 과정에 의해서 전날의 패턴과 합동하는 것으로서 그것을 인식한다. "대리석"이라는 대상은 단지 이전의 실례에서 감각된 성격 혹은 성질들의 패턴을 지닌 '의자' 와 '고양이'와 마찬가지로 재현일 뿐이다. 그것은 실제적으로 우리가 경험하고 경험된 것으로서 인지하게 되는 결합된 감각의 패턴이다. 감각과 감각이 일어나는 사건들 간의 결합들에 대한 분석은 느낌의 경험에 대한 구조를 제공해주는데, 이것은 어떤 불변하는 특성을 가지고 있다. "느낌의 위상학"(Topology of Feeling) 이라는 이름이 부여된 것은 이 구조에 대해서이다.

화이트헤드는 OT에서 시작해서 ASI로 전개해가면서 TSM에서 보다 더 정교한 유형을 가진 대상들을 구축했다. ASI의 감각-대상과 지각적 대상에 덧붙여서 그는 기만적인 지각적 대상들(오직 하나의 입각점으로부터 보이는 것; 일정성의 기초를 이루는 실재에서 이탈)과 일반적으로 물리적 대상들이라고 불리는 비-기만적인 지각적 대상들(임의의 입각점으로부터 마주칠 수 있는 것으로, 이에 의해서 일정성을 뒷받침한다) 사이의 구별을 포함하기 위해 지각적 대상들의 범주를 세부적으로 나누었다. 이 후자의 범주는 피상적인 대상들(거울 속의 의자의 이미지와 같은 것)과 우리가 직접적으로 경험할 수 없는(전자나 분자와 같은 것) 과학적 대상들로 나누면서, 세계의 어떤 양상들에 대한 이해를 고양하는 데 기여하였다. 지각적 대상들의 범주를 약간만 더 주의해서 본다면, 우리는 그것이 이미 3장에서 포함(inclusion)과 공액(cogredience) 사이의 구별에 대한 귀결인 것임을 알 수 있다. 어떤 지각적 대상은 일정하며(즉, 의자는 자신의 전 생애를 통해서 의자이다), 어떤 지각적 대상들은 드러나기 위해서 최소한의 시간을 요구하는 일정하지 않은 것(즉, 음악의 선율)이다. 대상 유형의 범주화가 갈수록 복잡해지면서, 이 대상들이 성격의 패턴의 표현들로 나타나는 사건들의 부수적인 본성이라는 것이 다음 저서에서 보다 명백한 도식으로 드러난다.

PNK(1919)에서 화이트헤드는 자신의 지각적 도식의 전개를 극단적인 정교화를 가지고서 계속해나간다. 이 저서는 많은 독자들에게 화이트헤드의 저서들 중에서, 적어도 철학적인 저서 가운데서 가장 난해한 것으로 알려졌었다. 하지만 처음으로 PNK에서는 PR에서 드러난 도식과 대단히 의미 있는 유사성을 지닌 완전히 전개된 지각적 도식이 나타난다. 이 도식의 존재들(관계항)은 TSM에서 다섯 가지로 요약된다. 사건들, 지각하는 대상들(percipient objects), 감각-대상들, 지각적 대상들(perceptual objects) 그리고 과학적 대상들이 그것이다. 우리는 상세하게 여러 가지 대상들을 논의하지는 않을 것이며, 1919년에 나타나는 어떤 차이점뿐만 아니라 사건들의 본성 속에서 어떤 전개가 일어나는가에 초점을 맞추어 볼 것이다. 주의해야 할 주된 차이점은 지각하는 대상이라고 불리는 대상이 포함된 것이다.

대다수의 개념들은 역사적 맥락이 있으나, 그런 맥락을 염두에 두지 않고 새로운 방식으로 개념들은 종종 사용될 수 있다. 이 경우에 새로운 방식의 개념들은 그런 역사적인 의미와 타협하면서 사용되기 시작한다. 화이트헤드는 그러한 방식으로 개념들이 사용되기를 희망하면서 기존의 용어들을 새로운 의미를 품는 방식으로 만들려고 노력했다. 그는 지각하는 대상(PNK 60)이라는 이 새로운 용어를 사용해 모든 사건들이 유일한 입각점으로부터 경험될 수 있다는 사실을 표현한다. 이것(입각점)은 사유를 위한 종착점(terminus)일 수 있으며, 따라서 그것은 그 자신의 개별성 안에서 대상화된다. 경험의 현실적인 문제에서는 그것은 경험의 사건이며, 사유를 위한 종착점으로 고려될 때만 대상이다. 그는 나중에 자신의 용어와 개념화를 일치시키려고 노력했으며, 결국 자신의 저서(PNK 83)에서 그러한 구별을 해낸다. 사건들과 지각하는 대상들의 구별이 중요한 것은 사실과 요인들 사이의 구별이 도출되기 때문이다.

화이트헤드는 동질적인 부분들과 이질적인 부분들을 탐구했던 3장의 입장을 지속적으로 유지하는데, 이것은 연장이라는 근본적인 관계를 이해하는 데 중요한 구별이 된다. 그는 자연에 대상들과 사건들이라는 두 가지 다른 유형의 존재들이 있으며, 이 존재들은 자연에서 함께 발견된다.

이러한 공재(togetherness)는 상호 간에 어떤 관계들(연관들)이 있다는 증거가 된다. 그리고 이 관계들은 경험의 세계에 대하여 무엇인가를 알려준다. CN에서 자연적 존재들 간의 관계가 그 자체로 경험 속에 있는 사실의 요인들이라는 점을 고려해 보자. 화이트헤드는 이 두 가지 근본적인 존재들의 유형이 서로에 대해 동질적인 부분들과 이질적인 부분들 간의 구별이라는 연속적 관계를 가진다고 주장한다. 어떤 존재들은 동일한 유형의 존재들에 대해 동질적인 관계를 지니는 반면에 다른 유형의 존재는 서로에 대해 이질적인 관계를 지닌다. 이 전개가 중요한 이유는 경험의 세계에서 결합들의 구조들이 이에 의해 한정되기 때문이다. 사건들은 다른 사건들의 동질적인 부분들이며, 대상들은 다른 대상들의 동질적인 부분들이다. 그러나 대상들은 사건들에게는 단지 이질적인 부분들일 수 있다. 이와 같은 이질적인 부분을 특징짓는 관계들은, 사건들의 부분들 속에서 대상들의 이질성을 나타내는 특수한 포함관계인 진입의 범주이다.

사건들은 근본적으로 '연장'이라는 동질적인 관계의 관계항이다.

모든 사건은 그 자체의 부분들인 다른 사건들을 넘어서 연장되며, 모든 사건은 그것이 부분인 다른 사건들에 의해서 연장된다.

사건들은 결코 변하지 않는다. 자연은 다음과 같은 의미에서 이를 전개해 나간다. 사건 e가 사건 e′의 부분이 된다. 즉 사건 e′는 e를 포함하며(즉 연장하며) 그리고 또한 e를 넘어서 미래로 연장된다.

대상들은 사건 속에 지각된 영구성을 전달하며, 환경에서 자기-동일적인 것으로 인식된다. 즉 동일한 대상은 다양한 사건들에 관계되는 것으로 인지된다.

대상의 변화는 다양한 사건들에 대한 동일한 대상의 다양한 관계이다. 대상은 영속적이다. 왜냐하면 (엄밀히 말해서) 대상은 시간과 공간 밖에 존재하며, 그것의 변화는 시공간에서 추이하는 여러 가지 사건들과의 관계에 따른 변화에 지나지 않기 때문이다.

> …시간과 공간에서 사건들의 추이는 그것들이 상호 간에 시간의 방향적 요인과 결합된 연장 관계를 드러내는 것에 지나지 않으며, 시간의 방향성은 자연의 창조적 진전이라는 저 궁극적 생성의 표현이다(PNK 61-61).

사건들은 두 번째 사건을 넘어서 연장되거나 포함됨으로써 다른 사건들의 동질적인 부분이 된다. 이 근본적인 연장됨의 관계는 시간의 직접적인 요인에 따른 직접적 산물이며, 자연은 언제나 새로운 것으로 지나쳐 간다. '대리석을 본다'는 사건은, 이 사건을 통해 이행해 가거나, 통과해가거나, 넘어가는 '이태리를 방문함'이라는 직접적으로 생성하는 사건 속에 포함된다. '이태리를 방문함'이라는 것은 자연의 추이라는 동일한 메커니즘에 의해서 차례대로 '유럽 순회'라는 사건 속에 포함된다. 만약 내가 우연히 이태리에 도착하기에 앞서서 독일을 방문했다면, '독일을 방문함'이라는 사건과 '이태리를 방문함'이라는 사건 사이의 관계는 엄격하게 포함 관계는 아니다. 이것은 5장에 논의될 포함의 한 형식이다.

'이탈리아를 방문하는' 사건은 결코 다시는 일어나지 않는다. 그것은 '내 인생을 살고 있는' 사건의 포함-구조에서 유일한 장소이다. 그런데, 실로 나는 '이탈리아 방문'이라는 그 최초 사건의 전이나 후에 이탈리아를 여행할지도 모르며, 나는 이 두 번째 사건을 '이탈리아 방문'이라는 동일한 이름으로 부를 것이다. 하지만 그것은 별개의 사건이며 완전히 다른 사건이다. 내가 그것을 동일한 이름으로 부르는 이유는 두 가지 사건들 속에서 어떤 성격의 패턴들을 인식했기 때문이다. 나는 대상이라고 불리는 패턴을 인식한다. 즉 그것은 공항, 로마의 공공광장, 바티칸, 티블리, 구어체, 이탈리아인들의 생활방식 등이다. 내가 현재의 사건에서 관련된 패턴들을 인식할 때, 나는 "내가 이탈리아를 방문하고 있다"라고 말한다. 나는 이전 사건과 유사한 사건을 말하고 있다. 그러나 이 사건은 동일하거나 똑같은 것이 아니다. 그것은 결합들의 패턴들이 조화(matching)에 의해서 합동이 되는 경우에만 유사하다. 그렇지 않다면 그것은 유일한 시공간에서 일어난 완전히 다른 사건이다.

내가 이탈리아에 있는 동안에 '희고-부드럽고-딱딱한' 것을 보고서 "대리석"이라고 말했다고 상상해 보라. 독일에 있을 때, 나는 '희고, 부드럽고, 딱딱한' 것을 보고 거듭해서 "대리석"이라고 말한다. 양쪽의 경우에 있어서 나는 일반적으로 대상으로서 언급되는 것을 말하고 있다. 이것은 실제적으로 내가 경험하는 결합된 감각의 패턴인데, 매번 나는 "대리석"이라고 말하는 이 패턴을 경험한다. 이탈리아에서 그 대상은 실제적으로 독일에서의 대상과는 다른 분자들로 구성되어 있지만, 그러나 나는 그것들을 동일한 대상으로 언급한다. 앞에서 들었던 의자나 고양이에 대한 예들을 고려해 보자. 우리가 앉는 각각의 의자, 우리가 보는 각각의 고양이는 다른 존재이다. 왜냐하면 그 패턴이 다르기 때문이 아니라, 저 동일한 패턴이 다른 사건들 속에서도 보여지기 때문이다. 물리적 대상들 간의 차이점들은 그 대상들의 물리적 본성들 속에 있는 것이 아니라, 저 동일한 본성이 진입하는 혹은 경험되는 다른 사건들 속에 있다.

우리가 대상들이 바뀌는 것이라고 말한 것은 다양한 사건들에 의한 관계에 의해서이다. 왜냐하면 '희고-부드럽고-딱딱한' 패턴은 대상이 진입하는 혹은 발생하는 어떤 사건에도 개의치 않고 여전히 동일한 것으로 남아 있다. 만약 우리가 '희고, 부드럽고, 매끄러운' 패턴을 경험하였다면, 우리는 "대리석"을 말하는 것이 아니라, 아마도 "비단"과 같은 것을 말하는 것이다. 이것은 '희고-부드러운-딱딱한' 대상과는 다른 대상이다. 이것은 대상이 진입하는 사건이 다른 것이기 때문이 아니라, 결합된 감각 패턴이 다른 것이기 때문에 다른 대상이다. 대상을 감각 패턴으로 이해한다는 것은, 우리가 다른 사건들 속에 있는 대상들을 사건들은 다르지만 동일한 패턴을 같은 것으로 본다는 것이다.

위의 단락은 아마도 1919년 화이트헤드의 일반적인 철학적 직관에 대한 가장 명확한 해명 중의 하나이며, 그것은 PR의 도식에 대한 매우 간결한 암시가 된다. 자연의 창조적 진전은 시간의 방향과 연장의 공리(사건들 간의 관계들로서 명시된)에서 표현된 시공간의 위상학적 구조의 결합이다. 이 창조적 진전은 사건들의 추이이다. 즉 그것은 그 추이를 통해서, 추이를 넘어서, 추이를 건너서(the passing through, passing over, passing beyond) 전진한다. 경험 세계의 근본적인 특성은 자연의 추이이다. 이것은 거의 모든 화이트헤드의 철학적 탐구의 근원적인 직관이며, 연장의 개념(점-복합성 직관으로부터)과 함께 대상과 사건 간에 생겨날 구별에 대한 기초를 제공한다.

이 도식의 중요한 측면들 중의 한 가지는 사건들이란 오직 한 번 발생하는 우연한 일(happenings)이며, 이와 달리 대상들은 많은 계기들 속에서 재현되는 패턴이라는 사실이다. 이러한 사실이 함축하고 있는 것은 사건들 사이의 관계들이 결코 바뀌지 않는 반면,(그것들은 위상학적으로 불변한다), 대상들 사이의 관계들은 한 사건으로부터 다른 사건으로 바뀐다는 것이다.

이것은 미묘한 점이다. 왜냐하면 사건들은 지나가는 것인 반면, 감각의 패턴들은 영속하기 때문이다. 다시 말하면 사건들 사이의 관계들은 영속하지만, 대상들 사이의 관계는 지나가는 것이다. 사건은 오직 한

번 일어나며, 다른 사건 안으로 포함되어 간다. 저 특수한 사건의 관계들은 역사의 문제이다. 그것들은 자기 자신들이며, 결코 다른 것이 되지는 않을 것이다. 그것들은 위상학적으로 불변한다. 그런 관계를 바꿀 수 있는 결합이 경험될 다른 시공간 구조는 존재하지 않는다. A는 언제나 B를 포함하는 것으로 경험된다. 또한 B는 언제나 A에 포함된 것으로 경험된다. 위상학적 불변은 존재들 사이의 결합의 유형으로 시간의 방향적 요인과 연장이라는 근본적 관계의 결과이다.

하지만 한 사건에서 다른 감각의 패턴들과 결합된 감각 패턴들의 대상들은 언제나 동일한 패턴을 유지한다. 대리석은 언제나 '희고-부드럽고-딱딱하다'(이것은 예들에 대한 제한된 범위 내에서 허용되는 것이다. 물론 대리석은 분홍, 검정, 빨강색 등일 수 있다). 우리가 '대리석'으로 동일시하는 감각의 패턴들을 경험할 때, 우리는 그 대리석의 결합된 이름을 통해 그 패턴을 부를 것이다. 만약 패턴이 바뀐다면, 결합된 이름 또한 바뀔 것이며, 우리는 우리 자신에게 다른 대상을 경험하고 있다고 말할 것이다. 대리석에 대한 예에서, 우리는 '분홍이며-거칠며-딱딱한' 감각들의 패턴을 경험할 수 있을 것이며, 여전히 우리는 "대리석"이라고 부를 것이다. 왜냐하면 우리의 과거의 경험들의 기억으로부터 보다 일반적이면서도 복잡한 패턴, 즉 희고, 분홍이며, 검고/부드럽고, 거칠고, 물결모양이며/딱딱하고, 작은 구멍이 있으며, 벗겨지기 쉬운 것을 설정하였다. 이것은 '대리석'이라는 이름에 의해 특성이 정해지는 감각의 가장 넓은 집합이다. 임의의 한 사건 속에 필요한 모든 것은 감각들의 세 가지 집합들 각각을 포함하고 있는 감각들의 패턴이다. 그리고 우리는 저 패턴을 "대리석"과 동일시한다.

각각의 감각 패턴은 어떤 특수한 사건 안에서 다른 감각 패턴들과 결합된다. 즉 그것은 한 사건 속에 있는 대상들—즉 우리가 '사건 A'와 동일시하는 감각들의 전반적인 복잡한 패턴을 구성하는—사이의 관계들과 결합된다. 패턴들 사이의 이 결합들은 사건 A에 유일한 것이며, 사건이 다른 사건으로 지나쳐 갈 때, 이 결합들은 새로운 배치(configuration)를 얻게 된다. 예를 들면, '이탈리아를 방문하는 것'이 '유럽을 여행하는 것'으로 이행해 갈 때, 감각들의 패턴들 사이의 결합들이 바뀐다. '이탈리아를 방문하는 것'은 '따뜻하고-건조하고-햇볕이 잘 드는' + '희고-부드럽고-딱딱하고', + '빨간-향료를 넣은-속(내용)'이라는 감각 패턴들에 의해서 특징지어지며, 우리는 이것을 "날씨+대리석+토마토 소스"라는 이름들과 동일하게 취급한다. 경험의 이 세 가지 대상들의 누적적인 결합성은 '이탈리아를 방문하는' 사건에 유일한 것이다. 이탈리아를 벗어나서 그리스로 여행할 때(추이의 근본적 성격 때문에, ', '유럽 여행'으로 연장되는 '이탈리아 방문'은 그 자신을 넘어서 '그리스 방문'으로 연장된다.) 이렇게 누적된 결합은 새로운 배치를 이룬다. 즉 그것들은 이탈리아에 존재하지 않은 감각(대상) 패턴들에 결합된다. 예를 들면, 그리스에서, "날씨"는 우리에게 "뜨겁고-습기가 많고-밝은" 감각들의 패턴을 제공하며, "대리석"은 우리에게 '희고-부드럽고-딱딱한' 패턴을 제공하며, 토마토 소스가 거기에는 없기 때문에, 우리는 '향기롭고-얇고-깨끗한' 패턴에 대해서 "올리브 오일"이라는 이름을 부여한다.

'그리스를 방문하는' 사건은 '뜨겁고-습기가 많고-밝고' + '희고-부드럽고-딱딱하고'+'향기롭고-얇고-깨끗한'이라는 감각들의 누적된 패턴으로 밝혀진다. 비록 이러한 대상을 구성하는 감각들이 이전 사건과는 동일한 대상의 감각들은 아니지만, 우리는 최초의 패턴을 날씨라는 대상으로 인식한다. 개별적인 감각들은 다르지만, 그것들의 결합성의 패턴은 다양한 상황들에서 동일한 대상으로서 일치된다. 물론, '희고-부드럽고-딱딱한' 것은 동일한 패턴에서뿐만 아니라, 또한 이전 사건에서처럼 동일하게 구성되는 감각들을 유지한다. 하지만 한 사건에서 다른 사건으로 감각들(대상들)의 패턴들 사이의 관계들이 변화하는 것을 볼 때, '올리브 오일'이라는 감각들의 패턴은 전적으로 새로운 배치에 들어가는 것이다.

사건들은 스쳐가는 것인 반면, 대상들은 영속한다. 그러나 사건-결합들은 영속하나, 대상-결합들은 스쳐가는 것이다. 언제나 다음과 같은 기능이 있다. 즉 그리스에서 우리는 "기후-대리석-토마토 소스"라는 동일하게 누적된 감각들의 패턴을 경험할 수 있는 반면에, 자연의 추이라는 사실을 통해서 우리는 방향 + 연장에서 나온 시공간 관계들이 이탈리아의 누적된 패턴에서 존재했었던 것과는 다른 누적된 패턴을 가진 다른 관계들을 제공한다는 것을 보장 받는다. '그리스를 방문하는 것'은 여기-지금이며, '이탈리아를 방문하는 것'은 저기-그때이다. 그리고 언급된 두 가지 구조들에서 시공간 배치(관계)는 저 두 가지 전망들로부터 달라진다. 만약 달라져 있는 이 시공간 관계들이 심지어 각각의 사건에서 매우 동일한 누적적인 감각 패턴과 함께 결부되어 있다면, 두 가지 패턴들의 집합들은 오직 다른 시공간 관계들의 요인들에 의해서만 달라질 뿐일 것이다.

시공간 관계들은 대상들 혹은 물질 조각들로서 감각들의 패턴 사이의 관계들로부터 도출되지 않는다. 시공간 관계들은 경험 세계의 근본적인 단위인 존재들의 클라스의 구성원들의 특성으로서 감각들의 패턴들로부터 도출된다. 사건들은 감각들의 패턴들이라고 불리는 성격들의 집합을 조화시킴으로써 합동하는 것으로 판단되는 요인들이다. 대상들은 합동하는 것으로 판단되지 않는다. 왜냐하면 그것들은 언제나 동일하기 때문이다! 사건들은 다양한 통일체가 있기 때문에 합동으로 판단된다. 변하지 않는 패턴들(대상들)을 비교함으로써만이 사건들을 성격짓는 감각들의 패턴들이 변하는 배치들을 비교할 수 있다. 한 사건 속에 있는 감각들의 패턴들 사이의 결합들이 완전하다면, 그것들은 바뀌지 않는다. 그러나 한 사건에서 다른 사건으로의 결합들은 언제나 다르다.

만약 우리가 시공간 관계들을 대상들(감각들의 패턴) 사이의 결합들로부터 도출한다면 도대체 어떻게 될 것인가? 대상들은 동일하고 일정하게 변화하지 않기 때문에, 우리는 대상들에게서 우연적이고 따라서 언제나 다양하고 비일정한 시공간 관계들을 도출한다. 그러나 만약 우리가 시공간 관계들을 근본적인 자연의 통일체인 사건들로부터 도출한다면, 그것의 관계들은 영속하고 불변하며, 이때 우리의 시공간 관계들은 불변하며 일정하다! 화이트헤드의 시공간은 평탄한 거리(metric)가 있고 일정한 것이라고 비판받는다. 하지만 그것이 존재들의 관계들을 시간의 영속하고 불변하는 방향적 연장성에 따른 것에서 파생시킬 때, 우리는 그것을 달리 말할 수 있지 않겠는가? 시간의 연장은 다양하지만, 결코 사라지지는 않는다. 즉 방향성은 결코 바뀌지 않는다. 왜냐하면 사건들 사이의 결합들은 이 성격들의 직접적인 산물이기 때문이다. 따라서 화이트헤드에게는 시공간의 일정성 외에는 어떤 다른 결론도 도출하지 못할 것 같다. 이러한 결론들이 대상들의 변하는 기하학으로부터가 아니라, 사건들의 불변하는 위상학으로부터 도출되는 것은 자명한 일이다. 화이트헤드의 중력 이론이 대상 기하학에 근거한 예측이 아니기 때문에 불충분한 것으로 판단된다면, 나는 이 이론에 대한 해석이 대상의 기하학과 사건의 위상학 사이의 명백한 차이로 설명될 수 있기를 제안한다.

만약 화이트헤드에게 무엇인가 선험적인 것이 있다면, 그것은 명백하게 일정한 시간의 방향과 연장에 근거한 선험적 위상학이지, 결코 대상들(감각들의 패턴들) 간의 변하는 관계들에 근거한 선험 기하학이 아니다. 1919년에 그는 다음과 같이 쓰고 있다:

나 자신의 견해는 시공간의 상대성이론에 대한 믿음이며, 공간적 관계들에 대한 관계항으로써 물질의 조각들을 드러내는 공간의 상대성 이론에 대한 현재의 형태에 대한 불신에서 나온 것이다. 참된 관계항은 사건들이다(CN 24).

그리고 보다 초기의 저서에서 그 인용을 되풀이하면 다음과 같다.

시공간에 관한, 즉 그것이 사건들 간의 관계를 드러내는지 혹은 사건들 속에 있는 대상들 간의 관계를 드러내는지에 관한 두 가지 관점 간의 차이점은 실제적으로 가장 중요한 것이다.

만약 그것이 사건들 간의 관계성이라면, 그것은 사건들 속에 있는 우연적인 형용사들(대상들)과는 독립적인, 사건들 간의 체계적인 일정한 관계성의 특성을 가질 것이다. 이 경우에 우리는 시공간에 대한 아인슈타인의 이질성(heterogeneity)의 관점을 거부해야만 한다.

그러나 만약 시공간이 대상들 간의 관계성이라면, 그것은 대상들의 우연성을 공유할 것이며, 여기서 대상들의 우연적인 성격으로부터 이종을 획득하는 것을 기대할 수 있을 것이다(R 58).

대상들과 사건들 사이를 구별해 나갈 때, 화이트헤드는 대상의 관점에서 탐구하는 표준적인 상대성 우주론과는 다른 관점에서 시공간의 파생을 이해한다. 이 점에서 아인슈타인과 화이트헤드가 달라진다. 화이트헤드의 우주론은 자연의 추이의 근본적인 단위들, 즉 사건들로 구성되어 있다. 이 통일체들 사이의 관계들 혹은 결합들은 시간의 방향성과 연장성에 의해 지시된다. 연장적 결합의 개념이 사건들 사이의 근본적인 관계의 유형으로 나타나는 것은 이 단계에서이다.

제 5 장

의미관련과 위상학

- 연장적 결합의 구조 -

의미 관련

"의미 관련 학설은 자연에 관한 화이트헤드의 이론에서 주된 기초를 이룬다."[58] 의미 관련 학설의 근원을 탐구함으로써 연장적 결합의 개념이 발현된 근거를 도출해 낼 때, 우리는 이 학설의 범주들의 참된 근본적 본성을 발견한다. 이것을 우리는 감각 경험에서 나온 결론이라고 가정할 필요는 없다. 감각 경험은 점-복합성 직관(연장성), 다양한 시공간(상대성), 그리고 일정성/순서(결합성)에 근거한다. 경험의 세계는 존재들 사이의 결합의 패턴들의 반복을 허용하는 어떤 순서의 조직을 통해서 관계된 존재들의 세계이다. 의미 관련 학설은, 이 우주가 이 존재들과 존재들 간의 이와 같은 결합을 위해서 인내하는 것으로 보았다. 즉 이 결합을 통해 존재들 모두가 존재하게 되는 것이다. 이때 경험의 세계를 특징짓는 존재들과 결합들을 허용하는 우주의 근본적 구조는 무엇인가?

일찍이 1905년에, "물질 세계의 수학적 개념들에 관해서"(MC)라는 논문에서, 화이트헤드는 이 세계를 함께 묶는 경험 세계 속에 있는 구조의 요소들을 찾았다. "우리의 유일한 목적은 감각-경험에 관해서 현재 참된 것으로 믿어지는 제한된 명제들의 수 일부와, 일치하는 개념들(모두는 아니라고 할지라도, 만약 있다면)을 드러내는 것이다"(MC 14). 화이트헤드는 이러한 감각-경험들이 자기 자신들 및 다른 경험들과 어떻게 경험되는지를 근본적으로 탐구하려고 한다. 의미 관련 학설

58) Victor Lowe, "Whitehead's Philosophical Development", in *The Philosophy of Alfred Whitehead,* ed. Paul A. Schilpp, New York: Tudor Publishing Co., 1951, p. 76.

은 이 결합들의 점차적인 전개에 따른 직접적인 결과물이다. 그렇다면 경험들은 어떻게 다른 경험들과 의미 관련을 가지게 되는가(결합되는가)? 각각의 경험의 의미 관련은 다른 경험들(관계항)과 관계들 속에서 명시되며, 이 관계들은 그 세계의 구조를 구성한다.

4장에서 의자라는 개념을 다룰 때, 그것은 상호 관계된 경험들이라고 설명한 예를 재차 고려해 보자. 그것을 만든 직공의 경험들, 그것을 판 상인의 경험들, 그것을 사용한, 그것을 본, 그것의 붕괴를 예견했던 사람의 경험들 등이 있다. 이 모든 이들의 경험들은 적어도 한 가지 공유점을 가지고 있다. 즉 딱딱한 의자를 만지는 것, 갈색의 형태를 본다는 것, 의자의 등과 다리에 의해서 떠받쳐지고 있다고 느끼는 것 사이에서 경험된 결합들의 패턴이다. 여기서 그들은 각각 "의자"라고 말했다. 현재 그 의자에 앉아있는 사람은 그것을 만든 직공을 보지 못한다. 그는 갈색 형태를 보고 있다. 그러나 갈색 형태는 우리가 "의자"라고 부르는 패턴을 의미 관련 지운다. 동시에 갈색 형태는 현재의 패턴과 다른 경험들 속에서의 그것의 현존 간의 결합성을 의미 관련 지운다. 즉 그것을 만든 직공, 그것을 판 상인, 그것을 본 사람 등을 의미 관련 지운다. 이 의미 관련된 경험들은, 우리에게 "의자"라고 의미 관련되는 현재의 패턴에서 아주 실제적인 부분이다. 그것들은 현재의 사람들의 경험들과 함께 동질적으로 결합되었다는 의미에서 한 부분이다. 왜냐하면 "의자"라고 부르는 패턴은 각각의 경험들의 집합에 포함되기 때문이다.

"의자"라고 부르는 패턴을 포함하는 현재 경험의 의미 관련은, 지금의 패턴을 포함하는 모든 경험들과 지금의 패턴을 포함할 것으로 예견되는 경험들 간의 양-방향적인 결합이다. 두 번째로, 우리가 직접적으로 경험하지 못하는 현재의 패턴이 있다. 즉 시트는 만질 수 있으나 다리들은 만질 수 없는 패턴이다. 그러나 다리들은 현재 패턴의 일부분으로 의미 관련된다. 왜냐하면 우리는 마루를 만질 수는 없으나, 우리가 만지고 있는 의자 아래에서 우리 자신을 떠받치고 있는 어떤 것이 있다는 것을 알기 때문이다. 이리하여 "의자"라고 부르는 감각 경험의 패턴들은 의자가 포함하는 경험들(그것을 만든 직공, 그것을 판 상인, 그것을 본 사람들 등등)과 의자에 포함될 수 있는 경험들(나에게서 의자를 살 수 있는 사람, 그 의자를 파괴할 수 있는 사람 등등), 그리고 우리가 직접 경험하지는 못하는 동시적인 패턴의 요소들—이 요소들은 공액에 의해서 경험된 패턴과 결합된 전체적인 패턴(의자의 다리들)으로 구성된다—과 의미 관련이 된다.

한 사건의 의미 관련은 그것을 특징짓는 감각 경험의 패턴들 사이에서 그리고 그 패턴들 내에서 존재하는 결합들에 의해서 명시된다. 그 결합들은 3장에서 탐구된 것들이다. 즉 그것은 연장(포함)과 공액이다. 이 의미 관련은 자신을 동질적인 부분들로 포함하는 다른 요소들의 현재의 패턴으로 의미 관련됨과 현재의 패턴과 공액하는 요소들의 의미 관련됨에 연관이 있다.

"의미 관련은 무엇인가? …의미 관련은 사물들의 관계성이다"(PNK 12). 그리고 사물들의 관계성은(이 경우에 있어서 사건들, 보다 특별하게 말해서 사건들을 특징짓는 감각의 패턴들) 연장이라는 근본적 관계와 그것의 특수한 파생물인 공액에 의해서 명시된다. 이 두 가지 관계들은 사건들과 그 사건들 내에 있는 감각의 패턴들이 어떻게 다른 사건들을 위해 자기 자신의 사건을 의미 관련 시키는 방식을 구성한다. 그 사건 내에서의 패턴들의 구조와 사건들의 세계의 구조는 따라서 연장의 근본적인 관계의 산물이다.

우리에게는 어떤 일반적 사실이 놓여 있다. 즉 어떤 일이 진행 중이라는 것이다….

이 일반적 사실은 즉각 우리의 파악(apprehension)을 위해서 두 가지 인자들을 제공한다. 나는 그것을 '식별된'(discerned) 것과 '식별될 수 있는'(discernible) 것으로 부를 것이다.

식별된 것은 일반적 사실의 요소들(사실의 인자들)로 이루어져 있는데, 이들은 그들 자신의 개별적인 특이성으로 구별된다.

식별될 수 있는 것은 감각-지각에서 드러난 자연의 전부와, 감각-지각에서 현실적으로 구별되거나 식별되는 자연의 전부를 넘어서 그것을 연장하거나 구성하는 것이다.

우리가 식별해야 할 것은 시간의 주기를 통한 한 장소의 특수한 성격이다. 이것을 나는 '사건'이라고 할 것이다.

그러나 우리는 한 사건을 식별할 때에 또한 사건들의 구조에 대한 관계항들을 통해서 의미 관련을 지각한다. 이 사건들의 구조는 연장과 공액이라는 두 가지 관계들에 의해서 관계된 사건들의 복합체이다(CN 49-52).

식별된 것과 식별될 수 있는 것은 감각-경험의 직접적인 산물이다. 식별되는 것은 감각-여건으로 고양되고, 식별될 수 있는 것은 전자보다는 모호하지만 식별된 요소들의 근본적인 관계성을 드러낸다. 의자에 대한 예에서 식별된 요소들은 의자를 보는 것이며, 나무와 시트를 느끼는 것이며, 방석의 냄새를 맡는 것이다. 직접적인 감각-여건은 아니지만 감각-경험 속에 주어지는, 식별될 수 있는 요소들은 의자를 만드는 것이며, 의자를 파는 것이며, 방으로 의자를 옮기는 것이며, 누군가가 창문 옆에서 의자에 앉는 것이다. 감각-여건들에 의해서 직접적으로 주어지는 것이 아니라 감각-경험 속에 주어지는 것이라고 말할 때, 그것은 우리가 장인을 보는 것, 톱 소리를 듣는 것, 나무 조각들의 냄새를 맡는 것, 즉 그것은 의자를 만드는 것을 직접 경험하지는 못함을 뜻한다. 그러나 우리는 그 의자에 앉는다는 순수한 사태에 의해서 장인이 그 의자를 만들었다는 것을 경험한다! 그 장인이 의자를 만들지 않았더라면 우리는 거기에 앉지 못할 것이다. 만약 이것이 동어반복적으로 들린다면, 좀 더 고려해 보자. 만들고, 보고, 팔고, 사용한다는 개념들은 상호 관계된 의자라는 개념의 각각의 양상 속에서, 내가 "의자"라고 부르는 감각 패턴의 경험 속에서 활동하고 있는 것이다. 내가 "의자"를 생각할 때 이 다수의 상호관계된 개념들에 관해서 생각하는 것이다. 그러나 내가 보고, 느끼고, 만지고, 냄새를 맡을 때, 이와는 다른 개념들 역시 주어진다. 이것들은 직접적인 감각-여건보다는 훨씬 모호하더라도, 그럼에도 불구하고 주어지는 것이다. 내가 의자에 앉는다는 그 사건은 경험에 대한 이중의 의미 관련을 포함한다. 즉 대상으로 식별된 의자에 대한 감각 패턴이 있고, 현재의 경험을 인과적으로 뒷받침하는 식별될 수 있는 사건들의 구조에 대한 관계항으로서 식별된 의자가 있다. PR에서 보다 진전된 지각에 대한 도식 속에서 화이트헤드는 대상으로 의미 관련된 의자의 경험을 제시적 직접성의 양태에 속하는 지각으로 보고, 반면에 그는 인과적 유효성의 양태의 지각을 관계항으로 의미 관련이 되는 의자의 경험으로 본다. 이 후자의 양태는 감각-경험의 개념적 산물이 아니다. 그것은 감각 경험의 매우 실제적이며 현재하는 인과성의 경험이다.

앞에서 예로 들었던 '심홍색 구름을 본다'는 것을 상기해 보자. 이 사건은 자신 속에 심홍색 구름이라고 부르는 감각-경험을 진입시킨다. 이것은 "자연의 사실은 표준 논리학인 아리스토텔레스 논리학의 단순

이항관계로 표현될 수 없다…. 직접 주어지는 자연의 본질적인 사실들은 이항 관계로는 줄어들지 않는 그 이상의 관계들과 연관이 있다”(PA 139)는 결론에 이른다. 화이트헤드의 입장에서 이것이 의미하는 것은 (이 경우에 있어서 실제적 요소) 자연의 사실이 다양한 관계를 가진 우주 속에서 다른 모든 존재들과 의미 관련 된다는 것이다. 심홍색 구름이라는 감각의 패턴은 그 자체가 한 사건 속에 있는 대상으로 의미 관련이 되며, 그것은 그 자체가 우주 구조 속에 있는 관계항들로 의미 관련된다. 대상으로서의 심홍색 구름은 연장이라는 근본적 관계의 특수한 양태 속에 있는 사건과의 결합성을 명시한다. 즉 그것은 포함, 공액, 진입을 명시한다. 관계항으로서 심홍색 구름은 연장의 보편적 양태 속에 있는 우주와의 결합성을 명시한다. 즉 그것은 방향이 있는 결합을 명시한다. 이 후자의 양태 속에서 심홍색 구름은 심홍색과 구름에 대해서 인내하는 우주의 보편적 조건을 진술한다.

> …나는 심홍색과 구름이라고 부르는 이 다수의 관계 속에서 관계항의 등급들을 분류할 수 있다. 가장 낮은 등급은 모든 자연을 그 자신 안으로 끌어들인다. 모든 자연은 심홍색과 구름이라는 이 관계성에 대해서 인내를 표현하는 관계항의 등급이다. 시공간과 연루된 자연과 떨어져서 별개로 존재하는 심홍색과 같은 것은 없다. 이것은 구름에게도 마찬가지이다.
>
> 당신들은 구름 속의 심홍색을 통해 자연이 하나의 체계를 전제하고 있다고 말할 수 있을 것이다. 그러나 체계는 체계의 항목들 사이의 체계적인 관계를 의미한다. 따라서 만약 당신들이 이 체계적 관계들이 무엇인가를 알지 못한다면 자연이 체계라는 것을 당신들은 알 수 없다.
>
> 나는 체계적 자연이 우리에게 알려지는 이 원리를 사건들의 일정한 의미 관련이라고 부른다. 이 일정한 의미 관련은 경험의 모든 항목에 대해서 자연

의 인내를 표현하는 것으로 드러난다. 예를 들면, 그것은 구름의 심홍색이다 (PA 140).

심홍색 구름은 감각 패턴 내에서 어떤 관계성을 가지는 대상으로서 자신을 의미 관련지울 뿐만 아니라, 또한 바로 자기 자신을 있게끔 하는 우주와의 보다 넓은 체계적 관계성과 의미 관련된다. 심홍색과 구름이 결합된 관계는 우주를 어떤 체계적인 전체로 성격을 구성하는 것과 아주 동일한 활동이다. 각 사건 내에서 각각의 대상(감각의 패턴)에 대한 이중의 의미 관련은 실제적으로 그 사건의 성격에 대한 의미 관련이다. 이 근본적인 경험의 통일체인 사건들은 그 자체들 내에서, 그 자체들 사이에서(그들 속에 진입하는 대상들 간의) 관계를 가진다. 관계는 사건들이 일어나는 우주의 구조를 의미 관련 지운다. 이 관계들을 조사함으로써, 화이트헤드는 사건들 사이에서 경험된 관계들을 통해서 이 우주의 근본적 구조를 드러내기를 바란다.

1922년에 의미 관련 학설은 지각이론으로 확장되는데, 이것은 거의 직접적으로 PR에서 느낌 이론이 된다. 화이트헤드는 경험된 존재들이 우주에서 존재들과 관계항으로서 의미 관련된다는 관념을 존재들이 상호 간에 가질 수 있는 관계들 혹은 결합들의 유형으로 보고 아주 정밀하게 고찰하였다. 의미 관련 학설이 전개해 가는 근본적인 구조는 이미 3장에서 탐구된 관계들의 고찰에 근거해 있다. 점-복합성 직관과 다양한 시공간으로부터 포함의 관계와 그것의 특수한 경우인 공액이 나온다. 전자는 연장의 관계로 일반화된다. 이것은 시공간에서 구간들의 연장된 본성의 산물이다. 연장/공액이라는 이 근본적 구조는 관계항/존재로서 의미 관련의 이론에 반영된다. 「상대성의 원리」에서(R) 이 구조는 수동적/능동적(passive/active)인 것으로 구별된다.

이 의미 관련 학설이 반드시 받아들여야 할 것은, 감각-인식(awareness)이 존재들에 대한 이중적 인식을 요구하는 것이다. 의미 관련 하는 요인의 지각과 의미 관련이 되는 요인의 지각이 있다. 어떤 의미에서 이것은 존재에 대한 능동적 혹은 수동적인 인식으로 나타날 수 있다.

존재는 자기 자신을 위해서 능동적인 것이 되거나, 혹은 다른 존재들을 위해 수동적인 것으로 인식된다(R 18).

감각-인식의 능동적인 구성 요소는 화이트헤드가 (PR)에서 제시적 직접성의 양태라고 부른다. 이 지각이 의미하는 것은, 요인이 그 자체 속에 있으며 공액(cogredience)이라는 구조적 요소와 대응하는 지각적 요소이다. 이것의 특수한 사례는 3장에서 동시성(contemporaneity)이라고 부른 것이다. 앞에서 들었던 예로, '고양이를 본다'라고 부르는 사건을 상기해 보자. 사적인 이유로 고양이 대신에 개라는 개념으로 대체해 보자. 어느 날 아침 침대에서 꿍 하고 울리는 소리를 들었다. 나는 꿍 하는 소리가 울려서 침대에 그 울림이 전해짐을 느꼈다. 나는 땀 냄새를 맡았다. 내 팔 위로 축축한 것이 있음을 느꼈다. 결국 나는 그것이 "개"라는 것을 알게 된다. 어떻게 나는 듣고-느끼고-냄새맡고-느끼면서 개라는 생각을 하게 되었는가? 나의 감각-경험과 실재에 대응하는 나의 진술 간의 결합을 확신에 차서 말할 수 있도록, 우주는 어떻게 구조화되는가? 간단히 말해서, 현재의 사건 속에서 감각의 패턴을 인지했으며, 이 인지는 자연의 일정성에 대한 살아있는 증거이다.

상세한 설명은 생략하고 간단히 몇 가지 점에만 주목할 것이다. 먼저 나는 꿍 하는 소리를 듣는다. 이 감각은 침대, 의자, 아내, 스탠드에 대한 나의 감각-패턴과는 다른 것이다. 그것은 개 혹은 고양이에 대한 나의 감각-패턴이다. 그것은 벼룩들에 물린 곳을 긁고 있는 개일 수도 있고, 장난감 쥐를 갖고 노는 고양이일 수도 있다. 둘째로 나는 꿍 하는 소리가 진동됨을 느낀다. 그런데 벼룩에게 물린 곳을 긁거나 장난감 쥐와 노는 것은 이미 과거에 일어났던 사건이므로, 진동하는 침대라는 감각 패턴의 일부분이 되지는 못하지만, 진동하는 마루라는 패턴의 일부분은 될 수 있다. 꿍 하는 소리와 진동의 결합된 패턴은 내가 직접적으로 감각하지 못한 것을 의미 관련시킨다. 이 패턴이 일어나는 곳은, 즉 벼룩에게 물린 개가 긁거나 고양이가 장난감 쥐와 노는 것은 침대 단계가 아니라 마루 단계이다. 꿍 하는 소리-진동의 직접적이고 능동적인 의미 관련은 또한 침대-단계라는 간접적이고 수동적인 의미 관련을 전달하였다. 셋째로 나는 땀냄새를 맡았다. 이것은 내가 침대, 아내, 마루, 혹은 딸이라고 부르는 감각-패턴의 부분은 아니지만, 개라고 부르는 패턴의 부분이다. 왜냐하면 나의 고양이는 결코 그러한 냄새가 나지 않으며, 다만 장난감을 어질러놓는다. 나는 개라고 부르는 감각패턴을 인지하기 시작한다. 마침내 나는 축축함을 느낀다. 그리고 이것은 아내, 고양이, 혹은 딸이라고 부르는 감각-패턴의 부분이 아니고, 내가 눈을 뜨지 않고서도 "개"라고 말할 수 있는, 즉 개라고 부르는 패턴의 부분이다. 게다가 내가 검으며 키가 크고 살이 찐 것 대신에 노랗고, 키가 작고 빼빼마른 감각 패턴을 가진 요소들을 보게 되더라도, 그렇게 놀라지는 않을 것이다. 왜냐하면 전자는 나의 개에 해당하는 감각-패턴에 대응하며, 후자는 나의 이웃 개라고 부르는 감각-패턴에 대응하기 때문이다.

'개를 본다'라고 부르는 동시적인 사건을 통해서(이 개별적인 상황에서는 눈으로 본다는 것을 실제로 포함하지는 않는다), 나는 꿍 하는 소리-진동-땀냄새-축축함이라는 즉각적, 직접적, 능동적 의미 관련을 경험하였다. 또한 나는 방 안의 침대-단계에서 직접적, 간접적, 수동적인 의미 관련을 경험하였다. 물론 위에서 말한 각각의 목록들은 우리가 원하는 정도까지 확장시켜나갈 수 있다. 그러나 나는 이것으로도 중요한 점을 드러내기에는 충분하다고 판단한다. 예를 든 사건에서 개-대상이라고 부르는 감각-패턴은 대상으로서 자신을 능동적으로 의미 관련이 되며, 관계항으로서 자신을 수동적으로 의미 관련시킨다. 전자의 의미 관련은 명료하게 이해가능하나, 후자는 이보다 복잡하다.

우리는 전자의 의미 관련을 즉각적, 직접적, 능동적이라고 기술하며, 후자를 즉각적, 간접적, 수동적이라고 기술한다. 즉각적이라는 용어는 동시적인 것에 대한 정의와 동일하므로, 전자를 후자로 대체시켜 보도록 하자. 그러면 앞의 두 가지 기술은 동시적-직접적-능동적인 것과, 동시적-간접적-수동적인 것으로 기술된다. 다만 여기서는 후자의 동시적이라는 요소에 초점을 맞추자. 간접적인 의미 관련의 양태에 있어서 우리는 두 가지 근본적인 관계성의 유형을 가진다. 즉 그것은 동시적인 것과 비동시적인 것이다. 전자는 공액이라는 일반적 연결로 특징지워지는 관계성이며(우리는 이것을 간단히 두 가지 범주들로 구분할 것이다: 동시적인 것과 공액적인 것), 반면에 후자는 연장이라는 보다 근본적인 연결로 특징짓는 관계성이다. 결합들에 대한 이 두 가지 유형은 '연장이론'이라는 절에서 보다 정확하게 구분될 것이다. 지금 든 예에서는 다만 두 유형의 근본적인 차이점에 대해 알아볼 것이다.

앞에서 언급했듯이, '아침 내 방의 침대-단계'라는 감각 패턴의 요소는 간접적, 수동적으로 주어지나, 그것은 '개를 본다'라고 부르는 사건과 동시적이다. 이 사건 속에 전달된 그러한 감각 패턴의 요소는 우주의 전반적 구조에서 관계항으로서 자신을 의미 관련지우는 감각패턴의 기능이 된다. 직접적인 의미 관련은 여기-지금에 관한 정보를 우리에게 제공한다. '여기-지금'이란, 시공간의 구간을 통해서 발생하는 즉각적인, 현재하는 감각-경험이다. 간접적인 의미 관련은 여기-지금을 저기-그때와 여기-그때로 관계지우는 맥락을 제공한다. 달리 말해, 간접적인 의미 관련은 시공간으로 일반화되는 정보를 제공한다. 앞에서 선택한 예시에서, 관계항으로 감각-패턴을 이루는 간접적인 의미 관련은 '쿵 소리-진동-땀냄새-축축함'이라는 감각패턴에 대응하여 '아침에 내 방 침대-단계'라는 맥락을 제공했다. 이 맥락은 직접적으로 보고, 냄새 맡고, 만지거나 들음으로써 감각된 것이 아니라, 경험의 동시적인 양태 속에서 간접적으로 주어진 것이다. 내가 '아침 내 방의 침대'에 있지 않았더라면, 이러한 특별한 경험을 하지 못했을 것이다. 내가 있었던 장소, 있었던 시간에서 나의 존재는 이 사건의 감각-패턴 속에서 일어났었던 여러 요소 간의 결합성에 대한 통합적 부분으로서 세계에 기능하였다. 이것은 사건이 일어날 때, 사건에 관한 정보이다.

감각-패턴의 간접적인 의미 관련으로 주어진 이 동시적인 상황과 더불어서, 설명되어야 할 또 하나의 결합성의 양태가 있다. 즉 그것은 비동시적인 양태이다. 나의 방 밖에 있었던 개라는 용어에 정확히 대응하는 감각-패턴이 현재 나의 방 안에 있는 그 패턴이다. 이 감각-패턴은 지난 밤 침실 밖에 있었던 개라는 용어와 밀접한 관련이 있다. 지금 동일한 감각-패턴이 나의 방 안에 있다는 사실은 바깥문이 열려 있었고, 그 감각-패턴이 거기로 들어왔다는 것을 나에게 간접적으로 의미 관련된다. 나는 이것을 직접적으로 알지는 못하지만, 그것은 그 동시적인 감각-패턴을 통해 나에게 전해져 온다. 왜냐하면 현재의 동시적인 패턴은 지금의 우주 시대를 특징짓는 결합을 명시하기 때문이다. 만약 마술이나 비-일정성의 힘이 개입하지 않는다면, 이 시대에 개라는 감각-패턴이 집 밖에서 이 방으로 들어오는 유일한 방법은 문을 통해서이다. 물론 여기에 대해서 여러 가지 이의가 진술될 수 있다. 다만 논의의 명료성을 위해 간단한 상황만을 가정할 것이다. 만약 문이 닫혀져 있는데 내 방안으로 들어온 개를 보게 된다면, 나는 앞에서와는 아주 다른 상황을 생각하게 될 것이다. 그러나 그것은 여전히 비동시적-간접적-수동적으로 나에게 알려진다. 만약 문이 닫혀있다면, 개는 벽을 통해서 들어올 수도 있다. 이것은 우주에서 작용하는 다른 구조를 우리에게 보여줄 것이다. 그 우주에서는 개나, 추측컨대 다른 사물들이 이전에는 벽이라고 부르는 것을 통과할 수 있다.

연장 이론에 대한 절에서, 우리는 개라고 부르는 감각으로 특징짓는 사건이 열려진 앞문으로 걸어 들어온 것으로 부르는 개로 특징짓는 사건을 어떻게 포함하는가에 대해 탐구할 것이다. 우리는 후자의 사건을 '*열려진 앞문을 통해서 걸어 들어온' 것이라고 볼 수 있다.* 이 두 사건들은 한 사건이 다른 사건을 포함하는 것으로 입증된 근본적인 연장 관계로 결합된다. 앞의 예에서 '직접적으로, 능동적으로' 받아들여졌던 감각-패턴은 자기 자신을 대상으로 의미 관련시킨다. 그리고 '간접적으로, 수동적으로' 받아들여진 감각—패턴은 경험의 세계에서 자기자신을 관계항으로 의미 관련시킨다. 대상으로서의 감각-패턴은 사건 안에서 결합들을 명시하는데, 이 결합은 동시적인/공액적인 양태 속에서의 연장이라는 근본적 관계들의 실례이다. 관계항으로서의 감각-패턴도 사건 안에서 결합들을 명시하는데, 이 결합은 두 가지 양태에서 연장 관계를 나타낸다. 즉 이것은 동시적인/공액적인 것과 비동시적인/인과적인 것이다. 그 사건 속의 감각-패턴의 의미 관련은 두 가지 근본적인 연장 관계, 즉 두 가지 결합 양태로 진술된다.

> …우리는 한 요인 속에서 본질적인 관계와 우연적인 관계(결합)를 구분해야 한다.

어떤 요인의 본질적인 [결합]은 그 요인의 독특한 개별성 속에 내재한 [결합]이다. 이러한 결합이 없다면, 이 요인은 유한자로서의 자신의 특성을 드러내지 못한다. 그것들은 한정된 존재들의 체계에서 그 요인을 하나의 존재로 위치지우는 결합들이다.

어떤 요인의 *의미 관련*은 오로지 그 본질적인 [결합들]과 관계한다.

어떤 요인의 우연적인 [결합들]은 그 요인과 다른 요인 사이의 [결합들]이다. 이 결합은 그 요인의 독특한 개별성의 변화 없이도 가능한 것이다. 만일 그것의 우연적 [결합들]이 달라지더라도, 그 요인은 자신의 개별성을 바꾸지 않는다(R 23).

여기서 중요한 점은, "관계들"(relationships)이라는 용어를 "결합들"(connections)이라는 용어로 대체하는 이유이다. 화이트헤드에게 있어서 이 두 용어는 동의어이다. 이 글의 목표는 연장에 대한 근본적 관계를 조사하는 것이다. 여기서 연장은 연장적 결합을 의미한다. 어떤 단계에 이르면, 이 두 가지 다른 용어들은 기능이 같아진다. 화이트헤드에게 있어서 이것은 1905년의 "자연 세계의 물질 개념들에 관해서"(MC)라는 논문만큼이나 일찍부터 명백한 것이다. 하지만 이것은 1922년 「상대성 원리」(R)가 나올 때까지는 명확한 것이 아니었다. 화이트헤드가 언급하는 본질적인 결합들은 필연적이며, 불변하며, 일정한 것이다. 그에 반해 우연적인 결합들은 변하기도 하고 비일정한 것이다. 위상학에서 전자는 그것이 발견되는 우주의 가장 근본적인 구조를 특징짓는 불변하는 것으로 보인다. 화이트헤드에게 본질적인 결합들은 공액적인 것으로 의미 관련의 능동적인 양태 속에서 발견되며, 인과적인 것으로서는 의미 관련의 수동적인 양태 속에서 발견된다. 우연적인 결합들은 동시적이지만 비공액적인 것으로서 능동적인 양태 속에서 발견되며, 그리고 비-인과적인 것으로 수동적인 양태 속에서 발견된다. 결합의 근본적인 양태인 연장은, 점-복합성 직관에 의해서 강조된 것으로서 자연의 추이라는 사실의 직접적인 산물이며, 임의의 요인 속의 독특한 개별성에 대한 *본질적인 결합*의 양태이다.

만약 한 요인의 의미 관련이 오로지 본질적인 결합들과 관련된다면, 그리고 본질적 결합들이 연장적 결합—그것은 자연의 추이의 직접적 산물인데—이라면, 이때 임의의 요인의 의미 관련은 자연의 추이의 활동이라는 방향적 과정에 복잡하게 상호 얽혀있다. 모든 요인들은 이 의미 관련을 표현하기 때문에, 그것들 모두는 상호 간에 의미 관련을 가진다. 모든 곳에서 어떤 것이 발생한다는 자연의 방향적 과정은 일정하기(연대기가 아니라, 위상학적으로) 때문에, 자연과 사건 상호 간을 위해서 각 사건의 의미 관련은 반드시 일정해야만 한다. 각각의 사건과 다른 사건들과의 의미 관련이 알려지는 것은 연장의 결합에서 나오기 때문에, 결론적으로 이 우주에서 사건들을 특징짓는 시공간은 연장적 결합들의 일정한 본성에서 도출되어야 한다. 이러한 관점에서 보면 화이트헤드의 시공간이 사건들 간의 일정한 연장적 결합의 위상학에 근거해 있으며, 대상들 사이의 결합에 대한 비-일정한 우연적 기하학에 근거해 있지는 않다는 사실을 알 수 있다.

> 사건들은 상호간에 의미 관련된다. 사건들의 일정한 의미 관련은 따라서 사건들의 일정한 시-공간적 구조가 된다(R 25).

위상학은 불변하는 필연적 결합과 관련되고, 반면에 기하학은 대상들 간의 우연적 결합과 관련된다. 화이트헤드의 우주론에서 오직 불변하는 결합은 사건들 사이에서 얻어지는 것들이며, 반면에 대상들 사이의 결합은 각각의 사건 속에서 다른 것이다.

이후 상대성 원리에서(62ff) 화이트헤드는 각각 형용사에 의한 인식과 관계성에 의한 인식으로서 인식되는 능동적인 양태와 수동적 양태에 관해서 언급한다. 형용사적 결합들은 사건 내에서 형용사들 간에(대상들 혹은 감각 패턴들) 일어나는 것으로 현재 속에서 사건에 대한 맥락을 설정한다. 비동시적 결합은 사건의 과거와 미래 사이에서 시공간을 결정하기 위한 맥락을 제공한다. 사건들의 형용사들은 그 개별적인 사건들에 대해서 우연적인 것이며, 반면에 사건들의 의미 관련은 자연의 필연적이고 일정한 방향적 추이로부터 나온 것이다.

당신 스스로 '빨간 헝겊 조각이 있다'라고 상상해 보라. 당신은 그 사물의 빨간 색 그 자체를 확증하고자 하며, 당신은 주로 빨강 그 자체 때문에 그 사물을 인식하게 된다. 달리 말해서, 빨강 그 자체는 당신에게 빨강인 것을 드러낸다. 이것은 형용사에 의한 인식이며, 여기서 빨강은 형용사적인 것이다.

그러나 당신의 경험은 형용사에 의한 단순한 인식보다도 훨씬 멀리 나아간다. 당신의 지식은 단지 빨강만은 아니다. 거기에는 헝겊 조각이 있으며, 그것은 당신이 그 조각을 관찰하는 동안에 영속한다.

따라서 당신은 그 조각을 시공간적 위치를 가지고 있는 것으로 인식하며, 이것을 통해서 우리는 자신들의 특수한 경험에 관련된, 현재의 시공간적 위치를 제외한 자연의 나머지와의 어떤 관계성의 유형을 나타낼 것이다. 시공간적 관계성에 의한 그 조각의 상호-결합성으로부터 발생하는 자연에 대한 이 인식은 관계성에 의한 인지이다(R 62-63).

형용사에 의한 인식은 감각 패턴에 대한 동시적, 직접적, 능동적 인식이다. 이 감각 패턴은 대상으로 자신을 의미 관련지우는 것이다. 한편, 관계성에 의한 인식은 감각 패턴에 대한 동시적-간접적-수동적 인식이며, 또한 비동시적-간접적-수동적인 인식이다. 이러한 감각 패턴은 관계항으로서 자신을 의미 관련지우는 것이다. 이 후자의 인식 범주인 관계성에서 시공간 구조를 구성하는 결합들이 명료화된다. 빨간 형용사가 진입한(혹은 앞에서 든 개에 관한 예시에서 꽝 소리-진동-땀-축축함) 그 특수한 사건은 시공간의 구간을 통해서, 그 사건의 '여기 있음'과 '영속'에 의해서 자연의 나머지와 결합을 가진다. 이것은 자연의 궁극적 방향적 추이인 사실과 사실의 요인의 예증이다.

> 자연의 어떤 한정된 장 내에 있는 한 사건에 부착된 현상인 형용사를 분석하는 것이, 자연의 나머지에 있는 다른 사건에 부착된 형용사들에 대한 어떤 확실한 지식을 가져다주는 것은 아니다…. 나는 현상의 우연성이라는 말로 이 사실을 언급한다.
>
> 반면에 비록 시공간의 성격이 어떤 의미에서 선험적이지는 않더라도, 어떤 지각된 장 내에서 사건들의 본질적인 관계성은 이 지각을 통해서 다른 모든 사건들의 관계성이 순응하도록 요구한다.
>
> 왜냐하면 지각된 이 관계들이 무엇인가를 앎으로써, 다른 지각되지 않는 사건들이 이와 같이 직접적으로 지각된 사건들과 시공간적으로 결합된다는 것을 알 수 있기 때문이다.
>
> 달리 말해서 이 [결합]은 개별적 지각의 직접적인 조사를 통해서 밝혀진 고립의 경우를 넘어 자연이 연장하는 것으로 알려지기 위해서 체계적인 일정성을 가져야만 한다는 것이다. 우리는 이 사실을 사건들의 일정한 의미 관련이라고 부를 것이다.
>
> 따라서 자연을 구성하는 특성은 '현상의 우연성'과 '사건들의 일정한 의미 관련'에 의해서 표현된다.
>
> 이 법칙들은 각각 형용사에 의한 인식과 관계성에 의한 인식에서 드러난

자연의 특성을 표현한다.

> 이 학설은 우연적인 형용사에 의존해서 시공간의 굴곡의 인과적 이질성을 나타내는 아인슈타인의 공식에 대한 해석을 반대한다(R 64-65).

화이트헤드는 어떤 사건들의 개별적인 형용사들을 안다는 것(대상들의 감각 패턴)이 모든 형용사들에 대한 인식, 심지어 다른 사건들에서의 이와 유사한 형용사들에 대한 인식으로 이끌지는 않는다고 주장한다. 이 성격은 각각의 개별적 사건에 따라 변하며, 따라서 그것은 사건들의 우연적 측면들로 인식된다.

그는 계속해서 이 추론에 근거해서, 지속적으로 우주의 모든 사건들에는 결합성이 있을 것이라고 분명하게 주장한다. 만약 이 우주 속에 있는 사건들이 서로 관계되지 않는다면, 그것들은 또한 알려질 수 없다. 그러나 우리는 지각의 제한된 장 내에서 이 사건들을 알고 있다. 그러므로 그 사건들은 각 사건에 관계된다. 마찬가지로 우리의 지각 가능한 분야 내에서 모든 다른 사건들은 결합의 동일한 유형에 의해서 관계되어야만 한다. 만약 우리가 이것을 받아들이지 않는다면, 화이트헤드의 우주론을 탐구할 이유가 없을 것이다. 어쨌든 인식론과 우주론에서 화이트헤드의 이론이 받아들여진다면, 그때 그의 도식의 근거인 체계적인 관계성이 전개될 것이다.

비록 우리가 별개의 사건들이 무엇인가를 그 자체만으로 실제적으로 알 수 있는 방법은 없다고 하더라도, 그것들이 이 우주 시대에서 따르고 있는 결합들의 유형을 알아냄으로써 우리는 그것들이 존재할 수 있다는 것을 알 수 있다. 이러한 방식으로 결합성의 우주적 규칙을 알아냄으로써, 연장성(~부터/에로 연장하는, 너머서 연장하는)은 임의의 지각의 장 내에서의 사건들 내에서 그리고 사건들 사이에서 작용하는 결합들의 유형을 가리키게 된다. 만약 방향성이 일정하다면, 그 우주 내의 결합성도 역시 일정해야만 한다. 사건들이라고 불리는 이 근본적인 단위들은 방향성과 연장성의 직접적 산물인 일정한 관계성을 명시한다. 그러므로 자연의 특성은 현상의 우연성과 더불어(대상들의 기하학) 사건들의 일정한 의미 관련(사건들의 위상학)에 의해서 진술되어야만 한다. 전자는 변할 수 있고 비일정하나, 후자는 불변하고 일정하다.

이것은 화이트헤드가 시공간의 굴곡 혹은 휘어짐의 이론에 이르게 되는, 진공에서 빛의 최고 속도(UPPER LIMIT)의 중요성에 대한 아인슈타인의 해석을 거부하게 되는 추론의 근거이다. 그 굴곡을 나타내는 질량은 사실상 굴곡된 거리(metric)에 대한 필요성을 만들어냄으로써 시공간의 기하학을 변경시킬 수 있다. 그러나 그것은 그 질량의 존재를 떠받치고 있는 구조인 사건들 간의 위상학적 결합들을 바꾸지는 않는다.

의미 관련 학설은 우리를 일정성과 질서에 대한 첫 번째 범주에서부터 그것의 근본적인 관계의 유형을 결정함으로써, 사건들의 클라스를 형성하는 여러 가지 관계항들로 이끌어 간다. 우리는 의미 관련 개념이 복잡한 구조로 전개되어가는 것을 보게 된다. 그리하여 사건들의 성격(대상들이라고 불리는)을 구성하는 감각 패턴들을 통해서, 사건들은 의미 관련의 이중적 역할을 수행한다. 먼저, 사건들은 자신을 존재들로 의미 관련시키며, 둘째로 그것들은 자신의 우주를 성격짓는 관계성의 일반적 도식 속에서 관계항들로서 의미 관련된다. 전자는 능동적인 양태이며, 존재의 동시적이고 직접적인 의미 관련으로 일어난다. 후자는 동시적이기도 하며 비동시적이기도 하다. 그러나 언제나 간접적이고 수동적이다. 두 가지 근본적인 의미 관련들의 이 세 가지 양태들

즉 동시적-직접적-능동적, 동시적-간접적-수동적, 비동시적-간접적-수동적 양태들은 연장이라는 근본적 관계의 일반적 범주에서 위의 세 가지 유형의 결합으로 나타난다. 간략히 말해서, 세 가지 유형들은 모두 연장적 결합이다. 첫 번째 유형은 공액이라고 불리며, 두 번째 유형은 동시적이라고 불리며, 세 번째는 인과적이라고 부른다. 우리는 위상학의 중요성과 화이트헤드의 근본적 도식과 위상학 사이의 관계를 간략히 조사해 본 후에, 연장적 결합의 이 세 가지 근본 유형을 집중적으로 탐구해 볼 것이다.

위상학

1884년 당시에 위상학은 대체로 그 어떤 특정한 정의를 허용하지 않는 수학의 근본적이면서도 다양한 영역 가운데 하나였다. 그것의 탐구분야는 미분기하학과 점-집합에서부터 대수학과 보편 공간들에까지 뻗쳐 있다. 광범위한 이해가 없더라도, 위상학에 대한 연구는 근본적인 구조의 요소들에 대한 탐구로 간주될 수 있다. 이 요소들은 각각 그것들의 장(field)의 특징만을 나타내는 것들에 제한되며, 어떤 제한 속에서 이 요소들은 변화, 혹은 변형에서 불변하는 특성을 나타낸다. 제한은 불변하는 특성만큼이나 중요한 것이다. 실제적으로 그것들은 위상학을 한정하는 요소를 제공하며, 어떤 구조의 요소들은 이 제한에서 위상학을 결정하는 것으로 이해된다.

화이트헤드가 1927년에 일련의 강의를 통해서 「과정과 실재」를 저술할 때, 위상학은 생겨난 지 얼마 안 된 학문이었고, 자기 자신의 기초와 다른 학문의 분과와의 관계를 설정하는 시도 중이었다. 이와 같이 전개된 이론적 개념들은 전 지역으로 확산되지 않았기 때문에, 화이트헤드는 갓 생겨난 이 관념들을 의식하지 못했거나, 거의 접촉하지 않았음이 분명하다. 이미 보았듯이, 1898년 보편 공간에 대한 그의 초기 작품에서 시작해서 우주론에 대한 작품에 이르기까지, 화이트헤드는 직관적으로 근본적인 구조의 요소들을 탐구하는 것처럼 보였다. 이때 그가 최종적으로 우주론적인 구조 이론, 즉 느낌의 위상학을 전개할 것이라는 것에 대해서 놀랄 필요는 없다. 그것은 다른 탐구의 분야, 특히 수학의 분야에서 근본적 구조들(위상학)을 정의하는 동일한 기초적 한정에 근거해 있다.

이와 같은 위상학의 구조에 대한 여러 가지 세부 내용들은 현재 우리의 연구 범위를 훨씬 넘어선다. 우리는 매우 난해한 사항들을 피하기 위해서 화이트헤드의 도식과 특수하게 관련된 그러한 요소들만을 다룰 것이다. 기하학적 위상학에 나오는 다음과 같은 예를 고려해 보자. 원(sphere), 원환체(torus)[도넛], 그리고 이중-원환체(double-torus)[이중-도넛, 혹은 팔면(figure-eight)]를 취해서, 이것들의 바깥 표면에 원을 그려서, 주변전체를 둘러싸자. 첫 번째 경우 지구 주변의 적도와 같은 것으로 보이는 것이 있으며, 두 번째 경우 타이어가 지면에 닿는 면(tread)과 같은 것이 있으며, 세 번째 경우 반-달걀 모양 같이 보이는 것이 있다. 우리는 고의적으로 거리나 크기에 관해서는 말하지 않을 것이다. 위상학의 특성은 거리나 측정과는 하등 관련이 없다. 하지만 위상학의 근본적 특성을 연구하기 위해서는 보다 세부적인 서술이 필요하다. 우리가 위에서 언급한 세 가지 도형들에서 대체적으로 선들의 거리에 관해서는 어떤 주의도 할 필요가 없으며, 오로지 그것들의 연속성 혹은 결합성을 깨뜨리지 않는 범위 내에서 우리가 좋아하는 표면들 위에서 그것들을 움직일 수 있다. 달리 말하면, 우리는 선들 중의 어떤 것도 자를 수 없다. 그리고 그것들을 다른 배치 속으로 재연결할 수 없다.

지금 그 구의 표면 위에 그려진 원은 적도만큼 크게 만들어질 수 있으며, 혹은 단 하나의 "점"만큼 작게 만들어질 수도 있다. 그러나 그 원환체의 바깥에 그려진 원은 오직 도넛의 내부의 지름만큼이나 작게만 만들 수 있으며, 바깥의 지름만큼 크게만 만들 수 있다. 이것을 한 점에 접근하려는 크기로 줄어들도록 할 수는 없다. 명백하게 구와 원환체의 근본적인 특성 사이에는 어떤 근본적인 차이점이 있다. 마찬가지로 이중-원환체의 경우에도 똑같다. 만약 우리가 이중-원환체의 바깥에 그려진 원을 줄이려고 한다면, 우리는 언제나 원 내부에서 두 개의 '도넛 구멍들'을 갖고 있음을 발견할 것이다. 결코 한 점에 접근할 만큼 작게는 하지 못한다. 우리의 결론은 이 경우에 있어서 동일하다. 이중-원환체의 본질적인 구조는 다소 단순한 원환체나 구의 본질적인 구조와는 다르다는 것이다.

이 세 가지 도형들에 있어서 원들의 근본적 특성 혹은 한정이라고 지시할 수 있는 것은 결합성(connecteness) 혹은 연속성(continuity)이다. 로렌스 스칼라(Lawrence Sklar)는 연속성은 위상학의 원초적인 개념이며, 결합성은 연속성이 특수한 구조 속에 명시되는 방법과 관련된 매우 특수한 정의를 갖고 있음을 진술한다.[59] 화이트헤드는 결합성의 개념들에 대해서 작업할 때, 그런 결합성에 대해서 아주 근본적인 의미를 이해하였다. 이 결합성은 윌더(R, L, Wilder, 1978)에 의해 "결

59) Sklar, p. 51, "Whitehead's Philosophical Development", in *The Philosophy of Alfred North Whitehead,* ed. Paul A. Schilp, New York: Tudor Publishing Co. 1951, p. 76.

합된'(Connected)에 대한 위상학적 개념의 진화" (evolution of the Topological concept of 'Connected')라는 개략적인 논문에서 명백하게 밝혀졌었다. 이 검토에서 윌더는 칸토르(Cantor)가 연속성과 결합성 개념들을 구분하는데 결정적인 역할을 하였다고 주장했다. "칸토르에 따르면, En의 연속체는 두 가지 근본적인 특성들, 즉 완전하게 되는 성질과 결합된 것의 성질을 갖고 있어야만 한다."[60] 윌더는 이때 1904년 숀프라이(A. Schoenflies)에 의해서 출판된 논문에서 결합된 것의 개념에 대하여 근본적으로 중요한 전개 단계를 추적했다. 1904년의 논문에서 "결합성이 전반적으로 분석적 장소(위상학)에 대한 중요하면서도 근본적인 성격"이라는 암시가 수행된다.[61] 화이트헤드와 숀프라이가 명백히 따로 작업을 했음에도 불구하고, 화이트헤드의 세미나 논문인 "물질 세계의 수학적 개념들에 대해서"(1905)와 사영 기하학과 화법 기하학에 관한 그의 두 논문이 제출된 것은 거의 동시대라 할 수 있다.

거의 동시에 W. H. 영(Young)과 G. C. 영(Young)은 영역들(regions)의 관점에서 결합성에 대한 정의를 도입한다.[62] 이것은 화이트헤드가 이십여 년 후에 PR에서 발전시켜서 제시하는 정의와 두드러질 정도로 유사하다. 이것은 다음 절에서 탐구될 것이다. 윌더(Wilder)는 결합(connected) 개념의 전개에 대한 자신의 고찰을 통해서 다음과 같은 결론을 내린다. "이 개념은 숀프라이(Schoenflies)가 위상학적 특성으로써 그것의 독립된 지위뿐만 아니라, 위상학적 변환 하에서 그것의 불변성을 지적할 때까지는 수학 이론에서 그 자신의 고유한 자리를

60) Wilder, p. 722.
61) Ibid, [3]관련 주를 참조. 그 텍스트에 첨부되어 있다.
62) Ibid., [22]관련 주를 참조. p. 204.

발견하는 데 실패하였다."[63] 화이트헤드도 거의 동시적으로 평행하게 전개된 결합성의 개념의 근본적 본성에 관해 유사한 결론에 이르게 되었다는 사실은, 그것은 분명하게 확인되지 않은 출처에 화이트헤드의 작품이 어떤 영향을 받았을 수도 있다는 것을 보여준다. 화이트헤드는 위의 작품들 중의 어떤 것에 대해서도 직접적으로 언급하지 않았으며, 마찬가지로 그는 그들 중의 어느 누구에 대해서도 스스로 언급하지는 않았다. 이리하여 영향에 관한 결론은 대단히 숙고해야 할 일이다. 어떤 이유에서든지 간에, 결합성의 개념은 화이트헤드에 의해서 선택되었으며, 수학적이고 우주론적 구조의 탐구에 있어서 근본적 개념으로서 많은 다른 개념들도 그에 의해서 선택되었다.

화이트헤드가 탐구하고 있는 경험의 위상학의 주된 한계 혹은 기초는 결합성인 것으로 나타난다. 이 기초적인 성격 내에서 위상학을 결정하는 구조의 요소들은 결합성의 유형들이다. 이 결합성의 유형들은 경험의 위상학에서 불변한다. 그것들은 이중연속적인(bicontinuous) 변환이라고 불리는 어떤 변화의 유형 내에서 여전히 불변적인 것이다. 간단히 말해서, 이 변화의 유형은 거의 모든 공간의 기하학적 특성을 변경하는 매우 보편적이며, 비-일정한 변환이다. 이것은 탄력 있는 종이 위에 도형을 그림으로써 예시된 변화의 유형이며, 이때 그려진 도형의 어떤 부분을 끊지 않고 탄력 있는 종이의 배치를 뻗치고, 꼬이고, 접고, 변경시키는 것이다. 이 경우에 그 종이는 찢어지거나 잘라지거나 재접착되지는 않는다. 탄력 있는 변환에 의해서 남겨지는 것은 그 도형의 위상학적 성질들이라고 불리는 성질들의 집합이다. 그것들은 도형이나 존재의 가장 일반적이면서도 근본적인 성질들이며, 이러한 이유 때문에 그것들은 위상학 연구의 대상이다.

63) Ibid., p. 724.

이 근본적 요소들은 위상학적 단계에서 도형 혹은 존재의 기본적 구조를 형성하기 위해서 결부된다. 위상학적 성질들의 입각점으로부터 공간을 분석해 갈 때, 우리는 결합성을 근본적으로 제한하는 것과 더불어 수많은 성질들을 발견한다. 하지만 화이트헤드의 목적에서, 부가적인 공간의 성질들, 즉 차원성(dimensionality), 조밀성(compactness), 방향성(orientation)은 주된 탐구 대상이 아니다. 그의 초점은 경험의 세계 속에 있는 결합성에 있으며, 어떻게 그것이 자연의 추이라는 변환을 통해서 보존되는가에 있다. 이 추이에 의해서 명시된 변환은 한 지속으로부터 다른 지속으로의, 혹은 한 경험의 현실적 계기로부터 다른 현실적 계기에로의 변환이다. 이것은 이중 연속적이다. 왜냐하면 한 사건 속에 있는 감각 패턴은 다른 사건 속에 있는 감각 패턴으로 역전가능한 일 대 일 사상함수이기 때문이다. 첫 번째 사건 속에 있는 패턴은 그것이 두 번째 사건으로 투영될 때 저 패턴의 요소들 간의 결합성들을 변경시킴이 없이 뻗칠 수 있고, 꼬일 수 있고, 접힐 수 있으며, 혹은 달리 변경될 수 있다.

탄력 있는 종이 위에 그려진 도형의 사례에서 제시된 두 가지 패턴들 사이의 일 대 일 사상 함수는 그것들 사이에 동치를 구성한다. 그 종이가 아무리 꼬여도, 그 종이 위에 패턴의 각각의 개별적인 요소는 사영된 패턴에서 유일하게 동등하다. 우리는 패턴의 근본적인 결합성을 잃어버리지 않고서도 그 종이의 본래의 상태를 구부려서 투사할 수도 있고, 구부린 것을 펼 수도 있다. 그 변환을 '뒤집는' 이 능력은 그것을 이중 연속적인 것으로 기술하는 기초이다. 이 이중 연속적인 변환은 오직 불변하는 혹은 변경되지 않는 어떤 결합성의 유형만을 드러내며, 이 유형들은 경험의 장의 위상학적 성질들이다. 사영된 패턴이 처음에 발생한 근본적인 결합성을 유지할 때, 그것이 아무리 변경되고 변형된다고 하더라도, 그 두 가지 패턴들은 위상학적으로 동등한 것이다.

이 특수하고 근본적인 동치는 중요하다. 왜냐하면 화이트헤드는 1905년도에 제출한 그의 논문에 대한 우리의 조사에서 발견되었던 것과 마찬가지로 점들과 다른 기하학적 존재들을 정의하기 위해서 이 개념을 사용하기 때문이다. 이러한 동치는 연장적 추상화의 방법의 근거이며, 이 방법은 1917년에 나타나며 1927년에 그의 복잡한 연장 이론에서 절정에 다다른다. 일 대 일로 대응하는 어떤 패턴들이 근본적이지도 않으며, 불변하지도 않는 주위의 요소들과 분리할 수 있다는 관념은, 경험 세계의 구조를 탐구하려는 화이트헤드에게는 강력한 도구로 작용한다. 사영 기하학에 대한 초기 저작에서, 그는 근본적 구조의 메커니즘을 통찰하였으며, 이후 어떤 결합들의 요소들 혹은 패턴들이 변환 중에 불변한다는 결론을 도출한다. 이 특징으로 우리는 그 패턴들을 동일시하며, 그것들이 작동한다는 것을 발견한다.

MC에서 그의 점-복합성 직관은 연장의 근본적 본성을 드러내는 것을 도왔다. 즉 점들은 더 이상 차원이 없으며 연장된 것이다. 그리고 민코프스키(Minkowski)의 이론과 특수 상대성 이론이 결합되었기 때문에, 이 점들과 순간들은 시공간의 구간들이 되었다. 화이트헤드는 시간의 방향성(자연의 추이)에서 도출된 시공간의 근본적인 동적인 성격과 그 구간들을 연구하였다. 그가 알아낸 시공간의 근본적인 동적인 성격의 기능은 결합성이라는 추이의 연장적 단위들(위로 연장하는, 안으로 연장하는, 너머로 연장하는)이었다. 이 추이의 단위들은 존재들(사실의 요인들, 의미 관련 학설의 관계항)로 일반화되었으며, 영역들(연장이론에서)로 기하학적으로 표현되었다. 그것들의 일반화된 사용에도 불구하고, 이 대상화된 통일체들은 자연의 추이의 산출을 남겨 놓는다. 전개된 의미 관련 학설로서, 이 추이의 통일체 사이의 어떤 결합성의 유형의 불변성은 명백하게 된다. 이 추이의 변환이 분석적으로 역전될 때, 그 결합성은 여전히 불변적이며, 화이트헤드는 이중연속적인 변환 하에서 그런 불변성에 접근하는 근본적인 중요성을 의식하였다. 1927년쯤에 화이트헤드는 이 의미를 그러한 추이의 단위들 사이의 결합성을 완전히 전개하는 우주론적 설명으로 발전시켰다. 화이트헤드가 PR 4부에서 기술한 설명은 거의 동시대에 착수되었던 위상학적 탐구 논문들과 두드러질 정도로 유사하다.

1932년 오스발트 베브렌(Oswald Veblen)은 "현대 기하학의 어떤 양상들에 대해서"(On Certain—Aspects of Modern Geometry)[64]라는 강의를 하였다. 그는 이 강의를 통해서 기하학에서의 가장 현대적 전개들을 탐구하였다. "분석적 장소"('Analysis Situs)에 대한 강의에서(위상학에 대한 당시의 이름), 그는 위상학의 근본 개념에 대한 사용과 전개에 대해 설명했으며, n-cell 위상학을 조사함으로써 보편 공간 이론을 제시했다. 그의 설명은, 비록 그렇게 명명된 이름은 다르더라도, 화이트헤드 자신이 제공한 위상학적 범주들과 명백히 유사한 것이다. 화이트헤드는 난형 클래스로 영역(regions)들을 예시했는데, 이것은 의미 관련 학설에서 관계항(추이의 근본적인 통일체)이라는 보편 공간과 유사하다. 또한 이것은 PR에서 현실적 존재자들이라고 불렸다. 화이트헤드가 분석적 장소 혹은 위상학이라는 용어를 결코 사용하지 않았다는 사실이, 그의 작품과 다른 사람들에 의해서 추구된 작품들 사이에서의 유사성을 모호하게 하지는 않는다.

1939년에, 칼 멩거(Karl Menger)는 "점들이 없는 위상학"[65]이라는

64) Veblen, pp. 207~255.
65) Karl Menger, "Topology Without Points", *The Rice Institute Pamphlet*, 27, January 1940, p. 84.

제목으로 강의를 하였다. 이 논문에서 그는 20년 전 화이트헤드가 제시했던 관념들에 대해 언급한다(아마도 PNK나 CN에 대한 참조로 추정됨). 이것들은 덩어리 혹은 구면 위상학에 대한 니코(Nicod)의 연구에 영향을 미치고, 자극을 주었다.

니코는 화이트헤드 자신이 정의한 덮개(covering), 추상적 클라스(abstractive classes)와 거의 동일한 용어를 사용해서 이 관념들을 보다 명백히 드러내고자 하였다. 멩거의 이러한 전개 과정은 일찍이 1906년의 논문인 APG(사영기하학의 공리)의 (이전 절에서 지적한 것처럼) 목적 중의 하나인 '점들의 쌍들에 대한 합동'에 대한 정의에 근접근함을 보게 된다. 멩거는 화이트헤드의 이러한 전개 양상으로 계속해서 작업했다. 결국 그는 덩어리의 위상학(구형 혹은 영역들)이 당시에 명백히 지배적 이론이었던 '점 집합-이론' 모델보다도 훨씬 더 일반적이라고 결론짓는다.

화이트헤드가 다른 학자들과 공동 작업을 하였다는 직접적인 증거는 없다. 하지만 앞의 내용에서 분명히 드러내는 것은, 그가 '세계의 여러 가지 양상들에 대한 위상학적 결합성'에 대해 여러 곳에서 이를 탐구했던 다른 학자들과 거의 유사한 결론과 개념들을 도출해냈다는 것이다. 어떤 경우에 이 탐구는 순수하게 수학적이다. 다른 경우에 이 탐구는 보편 공간과 관련된다. 반면에 화이트헤드의 탐구는 세계에서 자연의 추이의 연장적 통일체들에 집중된다. 당시 전개 중인 위상학의 기초로 받아들여진 '결합성과 변환'이라는 개념과 동일한 지점에서 화이트헤드가 작업하였다는 것은 아주 명백한 것처럼 보인다.

로버트 팔터(Robert Palter)는 1960년에(거듭해서 1961년에)[66] 다음과 같이 지적하였다. 이 주장은 엘리자베스 크라우스(Elizabeth

66) Palter, "The Place of Mathematics in Whitehead's Philosophy", p. 49.

Kraus)[67]에 의해 1979년 다시 한번 제기되었다.

> 이 점에서 화이트헤드의 영역 개념이 대단히 순수하게 위상학적인 것처럼 보인다. 즉 영역들은 [위상동형사상(homeomorphisms)이라고 불리는 이중 연속적인 변환] 위상학적 변환의 관점에서 불변하는 바로 그 성질들을 가진 것으로 가정된다.
>
> 지금 우리는 이미 이전 장에서 계량적(metrical) 변환과 아핀(affine) 변환을 알아보았다. 그리고 이 장의 후반부에서 사영 변환이라는 보다 일반적인 클라스를 경험하게 될 것이다. 그러나 위상학적 변환은 앞의 어떤 변환들보다 심지어 훨씬 더 일반적인 것이다. 대략적으로 말하자면, 구면을 잡아 찢지 않고, 떨어져 있는 점들을 일치시키려고 하지 않는 기하학적 존재(즉 구면)에 대한 어떤 자의적인 변형이 위상학적 변환이다.
>
> 이에 관한 정확한 분석적 정의는 다음과 같다. 위상학적 변환은 일-대-일(one-one)이며, 연속적이다. 계량적 변환과 아핀변환과 사영 변환은 모두 위상학적 변환의 특수한 경우들이다.[68]

나의 능력으로는 이 인용문들을 철저하게 고찰하지는 못할 것이다. 다만 이에 대한 개략적 탐구를 통해서 그 이상의 논의가 진행되기를 바랄 뿐이다.

이와 관련된 수학 내용을 보다 세부적으로 다루는 것은 문제를 어렵게 만들 뿐이다. (보다 구체적으로 살펴보기를 원한다면, 주석 60에 언급된 저작들을 참조하라.) 다만 위의 인용문에서 팔터가 규정한 두 가지 구별에 관심을 집중시키고자 한다. 그는 어떤 존재를 찢지 않고

---

67) Elizabeth N. Kraus, *The Metaphysics of Experience*. New York: Fordham University Press, 1979, pp. 146~143.

68) Palter, *Whitehead's Philosophy of Science*, pp. 110~111, p. 123.

개별의 구성 요소로 합체(coalesce)시키지 않는 변형을 위상 변환의 보편 집합(보다 전문적인 용어로는 위상동형사상이라고 부르는)으로 정의한다. 이것들은 결합에서의 주된 두 가지 변화의 범주들이다. 앞에서 예를 들었던 탄력 있는 종이를 찢어보자. 그 종이에 그려진 원은 도형에 따라 얼마나 자주 종이를 찢는가에 의해서 한 선분으로, 혹은 다수의 선분으로 변경될 수 있다. 만약 우리가 몇 개의 선분을 바꾸어서 종이를 재부착시킨다면, 도형에서 일부의 요소들 간의 사이성(betweenness)이 변경되어야 할 것이다. 이러한 변경은 처음의 도형과는 근본적으로 다른 도형을 만들게 될 것이다. 비록 이 도형이 전반적으로 동일한 형태를 갖더라도, 그것은 처음의 도형과 위상학적으로 동치는 아니다. 이 도형의 근본적인 결합성의 요소는 변화된다. 즉 순서(2장을 참조하라)가 바뀐다.

예를 들어, 한 선형 도형에 A, B, C, D, E라는 다섯 개의 위치를 표시해 보자(그림 #2에 대한 언급). 2장에서처럼 이 위치들의 순서는 출발점에서 이미 (ABCDE), (BCDEA), (CDEAB), (DEABC) 혹은 (EABCD)라는 한 방향으로 나아가는 것으로 기술될 수 있다. 그리고 그 도형을 반대 방향으로 뒤집는다면, 그 순서가 정확하게 바뀔 것이다. 간단히 살펴보기 위해, 전자의 순서에 해당하는 방향에 대해서만 알아보자. 지금 탄력 있는 종이를 찢어서 선분 AB를 그 종이의 한 부분에 놓고, 선분 CDE를 다른 부분에 놓는다. 이때 선분 AB의 부분을 뒤집어서, 약간 당기고, 이 두 부분을 재결합시킨다. 현재 (ABCDE)라는 위치를 가진 선형 도형을 뒤집을 때, 우리는 즉각적으로 최초의 도형에서 위치의 순서가 (ABCDE)이었으며, 뒤집어진 도형에서 그 순서는 (BACDE)이라는 것을 알아차린다. 첫 번째 도형에서 B는 A와 C 사이에 있는데, 반면에 두 번째 도형에서 B의 사이성의 결합은 변경된다. 사이성의 결합이나 관계가 변경될 때, 그 도형의 순서는 변경되며, 이에 의해서 그것의 근본적 결합성도 변한다.

우연한 일치(coincidence)나 합체에 관한 팔터의 두 번째 요점도 그 도형의 결합성에 유사한 변화가 일어난다는 것을 지적한다. 만약 우리가 탄력 있는 종이를 접어서 A와 B를 겹치거나(overlap), 혼란스럽게 한다면, 두 개의 위치는 또 다른 도형으로 사영하거나 사상한다는 관점에서 볼 때 우연한 일치라고 할 수 있다. 이러한 관점에서 이 도형의 A와 B의 위치는 다른 도형에로 사영(projection)되거나 사상(mapping)된다. 혹은 우리는 A 와 B가 하나의 위치로 합체될 때까지 그 선분을 줄일 수 있다. 이 경우에 B는 A에 의해서 덮여짐으로써 자신의 동일성을 잃게 된다. 그 두 개의 위치들은 처음의 도형의 형태에서처럼 더 이상 별개의 요소들이 아니다. 그 결과 두 번째 도형은 첫 번째 도형과 일 대 일로 대응하는 것이 아니다. 그러므로 두 가지 도형은 위상학적으로 동치하지 않는다. 게다가 처음의 도형에서의 결합성의 근본적 양상은 변경되었다.

3장에서 살펴보았듯이, 결합성은 의미 관련 학설에서 근본적인 관계 유형이다. 이에 의해서 우주는 우리의 경험을 통해서 명시된다. 연장적 결합은 이 관계성의 가장 일반적 범주인데, 이것은 결합, 방향(자연의 추이의 방향성), 그리고 연장(점-복합성 직관)이라는 개념에서 나온 것이다. 연장적 결합이라는 이 근본적인 관계성은 화이트헤드의 느낌의 위상학의 기초이며, 경험 세계의 구조이다. 가장 근본적인 위상학적 구조는 화이트헤드의 우주론에서 그의 느낌 이론을 통해서 예시되며, 그것은 의미 관련 학설의 작용을 밝히기 위해 가장 완벽하게 표현된 도식이다(PR 3부). 수학을 그의 학문적 근거로 삼고, 모든 이론이 그 현실적인 의미를 갖기 위해서 존재론적으로 구성되어야만 한다는 그의 경험적 신념을 통해서, 화이트헤드는 가장 근본적인 구조를 탐구하는 경험의 세계를 여행하였다. 그가 발견했고 이때 확장시킨 이론은 느낌의 위상학의 기초를 제공하는 연장적 결합이라는 근본적인 위상학적 범주이다.

1961년 루치오 취아라비글리오(Lucio Chiaraviglio)는 화이트헤드의 느낌 이론을 집합-이론 위상학(set-theoretic topology)의 관점에서 정식화하였다. 1963년과 1964년에 그는 상당히 복잡한 집합-이론 표기의 체계로 이 관념들을 확장시켰다.[69] 취아라비글리오의 중요한 결론 중의 하나는 화이트헤드의 느낌이론이 본질적으로 경험 세계의 위상학이라는 것이다. 그는 한 경험의 계기(PR에서 현실적 존재자) 속에 있는 느낌들의 패턴이 다른 경험의 계기들로 사영되거나 사상되는 어떤 한정성(PR에서 영원한 대상)을 가진다고 주장한다. 만약 패턴이 한 계기에서 다른 계기로 방금 언급된(동일성과 순서) 동일한 한정 아래에서 연결된다면, 우리는 두 현실적 존재자들이 위상학적으로 동치하는 것이라 설명한다. 이와 유사하게 느낌들의 패턴 그 자체는 위상학적으로 동치인 것으로 고려된다. 예를 들면, 이미 실례를 들었던 희고-부드럽고-딱딱한 감각 패턴에는 대리석이라는 이름이 부여된다. 이 패턴이 다른 경험의 계기(사건) 속에 나타날 때, 처음의 패턴에 대한 그것의 위상학적 동치는 대리석이라는 동일함이 증명되도록 허용한다.

69) Lucio Chiaraviglio, "Extension and Abstraction", in *Process and Divinity*, ed. William L. Reese and Eugene Freeman, *La Salle, III*, Opencourt Publishing Co., 1964; Lucio Chiaraviglio, "Strains", *Journal of Philosophy*, 58, 1961, pp. 528~534; Lucio Chiaraviglio, "Whitehead's Theory of Prehension", in *A. N. Whitehead: Essays on His Philosophy*, ed. George L. Kline, Englewood Cliffs: Prentice-Hall, 1963.

지금 한 사건에서 다른 사건으로의 변환이 변경되지 않는 패턴과의 근본적 결합성을 가질 때, 우리는 이 두 사건을 통해서 대리석이라는 것을 말할 수 있다. 패턴 내에서 그 요소들의 분리(동일)는 여전히 동일하며, 순서 역시 변경 없이 변환된다. 이 경우에 패턴의 순서는 세 가지 분리 요소의 포함이다. 만약 최초의 이 세 가지 요소들 중에서 오직 두 가지만 있다면(즉 부드러움과 딱딱함), 이때 처음의 세 가지 요소와 이 두 가지 요소들 사이에서 패턴의 동일화는 가능하지 않을 것이다. 이 근본적 단계에서 구조를 다루는 데 있어서 흥미 있는 양상들 중의 하나는, 위상학적으로 동치인 패턴들이 직접적인 변환의 산물이 아닐 때조차도 동치인 것으로 인식된다는 것이다. 경험의 한 계기가 희고-부드럽고-딱딱한 감각 패턴을 포함할 때, 일반적 기술은 대리석이다. 물론 이 일반적인 특징에 있어서 예외적인 것은 지각 전반에 대한 보다 완전한 설명에로 이끌어갈 것이다.

고양이나 개를 예로 들어 설명하는 것이 나을 것이다. 목을 가르랑거리거나-문지르거나-모피로 뒤덮인 감각 패턴이 한 사건 속에서 일어날 때, 이때 우리는 습관적으로 고양이로 기술한다. 이에 관해 근본적으로 다르게 기술하는 일은 아주 드문 일이다. 이 예시의 중요한 결론 중의 하나는, 매우 이질적인 각각의 경험의 계기들에서도 이와 유사한 내용이 적용되는 범위(협의에서든 광의에서든) 내에서는 경험의 전반적인 구조가 적어도 일정하다는 것이다.

2장에서 기술한 것처럼, 각각의 현실적 존재자가 감각 패턴들 속에서 한정을 위하여 동일한 가능태를 가져야 한다. 화이트헤드는 이와 같은 자신의 주장을 구체적으로 드러내기 위해 다음과 같은 근거를 제시한다. 즉, 경험의 세계는 실제로 일정하다

위상학적 대응의 근본적 범주인 결합성은 의미 관련 학설과 느낌

이론의 구조에 있어서 단서가 된다. 화이트헤드의 우주론에서 이 결합성은 자연의 추이의 방향성과 결부된 것으로, 나중에 연장의 결합성, 혹은 연장적 결합이 된다. 경험의 세계에서 요소들 간의 이 관계성은 자연의 추이, 혹은 과정이라는 보다 근본적인 사실로부터 나온 것이다. 이 과정의 근본적 통일체인 사건들은 연장적으로 결합된 요소들이다. 그리고 이 사건들 내에서 감각 패턴은 동일한 구조적 한정성에서 일어난다. 지금부터 PR에서 연장적 결합의 구조로 제시되는, 보다 진전된 위상학의 체계에 대해서 알아보자.

연장 이론

앞서 1장에서 설명했던 대부분의 수학적 기초들은 이제 이 절에서 보다 쉽게 이해될 수 있다. 연장 이론에서 예시되는 화이트헤드의 느낌 이론의 근본적 위상학을 살펴봄으로써, 우리는 초기의 수학적 직관에서 감각 지각에 대한 경험적 주목에 이르기까지 전개된 전반적인 의미를 명백하게 알게 된다. 1장에서 우리는 이 우주의 과정 경험 세계가 어떤 특수한 합동 군(congruence group)에 지배된다는 화이트헤드의 가정을 살펴보았다. 이러한 합동 군에는 본질적으로 필연성이 부가되어 있지는 않다. 여기서는 오직 이 합동 군의 존재론적 적용가능성과 충분성만을 고려할 뿐이다. 우리가 연장적 결합의 세 가지 주요한 유형들을 탐구할 때, 그 유형들은 화이트헤드가 ADG에서 일반화시켰던 합동의 공리들에서 제시한 요소들의 동일성(분리성), 요소들의 순서와 요소들의 쌍의 합동을 분명하게 명시한다. 이 공리들은 실제적으로 사영 기하학의 공식에서 표현된 일 대 일 변환(혹은 이중 연속적인) 군의 성격들이다. 그러나 위상 수학이 전개될 때, 이와 유사한 공리들이 위상동형사상이라 부르는 이중연속적인 변환을 기술하는 것으로 일반화되었다.

연장 이론의 어려움을 이해하기 위한 중요한 단초는, 화이트헤드가 PR에서 연장에 관련된 관념들을 제시하기 이십 년 전에 밝혔던 MC의 교차점(교점) 이론에 있다. 교점이론(2장)은 직선들이 다발이라는 관점에서 점들을 정의하며, 이러한 경우에 이것은 그 다발 속의, 각각의 (임의의) 직선들을 임의의 다른(혹은 모든) 직선들과 위상학적으로 동치시키는 것으로써 동일성의 기초를 세운다. 비록 화이트헤드가 1905년도에 MC의 교점이론을 경험의 위상학을 세우기 위하여 사용한 것이 아니라고 하더라도, 1905년에 발표된 MC의 개념들과 그것들의 기능들이 경험의 위상학의 값진 기초라는 것은 1927년에 출판된 PR의 전망에서 명백하게 입증된다. 교점 순서의 공리들은 존재들 간의 결합의 방향성(공리 *1.51)을 세우고, 결합의 사이성과 순서(공리 *1.52, *1.53)를 세우고, 결합된 요소들의 분리성이나 동일성(공리 *1.54)을 설정한다. 앞의 장에서 우리는 결합성(동일성과 순서)의 근본적 본성에 관한 화이트헤드의 결론과 이 공리들 사이의 상관성을 이미 살펴보았다. 위상학에서 결합성은 논리적인 전체/부분의 결합성과 러셀의 유형 이론이나 이질적인/구성 요소의 부분들보다는 교점이론에서의 결합성의 개념과 동질적인 부분들(3장에서 '포함'의 절을 보라)과 관련된 결합성에 더 많은 공통점을 가진 것처럼 보인다. 이러한 구별은 중요하다. 왜냐하면 그것은 화이트헤드가 연장적 결합의 개념을 전개하면서 이르게 된 일반적 방향을 진술하기 때문이다.

PR에서 화이트헤드는 브린 마워 대학의 테오도르 드 라구나

(Theodore de Laguna) 교수가 제시하는 내용에 대하여 어떤 신뢰를 부여한다. 그 이유는 연장적 결합의 개념이 연장적인 전체/부분의 개념보다는 오히려 경험의 구조에 대한 분석을 위하여 사용되고 있기 때문이다. 화이트헤드가 이에 관해서 세 번이나 언급하기 때문에(PR 287, 295, 297), 드 라구나가 제시한 내용과 그 경위를 알아보는 일은 우리에게 약간은 흥미로운 일이다. 화이트헤드와 그의 연구가들 사이에서 수학적 차이점과 철학적 차이점, 혹은 여러 가지 상이한 의견을 조사하는 것은 이 연구의 목적은 아니다. 그러한 연구 작업은 어쩌면 평생 해야 될 작업이 될 것이다. 결론부터 말하자면, 드 라구나 교수가 화이트헤드의 연장 이론에 유일하게 기여한 점은, 세련되지만 일관성이 부족한 논증을 제시한 것이라고 필자는 결론짓는다. 심지어 화이트헤드가 드 라구나를 인정한 이유조차 쉽게 이해되지 않는다. PR에서 화이트헤드는 자신의 연장 이론을 고찰하면서, "연장적 결합"의 보편 개념이 전체/부분 개념보다 훨씬 더 일반적인 출발점이라는 드 라구나의 진술을 언급한다. 드 라구나 자신이 화이트헤드에게 이러한 내용을 제시했더라면, 화이트헤드는 PR에서 언급된 세 개의 논문들 중의 어느 곳에서건 그것에 대해서 표시를 했을 것이다. 정말 이상한 일이다! 우리는 드 라구나의 세 개의 논문에서 연장적 결합이라는 개념에 대한 유래를 찾는 것조차 힘들다는 것을 알게 된다.

1922년 드 라구나는 세 개의 논문을 발표했다. 두 개는 공간의 일반적 본성을 다루며, 나머지 하나는 앞의 두 논문에 대한 부록에 해당된다. 그리고 이 논문들은 화이트헤드의 '연장적 추상화의 방법의 양상들'[70]에 관해서 다루었다. 무한 지속을 경험한 것을 매우 소박하게

70) Theodore de Laguna, "The Nature of Space-I", "The Nature of Space-II", and "Point, Line and Surface, as Sets of Solids", *Journal of Philosophy,* 19,

진술한 방식 때문에, 화이트헤드는 여러 가지 어려움을 겪게 된다. 이러한 진술 방식은 사람들에게 오해와 노골적인 거부를 일으켰으며, 화이트헤드에게 커다란 고통을 가져왔다.

이 문제를 둘러싸고 끊임없는 논쟁이 있어 왔다. 그러나 여기서 내가 관심을 갖는 것 이상으로, 우리는 그 논쟁의 세부 사항들을 살펴보지는 않을 것이다. 다만 드 라구나 교수의 경우에 대해서만 살펴보고자 한다.

> 화이트헤드 교수의 설명과 현재의 설명 사이의 차이점은 다음과 같이 특수화할 수 있다. 그의 설명은 사건에서 시작한다. 현재의 설명은 어떤 대상의 집합, 즉 물리적 입체에서 시작한다.
>
> 화이트헤드 교수는 다른 시간-체계들에 있어서 순간들의 교차에 논리적으로 의존해서, 선형 순서와 길이와 거리뿐만 아니라, 점과 선과 표면—그 문제에 있어서 역시 입체—에 대해 개념화한다. 반면에 나에게 있어서 이것은 관계에 대한 현실적 체계에 있어서 아주 심각한 왜곡인 것으로 보인다.
>
> 그러나 이러한 차이에는 보다 깊은 근거가 있음에 주의해야 할 것이다. 화이트헤드 교수의 작품은 경험의 본성에 관한 어떤 이론에 근거해 있다. 그것은 대단히 미심쩍은 것처럼 보인다. 화이트헤드가 신뢰하듯이, 그는 우리의 감각 경험에 주어지는 어떤 여건에서 시작한다. 나의 출발점은, 사물을 솜씨 있게 조작할 때 각 사물이 서로에게 향해가는 행위에 있다(드 라구나 394).

드 라구나의 주장은 우리가 경계가 없는, 혹은 무한한 지속을 경험하지 못한다는 것이다. 「자연 인식의 원리」와 「자연의 개념」에서, 화이트헤드는 경험의 계기들과 지속을 분리하는 데 거의 노력을 기울

1922, pp. 393~461.

이지 않았으며, 이 양자의 동일성을 가정한다는 일반적인 오해를 불러 일으켰다. 화이트헤드가 점-복합성 직관과 시간의 방향성으로부터 연장성을 도출하였음을 기억하라. 점들은 감각을 전달하지는 않으나 연장성은 전달한다. 마찬가지로, 자연의 추이의 방향성도 모든 경험의 계기 속에 깊숙하게 박혀 있다. 연장성과 방향성이라는 이 양자는 특수한 사건이나 경험의 계기 속에 제한된다. 즉 연장성은 특수한 순간에 시작해서 특수한 순간에 종결되며, 따라서 자연의 추이의 주요한 방향성은 유일하게 한쪽 방향의 요소로 분할된다. 그러나 연장성과 방향성은 포함(extends-within)과 공액(extends-throughout)과 매개적 결합(extends-between)과 외적 결합(extends-beyond)으로 특수화된 우주론적 구조에서 '자의적'으로 제한된 부분들이다. 이러한 방식에서 무한은 유한 속에 포함된다. 드 라구나와 여러 다른 학자들이 불합리한 것으로 여긴 점은 경험에 있어서 감각-경험을 무한 요소와 동일시한 설명이다. 화이트헤드에게 연장공리는 경험에서 시간의 연장되는 본성의 직접적인 산물이며, 연장이 없는 고전적 단위인 순간에 초점을 맞추기보다는 오히려 이 경우에 있어서 연장된 시간의 단위인 지속에 초점을 맞추는 것이 우리에게는 합리적으로 보인다.

화이트헤드가 저지른 실수는 무한 요소들을 위한 경험적 지위를 주장한 데 있는 것이 아니라, 무한 사건들로서의 지속과 위상학적 의미에서 경계들(boundaries)이 있는 경계 없는(unbounded) 사건들로서의 지속 사이의 구별을 명백하게 확증하지 않은 것이다. 여러 가지를 기술하는 방식에서 화이트헤드는 여타의 미숙한 실수를 저질렀다. 하지만 우리는 그가 이 문제에 대해서 PNK와 CN에서는 별다른 관심을 두지 않았으나, PR에서 그 개념을 명백하게 위상학적으로 취급함으로써 그 문제를 개선하였다고 전적으로 추측할 수 있다. 이것은 확실치는 않으나, 결코 잘못된 추론은 아니다. 명백히 화이트헤드는 우리가 무한 사건들을 경험한다고 주장하지는 않았다. 경험이라는 용어의 사용은 무한 사건을 거부하는 것이다. 우리가 경험하는 것은 제한이나 경계들 내에서 일어난다. 그 사건은 지속을 한정하는 순간들 속에서의 공액이다.

이리하여 드 라구나는 공간적 질서와 측정이라는 개념들을 조사하기 위한 출발점으로서 그것들 속에 있는 물리적 입체들을 선택했고, 화이트헤드의 사건들을 거부했다. 우선 PNK와 CN에서 화이트헤드의 목표는 "과학의 궁극적인 여건"을 밝히고, "지각적 인식의 궁극적 여건에 있어서 시간과 공간의 관계"를 결정하는 것이다(PNK v-vi). 공간적 질서와 측정은 단지 이러한 기획에 대한 하나의 양상일 뿐이며, 시간의 경우에도 마찬가지이다. 드 라구나가 다룬 물리적 입체는 시간과는 어떤 관계도 없으며, 사실상 앞에서 말한 그의 세 가지 논문들의 목표는 공간의 본성을 확립하는 것이다. 드 라구나의 이러한 목표를 생각해 볼 때, 그가 시간을 전적으로 제외하고 사건을 물리적 입체로 대체한 것은 아주 합리적인 것처럼 보인다.

> …화이트헤드 교수의 "연장적 추상화"의 방법에 대한 변경된 형태는 다음과 같다. 그 변경은 연장의 관계(전체와 부분의 관계)에서가 아니다. 즉 그것은 단지 부분으로서의 포함(including)이 아니라, 완벽하게 포섭(enveloping)한다는 의미에서, 즉 포접(containing)이라는 관계의 사용에서 구성된다.
>
> 그러나 지금 이것들은 취급할 때, 포접(containing)이나 너머-연장되기(extending-over)를 근본적인 것으로 가정해서는 안 된다. 이 양자는 결합할 수 있는 것이라는 관계의 관점에서 정의된다(드 라구나 451).

첫째로 이것은 드라구나 교수가 화이트헤드에 대해서 평가한 유일한 설명이다. 위의 내용에서나, 심지어 용어나 기능에 있어서도 연장적 결합에 대한 어떤 말도 없다. 둘째로 너머-연장되기의 관계는 단순히 전체/부분의 관계보다 훨씬 더 포괄적이다(3장을 참조). 화이트헤드의 과학 철학에 대한 중요한 해석가인 로버트 팔터는 "우리는 (사차원적) 사건들로 공간적 영역들을 대체해야만 한다."라고 지적한다. 공간적 영역들을 위한 부분-전체 관계는 이때 사건들을 위한 너머-연장(extending-over)의 관계에 의해서 대체되어야 할 것이다.[71] 이 모든 문제에 있어서 비극이 일어나는 것은 드라구나 교수 때문이다. 그는 민코프스키의 이론을 이해하지 못하고 있다.

세 번째로 포접(containing)의 기능은 3장에서 어느 정도 완벽하게 설명했다. 즉 (1905년) MC에서 점유(occupation), (1914년) RTS에서의 σ와 τ-포함(inclusion), (1917년) ASI에서의 울타리(enclosure), (1919년) PNK에서의 덮개(covering), 그리고 (1919년) CN에서 포함(inclusion)이 있다. 드 라구나가 너머-연장되기(extending over)가 화이트헤드 작품 속에서 완벽한 포섭되기(enveloping)를 논리적으로 포함하지 않는다고 한 것은 그것을 철저하게 이해하지 못하고 있다는 증거이다. 또한 드 라구나는 주(p. 359, n. 1)에서 처음 두 가지 논문들에 대한 원본이(공간의 본성에 대해서) 1922년에 발표되기에 앞서서 오년 동안 보관하고 있었다는 흥미로운 내용을 보여준다. 이것은 드 라구나가 적어도 PNK와 CN이 출판되기 2년 전에 이미 논문들을 준비하였다는 것을 뜻한다. 만약 앞의 두 논문들이 화이트헤드의 작품이 출판되기 전에 착수되었더라면, 이 논문들이 화이트헤드의 이론을 직접적으로 언급하기 위해서 변경되었다는 사실은 놀라운 일이다.

최종적으로 포접되기(containing)와 너머-연장되기(extending-over)가 결합의 관계에서 나올 수 있다는 드 라구나의 진술은, 현재의 탐구

71) Palter, "The Place of Mathematics in Whitehead's Philosophy", p. 44.

에 의하면 바로 화이트헤드 자신이 도달한 결론의 일부라는 것이다! 매우 의미심장한 이 네 번째 가정에서 볼 때, 나의 생각은 드 라구나의 의견이 이미 직접적으로 화이트헤드가 내렸던 결론에서 드러났다는 것이다. 우리는 다음과 같이 물어볼 수 있다. 왜 화이트헤드는 드 라구나 자신이 하지 않은 것에 그런 아낌없는 신뢰를 부여하는가? 이에 대한 답변은 아주 사변적이다. 우리는 화이트헤드가 매우 겸손한 사람이라는 것을 알고 있는데, 이것은 그의 성격에 대한 하나의 실례에 지나지 않는다. 화이트헤드가 무한 지속들과 경계들이 있는 경계 없는 사건들 사이를 구별하지 않은 것은, 동시대의 학자들과 불협화음을 낳게 하였다. 이에 그는 드 라구나와 같이 자신을 비판하는 연구자들을 안심시키려는 의도로 앞에서 언급한 논의를 전개했다. 어떤 경우든 화이트헤드의 성숙한 우주론에서 연장적 결합의 개념은 드 라구나의 도움을 통해서 나온 것이 아니라, 현재 탐구에서 드러난 바대로 그의 오랜 작업을 통해서 발전된 것이다.

화이트헤드의 연구가들도 연장적 결합의 개념에 대해서 많이 다루어 왔었다. 대표적 해석가들인 팔터(Palter), 클라우스(Kraus), 레크렉(Leclerc)[72]은 연장적 결합을 의미 관련된 것들로 부른다. 완전한 형식을 갖추게 되는 PR에서, 연장적 결합이 사건들의 위상학 혹은 느낌들의 위상학의 근본적 범주로 기여하게 된다. 비록 연장적 결합이 자신이 표현하는 용어가 공간적인 것, 즉 영역(regions)인 것이라고 하더라도, 그것은 대상의 기하학과는 전혀 관계가 없다. 화이트헤드는 대상의 세계가 아니라 경험의 세계에서 근본적 구조를 탐구하고 있다. 대상들

---

72) Palter, *Whitehead's Philosophy of Science,* esp. pp. 106~118; Kraus, pp. 127~129; Ivor Leclerc, "Whitehead and the Problem of Extension", *in A. N. Whitehead: Essays on His Philosophy,* ed. George L. Kline, Englewood Cliffs: Prentice-Hall, 1963, pp. 117~124.

간의 관계는 세계에서 자연의 추이의 근본적 통일체들에 의해서 설정된 구조적 조건들을 따른다. 이것은 사건이다. 사건의 구조 속에는 위상학적 불변성이 있다. 이 불변성은 추이의 통일체로써 사건의 근본적 본성에서 직접적으로 파생된 것이다. 이 불변성이 경험의 세계에 일정성을 제공하며, 그것은 시공간적 일정성이 아니라, 위상학적 일정성이다. 즉 이것은 인과성의 관점에서 표현된 것이다.

위의 내용은 너무나 어려워서 종종 일관되게 이해하는 것이 쉽지 않다. 화이트헤드는 연장적 결합이라는 위상학적 입각점에서 일정거리에서의 행위(action-at-a-distance) 혹은 인과성이라는 고전적 문제를 다루고 있다. 특수한 포함-관계는 어떻게 인과성이 작용하는가를 설명한다. 이 위상학을 시각적으로 그려보는 것은 잘못된 결과를 낳는다. 이것을 문자로 표현하는 일은 화이트헤드의 사유를 크게 손상시키는 일이다.

그러나 PR 4부의 연구와 본 연구에서 가장 큰 어려움 중의 하나는, 시공간 개념들이 공간 개념의 언어로 진술된다는 점이다. 민코프스키 이론 때문에 인과성은 시공간 개념이 되지만, 결합은 가끔씩 공간 개념으로 사용되지만, 때때로 시간 개념으로도 사용되며, 연장적 결합은 순수하게 시공간 개념이다. PR 4부에서 화이트헤드는 연장적 결합의 축약된 형태로 결합성을 사용하며, 사건들 대신에 영역들을 사용한다. 만약 우리가 매우 주의 깊지 못하다면, '연장 내에(within) -통해서(throughout) -사이에서(between) -건너서(beyond)라는 것'을 무의식적으로 간과하게 될 것이다. 그리고 우리가 알게 되는 유일한 근거는 공간적인 것처럼 보이게 될 것이다. 이것은 언어의 문제이며, 언어에 따르는 고통스러운 문제이다. 따라서 우리는 사고의 혼란에 빠진다.

화이트헤드에게 있어서 이 언어적 오딧세이에서 세 가지 주된 중간

역이 존재한다. 그것은 "물질 세계의 수학적 개념들에 대해서", "공간의 관계성 이론에 대해서", 그리고 「과정과 실재」 인데, 그 길에는 여러 가지 매개적인 정지점들이 있다. 우리는 이 세 가지 주된 작품들의 각각에서 동일한 투쟁의 매개변수를 발견한다. 이 여행을 통해서 화이트헤드는 명백한 평정을 유지하는 것처럼 보인다. 왜냐하면 그는 오직 공간적인 것을 나타내는 관점에서 말할 때조차도 시공간을 포착할 수 있는 것처럼 보이기 때문이다. 이것은 필수부가결한 능력이다. 그러나 그것은 또한 독자에게는 부담이 된다. 왜냐하면 그것은 독자에게 화이트헤드가 시공간 개념들에서 작업하였음에도 불구하고 오직 공간적 개념들에서만 사고하도록 유혹하기 때문이다! 이 갈등을 어떻게 피하는가가 문제이다.

만약 우리가 RTS가 나온 15년 전으로 되돌아간다면, 이 시나리오가 충분히 전개되는 것을 발견하게 될 것이다. 2부에서 그는 언제나 시간이 부가된 물리적 공간 속에 있는 물리적 대상들에 관해서 말한다. 이 절의 요점은 드 라구나가 오해한 포함에 관해서 동일한 결론을 내리고 있다. 화이트헤드는 물리적 공간 속에 있는 물리적 대상들 간의 직접적인 관계들(결합들)의 가능성을 언제나 시간과 결부시켜서 분석한다.

대상들 간의 공간적 관계들에 관한 관념들에 대한 세심한 분석의 필요성을 명백히 하기 위해서, 그리고 이 관계들 속에 변화를 지배하는 법칙을 분명하게 하기 위해서—종종 묵시적이든 명백하게든 간에—이 주제에서 고찰되는 세 가지 주된 공리들을 고려해 보자.

이 세 가지 공리들은 다음과 같다:

(1) 대상은 전적으로 그 두 가지 장소의 각각에 있다는 의미에서 동일한 시간에 두 가지 장소에 전적으로 있을 수 없다.

(2) 두 가지 대상들은 동일한 시간에 동일한 장소에 있을 수 없다.
(3) 멀리 떨어진 두 가지 대상들은 서로 간에 작용할 수 없다(RTS 7).

이 공리들은 동일한 시간에 혹은 순간적으로(3장에서 탐구된 개념) 물리적 대상들 사이의 직접적 관계를 진정으로 지배하는 것으로 간주될 만한 법칙들을 표현하다. 명료성을 위해, 시간을 배제하고 공간에만 초점을 맞추자. 그러나 곧바로 시간을 재인정해야 한다.

공리(1)은 한 점이 두 점일 수 없다는 것을 진술하며, 공리(2)는 두 점이 한 점일 수 없다는 것을 진술하며, 공리(3)은 별개의 두 점이 결합될 수 없다는 것을 진술한다. 이 공리들이 주로 결합성과 관계된다는 것은 명백하다. 공리(1)은 한 요소를 부분들로 나누지 못하는 위상학적 변환의 조건에 부합한다. 공리(2)는 동일성이 유지되는 위상학적 변환에 대한 조건에 부합한다. 그리고 공리(3)은 우리의 탐구의 요점을 형성한다. 점의 관점에서 말해보면, 별개의 두 개의 점은 결합될 수 없다. 만약 그 점들이 결합된다면, 그것들은 별개의 것이 아니라 동일한 것이다. 점-복합성 직관을 덧붙여 본다면, 별개의 두 개의 체적(PR에서 영역들)은 결합된 것이 아니다. 그러나 결합된 두 영역들이 반드시 동일하지는 않다! 여기서 연장에 대한 직관이 일으키는 근본적으로 복잡한 문제 중의 하나가 있다. 어떻게 두 가지 연장적 영역들이 결합될 수 있는가?

문제는 이런 것이다. 동일하지 않으면서 연장적 영역이 가능한 방식은 과연 무엇인가? 만약 두 영역의 부분들이 각각의 경계들에서 서로를 '접한다면', 오직 한 영역의 한 부분이 두 번째 영역의 한 부분과 결합되는 것으로 말할 것인가? 혹은 각각의 작은 부분이상으로 일치한다면, 그것들은 '접근하는 것' 이상으로 결합되는 것이라 말할 것인가? 어떤 경우라도, 이때 무한 퇴행의 딜레마에 우리는 직면하게 된다.

왜냐하면 각각의 부분이 영역 그 자체이기 때문이다. 그러나 점-복합성 직관은 무한하게 작은 존재자들이 고려된다고 진술하였다. 따라서 우리에게 남은 대안은, 유한하게 결합된 영역들이 전체로 결합된다고 하는 것이다.

> 그러나 두 가지 인접하는 체적들에 공통하는 경계를 고려해 보자. 활동(인과작용)은 오직 이 경계를 가로질러서 일어난다. 그러나 무한하게 작은 체적은 없다. 따라서 그들의 공통적인 경계를 가로질러 서로에게 작용하는 두 개의 유한 체적이 있다.
>
> 그런데 두 개의 유한 체적들은 두 부분들(각각)로 나눌 수 있다. 어떤 체적(부분)의 위치도(그 체적은 경계에 인접하지 않은 위치에 포함될 수 있다) 그 행위에 기여하지 못한다. 왜냐하면 그것은 경계에서 떨어져 있기 때문이다.
>
> 그러나 이때 그 경계에 있지 않은 임의의 점을 둘러싸는 모든 질량(부피)이 그 행위에 기여하는 것은 아니다. 따라서 어떤 방식에서도 그 활동에 기여하는 체적을 점유하고 있는 질량은 없다. 활동은 따라서 그 경계에 위치된 점들의 질량에 기인한다. 그러나 이런 활동은 불가능한 것으로 논증된다(RTS 11).

이 마지막 절은 화이트헤드의 세 번째 합동 공리를 표현하는 또 다른 방식이며, 이 공리는 어떤 유한한 영역에서 다른 영역으로의 변환을 한정한다. 이 유한 영역들은 전체로 받아들여진 체적들이다. 화이트헤드가 1920년대 초기에 원자성이라는 이 개념을 발전시켰다고 생각하는 이들에게 있어서, 그들은 여기에 주목할 필요가 있다. 그리고 그들은 MC에로 나아가서 경계들이 있는 경계 없는 존재자들(unbounded entities with boundaries)을 발견할 필요가 있다. 이것들은 PR에서 경험의 유한 계기들로서 화이트헤드의 현실적 존재자들에 대한 초기의 대응물이다.

이러한 입장을 고수한다면, 두 가지의 고려 사항에 직면하게 된다.

(α) 무한하게 작은 체적들은 없기 때문에, 연장의 제한은 유한해야만 한다. 따라서 우리는 인접하는 매개물에 대한 원자적 구조를 인정해야만 한다. 그 결과 이 매개물은 전체로서 인접하는 요소들 위에 활동하는 궁극적인 유한 요소들로 구성된다.

따라서 이상적인 측면에서는 요소들이 기하학적으로(PR에서 발생적 분할) 분할할 수 있다고 하더라도, 그것들은 분할 불가능한 물리적 활동(인과작용)의 문제이다.

(β) 그 매개물에 대한 이 원자적 구조를 받아들이면서, 만약 두 개의 원자적 체적들 중의 하나가 표면(경계)이 없다면 이 두 체적은 인접할 수 없을 것이다. 왜냐하면 인접하는 점들이 거기에는 없기 때문이며, 결과적으로 별개의 두 가지 경계에 어떤 인접하는 점들도 없기 때문이다.

따라서 (α)와 (β)에 따르면, 이전에 인용된 세 개의 공리들과 일치 속에서 활동(인과작용)을 전달할 수 있는 유일하게 인접하는 매개물은 표면을 가지는 원자적 요소들이 표면이 없는 원자적 요소들과 섞이는 그런 종류의 유한한 원자적 요소들로 구성된 매개물이다(RTS 11).

이러한 섞임은 인과적 유효성(PR)의 양태에서 연장적 결합이다. 그리고 포함의 관계에 의해서 인과작용은 한 원자적 (사건)으로부터 다른 요소로 전달(감각의 패턴이 전달된다)된다. PR에서 표면들을 가지는 원자적 요소들은 완전한 현실적 존재자들이며, 표면들을 가지지 않는 원자적 요소들은 완성 혹은 만족에 이르고자 하는 과정 속에 있는 현실적 존재자들이다. 이것은 완성된 현실적 존재자들의 세계가 개별적인 현실적 존재자들을 한정하는 것이다. 즉 그것은 개별적 경계들을 가지는 과거의 현실적 세계라고 말하는 것과 동일하다. 현실적 존재자로 생성하는 세계는 개별적 존재자들을 한정하는 충분히 형성된 경계들이 없는 현재의 현실화된 세계이다. 이러한 생성하는—존재자들의 한정성은 완성된—존재자들로부터 변환된 감각의 패턴들이 현재의 현실화하는 존재자들의 주변에서 명백하게 한정된 경계들을 형성하는 단계에 이르지는 않는다.

화이트헤드는 점-복합성 직관과 위상학적 구조의 공리와 더불어 동일성과 순서의 공리를 사용함으로써 일정한 거리에 떨어져 있는 활동을 설명하였다. 우리는 시간의 방향성(자연의 추이)을 여기에 부가해서 연장적 결합의 공리들의 관점에서 표현된 체계적인 위상학적 구조를 산출할 수 있다. 이 결합성의 유형은 의미 관련 학설의 두 번째 범주의 성숙한 형태이며, 여기서 관계항(세 번째 범주)의 일정한(첫 번째 범주) 관계성이 표현된다. 연장적 결합의 위상학적 구조는 의미 관련 학설에서 표현된 경험의 구조이다.

화이트헤드는 존재자들 사이의 직접적인 결합들을 논의함으로써 이 도식에 착수하며, 그 도식을 인과적 변환과 함께 완성시킨다. 우리는 MC의 직선, RTS의 직접적인 관계들, PR의 변형들 사이의 관계에 주목해야 한다. 이것들은 직선적인 혹은 직접적인 결합의 이미지를 통해서 인과작용의 관계성을 표현한다. 연장적 결합의 개념은 포함의 관점에서 이 관계를 표현한다. 이 개념은 앞의 장에서 규명하였다. 이것은 PR에서 느낌의 위상학에 대한 결합들의 세 가지 근본적인 유형들 가운데서 첫 번째 유형이다. 이 세 가지의 근본적인 결합의 유형들은 위상학적으로 불변하는 반면에, 네 번째 유형은 경험의 세계에서 위상학적으로 변화하는 결합들로 구성되는 것이다. 세 가지 근본적인 결합성의 유형들은 (1) 점-복합성 직관(연장의 공리), (2) 자연의 추이의 방향성(방향의 공리), (3) 동일성/분리성, 순서/사이성 간의 구별(결합의 공리)이다. 이 세 가지 공리들은 벡터의 공리라고 부를 수 있는 형태와 결부될 수 있다. 왜냐하면 벡터들은 유한하고, 방향이 있고, 결합된 존재들이기 때문이다. 화이트헤드는 절대로 이러한 용어로 그의 도식을 표현하지는 않았다. 하지만 그 용어는 여기서 연장적 결합의 개념에서 작동 중인 메커니즘에 대한 간략하면서도 전반적인 견해를 제공하려는 시도로 제안되었다.

「과정과 실재」의 Ⅳ부는 일반적으로 화이트헤드의 독자에게 큰 혼란을 불러일으킨다. 이런 반응이 나오는 것에는 커다란 이유가 있다. 화이트헤드는 30 여 년 이상 동안 힘들게 다루어 왔던 시공간 관계들의 표현을 15쪽이라는 짧은 단락으로 명료화하고자 시도한다. 「보편 대수론」이라는 저서 및 「프린치피아 마티마티카」라는 저서에서 세계를 해명하려는 그의 시도는 거의 바람직스럽지 못한 반면에, PR에서 이러한 시도는 훨씬 바람직한 결과를 낳는다. 우리는 여기서 PR 3부에서 드러난 상호 관계된 정의들과 가정들의 다수를 해명하지는 않을 것이다. 이와는 달리 우리는 기초적인 위상학적 구조를 독자에게 명백하게 드러내는 그러한 관념들을 간결한 방식으로 제시할 것이다. 예시를 위해 <그림 #5>를 그렸다. 주의를 하지 않는다면, 이 개념들의 공간적 진술은 오해를 불러일으키며, 최악의 경우에 그 도식을 복잡하게 할 것이다. 결합들의 유형들에 대한 이 예시에서 시간화는 명백하게 생략된다.

「과정과 실재」에서, 연장적 결합의 개념은 경험 속에서 인과관계를 표현하는 것이다. 결합된 그 요소들은 인과적으로 관계되어 있다. 결합의 세 가지 근본적인 양태들은 이 장 앞에서 논의했던 의미 관련의 세 가지 양태들에 대응한다. 이 양태들의 의미 관련은 두 가지 범주들로 나뉜다. 그것에는 동시적인 것과 비동시적인 것이 있다. 의미 관련의 비-동시적인 양태는 간접적이며 수동적이고, 연장-내에서, 그리고 연장을-넘어서는 연장적 성격을 명시한다. <그림 #5>에서 도형 1-3은 연장적 결합의 이러한 양태를 예시하기 위해서 그려진 것이다.

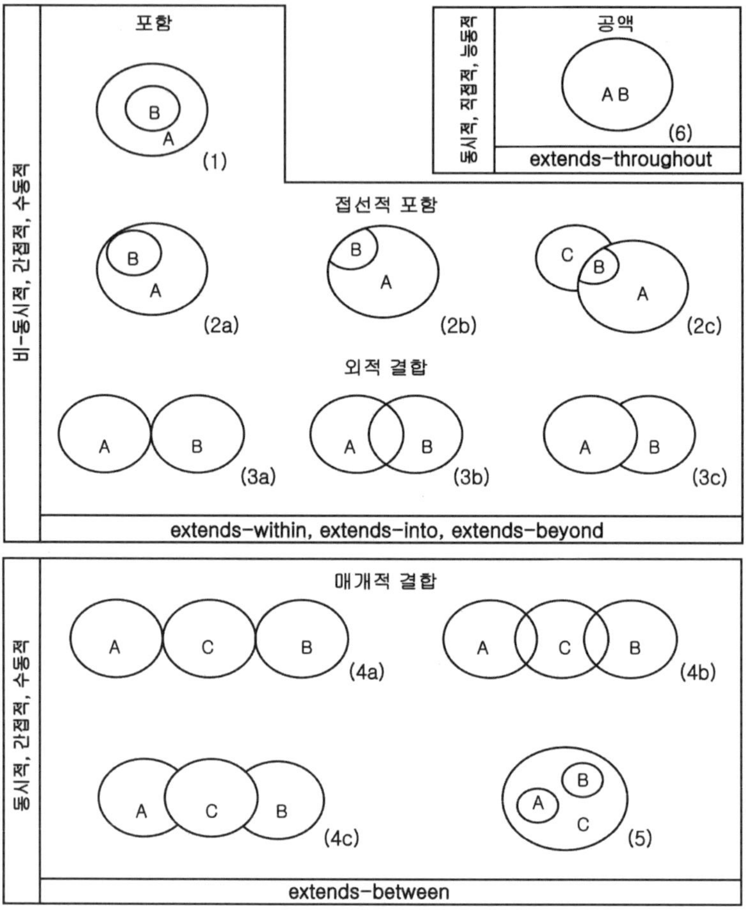

<그림 #5>

도형 (1)은 연장적 결합에 대한 보다 일반적인 관계적 도식의 선구자가 되는 포함의 관계를 예시한다. 이 예시에서 (A)는 (B)를 포함한다. 이 관계는 유럽을 경유하는 여행이라는 이전의 실례에 의해 표현될

수 있다. 우리는 유럽을 경유하는 여행의 사건이 이탈리아를 경유한 여행의 사건을 포함하는 것이라고 말할 수 있다. (B)의 모든 요소는 (A)속에 포함되는데, 그 이유는 (B)를 너머-연장되기와 건너서-연장되는(extending-over and extending-beyond) (A)의 성격 때문이다.

마찬가지로 우리는 (B)를 (A)내로-연장되기(extending-within)로 기술할 수 있다. (B)의 모든 요소는 (A)의 어떤 요소를 지니고 함께 연장한다(coextensive). 그러나 그 반대의 경우는 성립하지 않는다. 이것은 화이트헤드의 합동의 세 번째 공리에 대한 가장 철저한 예이다. 왜냐하면 (B) 내에 있는 모든 영역이 (A)의 어떤 영역과 일-대-일 대응을 하기 때문이다.

(A)와 (B) 사이의 결합을 표현하는 또 다른 방식은 (A) 내에 있는 감각의 패턴이 (B) 내에서 되풀이된다고 말하는 것이다. 유럽을 경유하는 여행이라는 패턴은 (A)를 한정하는 성격의 부분이며, 또한 (B)를 한정하는 성격의 부분이다. 이 특수한 예에서 (A) 속에 있는 패턴은 (B) 속에서 거듭해서 일어난다. 왜냐하면 (A)는 (B)에 인과적으로 결합되기 때문이다. 적어도 이러한 성격이 관계하는 한에 있어서, (A)는 (B)의 본성을 결정한다. (B)는 그 자신 속에서 일어나는 모든 것이 역시 (A)에서 일어난다고 말할 수 있는 한에서 (A)의 부분이다. 이것은 두 가지 사건들 간의 특수한 관계성의 유형이며, 앞 절에서 논의했던 지속의 겹침(overlapping)과 포함(inclusion)을 표현한다.

도형(2)는 (A)와 (B) 사이의 인과적 결합성에 대해서 그 이상의 전개를 예시한다. 이 예시에서 (B)는 여전히 (A) 속에 포함되고 있기는 하지만 다른 인과적 가능태들을 가지고 있다. 그것은 (A)에 부가되어서 (B)가 다른 사건들과 인과적 관계들을 가지는 것을 허용하는 포함의 양식이다. 예를 들면, (2a)에서 (A)와 (B) 양자는 (A)의 경계

(boundary)라고 부를 수 있는 점에서 공유하는 어떤 영역을 차지하고 있다. 이 예시가 의미하는 것은 공유의 인과작용이라고 기술되는 경험의 사실이 있다는 것이다. 예를 들자면, 나는 어느 날 저녁에 몇몇 친구를 만나서 최근의 그들이 다녀온 해외 여행에 관해서 대화를 나누면서, 사진을 몇 장 보면서 그 친구들이 여행 동안에 알아낸 재미있는 항목 몇 가지에 관해서 얘기를 나누었다. 이 사건은 시스틴 성당(Sistine Chapel)을 본 패턴을 포함하며, 이 사건은 나의 삶 속에서 일련의 사건들을 촉발시킨다. 나는 약간의 돈을 저축하기 시작하면서 여행 일정에 관해서 탐구하고, 내가 해야 할 일과 '시스틴 성당을 본다'는 패턴을 포함하는 모든 여러 가지 다른 사건들에 대해서 계획을 잡아 나갔다. 마침내 내가 여행을 시작할 때, 이 여행은 유럽을 경유하는 여행이라는 사건으로서 특징지워지는데, 이 사건은 또한 시스틴 성당을 본다는 패턴을 포함할 것이다. 나는 이탈리아를 경유하는 것으로 여행일정을 계획하였는데, 그 결과 나는 시스틴 성당을 볼 수 있다. 친구들을 만난 사건은 나의 경험의 영역에로 투영되거나 사상된(mapping) 느낌의 패턴이 되어서(이 경우에는 특수한 의도) (A)와 (B)에로 그 이상으로 투영되거나 변환된다. 도형(2c)는 앞에서 기술한 사건들 간의 연장적 결합에 대한 양태를 예시하기 위해서 고안되었다. 거기에 화이트헤드는 접선적(tangential) 포함이라는 이름을 부여한다.

도형(3)은 이러한 인과적 결합의 개념을 확장한다. (C)가 (2c)에서 (A)와 (B)에 결합될 때, 도형(3)에서 보여주는 세 가지 예시는 (A)와 (B) 사이에 위상학적으로 동치인 결합을 제시한다. (3a)에서 (A)와 (B)는 오직 한 점에서 결합되는 것으로 나타나는 반면, (3b)에서 그것들은 한 영역에 의해서 결합되는 것 같으며, (3c)에서 그것들은 오직 공통적인 경계 혹은 선을 공유하는 것 같다. 2장에서 진술했던 MC로부터 나온 점-복합성 직관을 회상해보면, 이 세 가지 예시들의 결합성이 (동일성과 순서를 보존하면서) 변화에 의해서도 명백한 형태로 손상되지 않고 남아 있는 한, 세 가지 예시들은 위상학적으로 동치인 것이 분명하다. 화이트헤드는 이러한 관계성을 외적 결합이라고 부르며, 거기서 한 사건에서 다른 사건으로의 패턴의 인과적 변환은 후자가 전자 속에 완전히 포함되거나 포섭됨이 없이 초래된다. 이것을 언급하는 다른 방식으로는, 서로 간에 일-대-일 대응을 갖고 있지 않은 외적으로 결합된 각각의 사건들로 존재하는 패턴들이 있다는 것이다.

결합성에 대한 이 세 가지 집합들의 연장적 기술은(첫 번째로는 비-동시적인 연장적 결합의 양태의 하위 범주들로서) 한 사건으로부터 다른 사건으로 감각 패턴들에로-연장되기(extending-into), 내로 연장되기(extending-within), 그리고 건너서-연장되기(extending-beyond)와 관련된다. 이러한 결합들은 한 사건이 다른 사건-에로, -내로, -건너서(-into, -within, and -beyond)라는 인과적 변환이며, 자연의 추이가 경험의 세계에서 명시되는 주된 메커니즘을 구성한다. 이러한 결합들이 없다면, 자연의 추이에 대한 어떤 지각도 없을 것이다. 우리는 이러한 인과적 결합들을 한 사건에서 다른 사건으로 일-대-일 대응, 사영, 혹은 사상에 의해서 동일시할 수 있다. 결합성이 손상되지 않고 동일할(동일성과 순서는 변화하지 않는다) 때, 우리는 두 사건이 동치에 의해 합동된다고 할 수 있다. 동치인 것은 각 사건 속의 감각 패턴들이다. 동치가 없을 때, 우리는 패턴들을 동치시켜서 경험하는 인과적 결합을 더 이상 동일하게 보지 않는다.

의미 관련 양태에서 두 번째 근본적인 범주는 동시성이다. 이 범주에는 두 가지 별개의 양태들, 즉 간접적이고-수동적인 것과 직접적이고-

능동적인 것이 있다. 이 범주에서 전자는 간접적이고 수동적이라는 측면에서 최초의 의미 관련 범주와 어떤 유사성이 있다. 처음의 범주와 이 양태 사이의 차이는 그것들을 성격짓는 연장적 결합의 양태에 놓여 있다. 비-동시적이고 간접적이고-수동적인 의미 관련 양태에서 연장적 결합의 양태들은 근본적으로 포함의 기능이며, 거기서 각각의 사건은 다른 사건과 일 대 일로 대응하는 감각의 어떤 특징적인 패턴을 공유하였다. 의미 관련의 두 번째 양태에서, 연장적 결합의 유형은 일 대 일 대응이 아니며, 일 대 다 대 일(one-many-one)이라는 가능성이 더 많다. 사이-연장(extends-between)을 기술함에 있어서 그 특성의 결합 유형은 <그림 #5>의 도형(4)에서 언급했다. 앞에서 설명했듯이 세 가지 예시들은 상호 간에 위상학적으로 동치이다. (A)와 (B)는 조화에 의해서 합동하는 감각 패턴을 공유하지는 않는다. 대신에 그것들은 (C)의 매개를 통하여 결합된다. (A) 속에 포함되는 감각 패턴과, 또한 (C) 속에 포함되는 감각 패턴은 (AC)라는 영역에 의해서 예시되는데, 이것들은 (C)라는 전체의 패턴 속에 동일하게 포함된다. 이 전체적인 패턴은 또한 (BC)라는 영역에 의한 도형에서 예시되는 (C)와 (B)의 유사한 상호교차를 포함한다. 이 양식에서 (A) 속에 있는 특수한 감각의 패턴과 (B) 속에 있는 특수한 감각의 패턴은 (C)를 성격짓는 전체적인 패턴 속에 포함된다. (AC)라는 패턴은 (BC)라는 패턴과 일 대 일로 대응하는 것은 아니지만, 그러나 그것들은 (C)라고 불리는 한정하는 성격의 패턴이라는 공동의 요소를 공유한다.

화이트헤드는 이 두 번째 연장적 결합의 유형을 매개적인 결합성이라고 부르는데, 여기서 감각의 패턴들은 첫 번째 결합의 양태를 특징짓는 것과 같이 서로에 대한 일 대 일 대응을 가지는 것이 아니다. 도형(5)는 (A)와 (B)가 (C)라는 세 번째 사건 속에 포함되고, 이에 의해서

(C)를 한정하는 전반적 패턴의 요소들로서 이러한 매개적인 결합의 또다른 예시를 제시한다. 결합의 이 두 번째 양태는 3장에서 행한 이질적인 부분(heterogeneous part)의 구별과 유사하다. (A)와 (B)는 각각 (C)라는 초콜릿 푸딩 속에 들어 있는 설탕과 우유이다. 이와는 대조적으로 (B)는 연장적 결합의 첫 번째 양태 속에 있는 (A)와는 동질적인 부분(homogeneous part)이다. 이 두 가지 양태들 간의 구별이 전체/부분 구별의 파생으로써 일어나는 것이 아니라, 연장 기능의 파생으로부터 일어난다는 사실을 관찰하는 것은 중요하다. 매개적인 결합의 경우에 있어서, 감각 패턴은 (A)와 (B) 속에 있는 패턴들 사이에서 연장한다(extends-between). 포함과 외적인 결합의 경우에 있어서, (A) 속에 있는 감각의 패턴은 (B)에로, (B)내로, 그리고 (B)를 건너서(-into, -within, and -beyond) 연장한다. 이 특수한 관계성은 자연의 추이를 설명하는 방향의 공리로부터 도출되며, 그것은 직접적으로 결합과 연장의 공리로 나아간다.

유럽을 경유하는 여행이라는 사건에 대한 이전의 예에서, 우리는 이탈리아를 경유하는 여행이라는 두 번째 사건이 완전히 유럽을 경유하는 여행에 포함된다고 결론을 내렸다. 이탈리아를 경유하는 여행과 마찬가지로, 완벽하게 첫 번째 사건 속에 포함되는 것으로 독일을 경유하는 여행이라는 세 번째 사건을 고려해 보자. <그림 #5>에 있는 도형(5)에 대해서 언급하면서, (C)는 첫 번째 사건을 나타내며, (A)는 두 번째, (B)는 세 번째 사건을 나타낸다고 해보자. 이 예시는 서로 간에 인과적으로 결합되어 있지 않은 (A)와 (B)라는 두 사건들과 인과적으로 결합된 유럽을 경유하는 여행의 사건(C) 사이의 매개적 결합을 진술하려는 시도이다. (A)와 (B)라는 두 가지 사건은 서로 간에 인과적으로 결합되어 있지는 않다. (A)와 (B) 양자는 (C)와 특수한 결합의 패턴을 공유한다. 그들에게 있는 감각 패턴의 각각의 요소는 (C) 속에 있는 감각 패턴의 어떤 요소와 일 대 일 대응에 있다. (A)와 (B)는 보다 큰 전체적인 패턴에서 (C)라는 사건을 공유함으로써 매개적으로 결합되며, 직접적으로 그것들 자신들 간에 공유하는 요소는 없다. 그것들은 인과적으로 결합되어 있지 않다.

<그림 #5>에 있는 도형(4)와 사건들의 새로운 표현을 고려해 보자. (C)는 친구들이 방문하는 사건들을 나타내며, (B)는 시스틴 성당을 방문하는 사건을 나타내며, (A)는 바바리안 성(Bavarian castles)을 보는 사건을 나타낸다고 해보자. 예를 들어, (C) 안에 있는 특수한 패턴—즉 역사적인 획기적 사건을 보는 것—은 부분적으로 (C)를 한정하는 전체적인 패턴을 특징지운다. (C)의 이러한 양상은 (A)와 (B) 속에서 되풀이되며, 물론 (A)와 (B)는 (C)로부터 사영되지 않고 변환되지 않는 다른 요소들과 관련된다. (A)와 (B)는 매개적으로 (C)로부터 공유된 패턴을 통해서 서로 간에 결합이 되며, (C)는 (A)와 (B)에 인과적으로 전달되는 두 가지 경우에 속한다. 도형(4)는 연장적 결합의 첫 번째 양태에 해당하는 인과적 결합성인 (C)→(A)와 (C)→(B)를 예시할 뿐만 아니라, 연장적 결합의 두 번째 양태로서 인과적으로 관련이 없는 사건들 간의 매개적인 결합, 즉 (A)←(C)→(B)를 예시한다. 첫 번째 것과 마찬가지로 이 결합의 양태는 위상학적으로 불변한다. (C)에서 (A)와 (B)로 반복된 패턴으로 구성된 동일성과 순서는 현재 과정 속의 우주의 위상학적 구조에서 근본적인 결합이다. 시공간 전망의 어떤 변화도 (C)로부터 (A)와 (B)에로의 감각 패턴의 변환 혹은 사영에 의해서 만들어진 결합성을 변경시킬 수는 없다. 이 위상학적 불변성이 화이트헤드가 경험 세계의 근본적 구조들을 드러내려는 시도의 결실이다.

연장적 결합의 세 번째 양태는 또한 의미 관련의 동시적-직접적인-능동적인 양태(contemporary-direct-active mode)에 대응해서 위상학적으로 불변한다. 이 결합의 양태는 실제적으로 3장에서 탐구한 것으로 공액의 매우 특수한 경우이다. 그것은 <그림 #5>에서 도형(6)에 의해서 나타난 것이며, 전체로 연장되는(extending throughout) 연장적 조건을 명시한다. 공액의 결합은 현재 사건의 직접적인 유한한 관점을 한정하며, 그것은 한 계기(occasion)에서 여기-지금으로 경험되는 것이다. 그렇게 결합된 요소들은 자신의 시공간 구간의 전체를 통한(throughout) 경험의 패턴에 대한 부분들이다. 그 구간에 대한 어떤 분리도 한 사건과 공액하는 요소들의 부분들을 제거할 수는 없다. 유럽 전역을 여행하는 사건에 대한 실례에서, 그 여행 기간의 모든 부분에서 여행을 하는 자는 나이며, 지금 이곳에서 나는 여행을 하고 있다. 이것은 대단히 단순하게 들린다. 그러나 다양한 시공간의 세계에서, 공액의 결합은 현재의 경험의 계기와의 관계에서 다른 사건들뿐만 아니라 우리 자신들을 위치지우는 기초를 제공한다.

만약 유럽 전역을 통한 여행이라는 사건을 되돌아본다면, <그림 #5>에서 도형(1)에 대해 언급한다면, (B)에 의해서 나타난 사건의 개별적인 전망과 관계해서, (A)는 (B)와 공액하거나, 함께 연장하는 것(coextensive)으로 볼 수 있다. 그 그림의 영역에 의해 나타난 (B)의 어떤 부분에 있어서도 (A)는 결여되어 있지 않다. 우리는 화이트헤드가 한 것처럼, 사건(A)는 사건(B) 전역에 만연해 있거나 전체로 연장해 있다고(extends-throughout) 말할 수 있다. 이것은 포함이라고 불리는 연장적 결합의 직접적인 결과이며, 또한 인과적 관계들의 결과인 공액의 사례이다.

네 번째 연장적 결합의 양태에서는 현실적으로 어떤 결합도 존재하지 않는다. 도형(5)에서 우리는 사건 (C)를 삭제할 수 있다. 이 변경된 도형이 나타내는 사실은 결합의 완전한 결여이며, 이것은 사실상 그것이 있지 않은 때조차도 두 번째 양태의 결합으로서 시공간의 여러 가지 관점들로부터 나타날 수 있다. 어떤 특수한 경우에 있어서 이 구별의 양태는 어떤 전망으로부터 첫 번째 혹은 세 번째의 양태로서 나타낼 수 있으나, 이 결합을 결코 합동의 공리에 의한 감각의 패턴으로 변형시킬 수는 없을 것이다. 그것은 모든 결합의 기준을 결여하고 있다. 이것이 아주 중요한 사실은, 그것이 위상학적으로 불변하는 것이 아니면서도 연장적 결합의 어떤 양태의 실례(이때 그 양태에 대한 부수적인 기능이 없이도)로 나타날 수 있다는 사실이다. 이것은 명백하게 임의의 사건의 동시적인 시공간 구간을 한정하는 양태이다. 이 양태에는 어떤 인과적 변환도 없다. 그리고 이것은 위상학적 변경이 비일정한 시공간에서의 개별성의 한계를 한정하는 양태이다.

한 사건의 동시적 시공간의 특성을 나타내는 다양한 관계들은 거시적 의미의 우주인 연장적 연속체에서 원자성의 기능 혹은 불규칙성의 기능이다. 이 우주는 방금 연구했던 연장적 결합을 특징짓는 사건들 사이의 전체적인 결합들의 일정성에 의해서 지배된다. 화이트헤드는 기초적인 자연의 추이의 방향성에다가 점복합성 직관을 체계적으로 적용함으로써 경험의 세계에 대한 근본적인 구조에 이르게 되었다. 이 과정은 표면상 동일성/분리성과 순서/사이성(identity/separateness and order/betweenness)의 구별이 근본적으로 중요하다는 것을 보여주었다. 우리는 이러한 구별과 함께 경험 세계의 연장과 방향을 체계적인 구조로 결부시키는 결합의 공리들의 집합을 도출할 수 있다. 우리는 이 구조를 느낌의 위상학으로 주조하였다. “느낌의 위상학”이란 어구는 느낌-경험의 세계로부터 일정하고 근본적으로(위상학적으로) 불변하는 구조가 발견될 수 있다는 의미를 전달하기 위해서 고안되었다. 화이트헤드는 이 위상학적 구조를 연장-방향-결합으로 결부된 기능 속에서 발견했으며, 이 도식을 그의 우주론인 「과정과 실재」에서 제시했다.

제6장

사건-우주의 종교적 함축

- 연장적 결합의 중요성 -

현존하는 종교의 형태 그대로이든 또는 마땅히 존재해야 할 형태의 것이든 간에 그것들과의 관련을 떠나서, 우리는 여기서 전개되고 있는 형이상학적 원리들이 신의 본성에 관해 무엇을 요구하는가를 냉철하게 연구해 보아야 한다.

> 여기에서 증명의 성질을 띤 것은 아무 것도 없다.
>
> 단지 이론적 체계와 사실에 대한 기술과의 대결이 있을 뿐이다. 그러나 사실에 대한 체계화되지 않은 보고는 그 자체로 상당한 논란거리가 되며, 그 체계는 명백히 불충분한 것이다. 이 특수한 영역의 사상에 있어서 이러한 체계로부터 연역되는 것들은, 그 문제가 저 체계에 비추어 변형되는 방식에 관한 제안만을 생각할 수 있다.
>
> 우선 첫째로, 신은 형이상학적 원리들의 붕괴를 막기 위해 불러들인, 모든 형이상학적 원리들에 대한 예외로 취급해서는 안 된다. 그도 원리들의 주된 예증이다(PR 343).

화이트헤드의 신은 그의 우주론에서 지금껏 전개되어 온, 가장 논쟁적인 요소들 중의 하나이다. 초기에 수학자와 물리학자의 경력을 지닌 화이트헤드에게는 그가 무엇을 탐구하든 근본적 구조를 향한 지적인 추구가 있었다. 그의 경험적 편향은 경험의 세계 내에서 구조를 발견하려는 이 근본적인 욕구와 결부되었다. 그 구조는 과학적이고 수학적인 기획을 지탱할 수 있고 아마도 설명하는 것까지도 가능할 것이다.

연장적 결합의 개념을 탐구하고 있는 이 마지막 장에서는 어떤 결단을 내리기보다 제시하는 데 보다 더 많은 목적을 두고 있다. 화이트헤드의 신을 분석하기 위해서는, 여기서 다룬 연장적 결합이라는 단 하나의 개념을 탐구하려는 시도만큼이나 철저하면서도 완전한 또 하나의 다른 연구가 있어야 할 것이다. 대신에 우리는 지금까지의 고찰에서 드러난 내용의 일부를 통해서, 보다 의미 있는 시사점을 제시할 것이다. 경험의 문제들과, 신과 그것들의 관계에 대한 화이트헤드 자신의 관심은 아주 어린 시절로까지 거슬러 올라간다. 그 시절에 그는 감독교구의 회당목사인 자신의 아버지를 따라서 각종 방문과 공무를 수행했었다. 그는 어린 시절 아버지의 인격에 깊은 영향을 받았고 거기에서 많은 지적 영감을 얻었다. 이런 점에서, 비록 그의 수학적 교육과 관심으로 인해서 1924년 영국에서 미국으로 이주할 때까지 신에 대한 명백한 관심을 감추었다고 하더라도, 화이트헤드의 삶에 있어서 신에 대한 관심은 어린 시절부터 있었다. 미국으로 이주한 지 일 년이 지난 후, 처음으로 그는 자신의 공식적인 우주론적 탐구에 대한 일련의 강의들을 하였다. 그 첫 저서가 「과학과 근대세계」이다. 이 저서와 이에 뒤따르는 저서인 「생성 중의 종교」(1926)에서, 화이트헤드는 신의 근본적인 형태와, 자연에 대한 신의 영향에 대한 기본적인 윤곽을 드러낸다. 그것은 내재적, 초월적, 목적적이다. 그러나 PR(1927)에서 그는 지난 2년 간보다도 훨씬 더 구체적으로 신과 세계에 대한 관계에 대한 이해를 체계화하는 데 성공하였다. 1933년 「관념의 모험」(AI)에서 비로소 그는 전통적인 기독교 신학에 대한 박식하면서도 역사적인 설명을 제공하며, 그 전통 내에서 그가 기독교를 어떻게 평가하고 있는가를 보여준다. 이런 점에서 AI라는 이 뛰어난 후기 저서는 그 자체가 연구대상이다.

화이트헤드의 원숙한 우주론에서 사건-우주의 종교적 함축은 연장적 결합 개념의 전반적인 의미에서 그 원천을 발견한다. 이 개념에서 가장 중요한 것은, 그것이 경험의 세계 내에서 어떤 특수한 구조를 기술한다는 것이다. 합리적으로 고찰해 볼 때, 이 구조는 정합적(coherent)이고 일관적인(consistent) 것처럼 보인다. 그리고 경험적으로 고찰해 볼 때, 이 구조는 충분하고(adequate) 적용가능한(applicable) 것처럼 보인다. 이 고찰에 근거해서 볼 때, 연장적 결합의 구조는 적어도 경험 세계에 대한 존속 가능한 기술이다. 이 세계는 물리적, 미적, 개념적, 도덕적, 종교적인 것과 경험의 여러 가지 다른 유형들을 구체화하고 있다. 이 경험들을 가능케 하는 구조로서, 연장적 결합은 이 경험들이 현실 세계에서 어떻게 관계될 수 있는가를 증명해야만 한다.

앞 절에서 우리는 종교적이라고 불릴 수 있는 유형들을 언급하지 않고서 경험의 여러 가지 유형들 간의 결합에 관해서 탐구하였다. 그에게서 종교적 경험이라는 것은 몸에 깊이 배여 있는 경험의 유형이다. 만약 이 경험에 대해 관심을 두지 않는다면, 명료성을 얻기보다는 종종 혼란이 야기될 것이다. 다른 모든 유형의 경험이 그 종교적 경험의 전체적인 구조와 뒤얽혀 있다는 점에서, 종교적 경험은 다른 것의 기초가 된다. 이리하여 그 구조의 중요성은 종교적 경험과의 관계 속에 놓여 있다. 화이트헤드에게서 종교는 비시간적 일반성을 일상적인 사태의 개별성에 주입시키려는 궁극적인 열망이다(PR 16). 이 인용문을 적어도 그의 종교에 대한 입장으로 진술하고자 할 때, 우리는 연장적 결합이라고 불리는 경험의 구조와 종교의 관계에 관해서 무엇을 말할 수 있는가?

의미 관련 학설에서 작용하는 기초적인 구조는 이 학설의 이름 자체에서 그 활동을 드러난다. 그것은 즉 의미 관련되기(signifying)이다. 우리의 경험 속에 있는 요소들은 그 자체가 두 가지 근본적인 양태들과 의미 관련된다. 즉 개별성(singularity)으로 객체화되는 개별적인 현실태와, 우주의 근본적인 관계성을 표현하는 보편적인 현실태와 의미 관련된다. 경험의 요소들에 의한 이 이중적인 의미 관련은 현실 세계의 구조에 대한 완고한 사태의 본성이다. 각각의 경험의 계기는 단일성으로서 그 자체를 의미 관련하는 요소들과, 또한 우주의 전체적인 조건의 보편적 표현들로서 그 자체를 의미 관련하는 요소들을 포함한다. 이 의미 관련에 의해서 표현된 결합의 유형은 이미 3, 4장에서 탐구된 연장성이다. 현실 세계의 요소들에서 경험된 의미 관련지움은 연장적 결합을 구체적으로 발생시킨다. 경험의 요소들에 의한 결합에서 우주의 위상학적 구조가 도출된다.

이 이중의 의미 관련이 그의 우주론에서 어느 정도의 일정성과 순서를 요구한다는 주장은, 의미 관련의 기능과 그 구조라는 근본적인 양상이 존재한다는 것을 뜻한다. 이 일정성과 순서가 없다면, 다른 개별자들에 대한 어떤 관련도 결여한 채로 개별성으로서 의미 관련되는 처음의 양태만이 있을 것이다. 그러나 이것은 경험에서 드러나는 사실이 아니다. 우리는 다른 요소들과의 관계 속에 있는 요소들을 경험하는데, 이 경험의 사실은 현실 세계의 구조 속에 포함되어야만 한다. 연장적 결합의 중요성은 우리의 경험 속에 있는 요소들 자체가 명시하는 이 이중의 의미 관련을 표현하는 것에 있다. 이것은 대상으로서의 의미 관련되기와 관계항으로서의 의미 관련되기라는 이중의 방향성을 설명하고 있다. 전자는 사이-연장되기, 에로-연장되기, 건너서-연장되기(extending-between, -into, -beyond)라는 용어들에 의해서 연장적으로 표현된다. 전체로 연장되기(extending-throughout)는 어떤 요소와 그 자신과의 관계성을 명시하며, 지각자에게 그 요소를 여기-지금이라는 어떤 일정한 의미를 가지는 개별적인 현실태와 동일시하도록 허용한다. 내로-연장되기(extending-within)는 개별적인 존재자와 그것의 인과적 계승자와의 관계성을 명시하며, 현재의 존재자는 경험의 이전 요소들로부터 자기자신과 동일시되는 감각 패턴을 주된 여건으로 받아들인다. 이 두 가지 유형의 결합은 대상 혹은 개별성으로서의 경험의 요소에 대한 의미 관련을 표현한다.

연장적 결합에 대한 나머지 유형의 중요성은 처음의 두 가지 것과 유사하다. 그것들은 경험된 의미 관련의 구조를 표현한다. 거의 관계가 없는, 에로-연장되기(extending-into)는 개별적인 존재자와 자신의 인과적 계승자와의 관계로 명시되는데, 그 계승자는 감각의 개별적인 패턴들을 현재의 존재자에게로 투영한다. 우리는 이 인과적 계승자들을 현재의 존재자의 과거에 해당하는 현실적 세계로 기술할 수 있다. 이와 유사하게, 건너서-연장되기(extending-beyond)는 개별적 존재자가 현재의 자신을 넘어서 인과적 미래에 있는 존재자들, 즉 자신의 감각 패턴을 투영하는 인과적 계승자들과의 관계를 명시한다.

사이-연장되기(extending-between)라는 연장적 결합의 최종적인 유형은 현재의 존재자와 그 자신과 인과적으로 동시자들과의 관계를 드러낸다. 즉 현재의 존재자는 동시적 존재자들과 함께, 인과적으로 결합된 각각의 존재자의 작인(作因)을 통해서 오직 매개적으로만 감각 패턴들을 공유한다. 연장적 결합이라는 이 완전한 집합 때문에, 경험의 세계 내에서 존재들의 이중의 의미 관련되기라는 구조와 기능이 명백히 드러난다. 이 결합의 집합이 중요하게 되는 것은 그 조작을 표현하는 그 집합의 능력에 달려 있다. 이 조작에 의해서 세계 속의 요소들이 경험된다.

이에 의해서 연장적 결합의 개념은 의미 관련 학설이 기능하는 방식을 표현하며, 그것이 구조화되는 방식을 나타낸다. 이 개념은 '무엇인가가 모든 곳에서 일어나고 있다'는, 즉 화이트헤드가 '자연의 추이' 혹은 '자연의 창조적 전진'이라고 부르는 경험에서 파생된 개념이었음을 상기해 보라. 이 활동의 경험에서 방향(자연의 추이)의 공리와 결합의 공리(동일성/분리성과 질서/사이성 간의 구별, the distinctions between identity/separateness and order/betweenness)가 나왔다. 화이트헤드의 우주론에서, 활동의 경험(experience of activity)은 언제나 그 활동의 개별적인 통일체(unit)와 관련된다. 이 단위는 현실적 존재자라고 불린다. 이것은 화이트헤드가 자신의 우주론에서 존재론적 원리라는 것을 표현하는 하나의 방식이다.

> …현실적 존재자들은 유일한 근거들이다(PR 24).
>
> 모든 실재적 공재(共在)는 현실태의 형상적 구성 속에 있는 공재이다(PR 32).
>
> …현실적 존재자가 없다면, 이때 어떤 근거도 존재하지 않는다.
>
> …모든 것은 현실태 속에서 긍정적으로 어떤 곳에 있으며, 가능태로는 모든 곳에 있다(PR 40).
>
> …모든 존재자는 어떤 현실적 존재자에 의해 느껴진다(PR 41).
>
> 존재론적 원리에 따르면 무로부터 세계에 표류하는 것은 아무것도 없다. 현실 세계 속에 있는 모든 것은 어떤 현실적 존재자와 관련될 수 있다(PR 244).
>
> 존재론적 원리에 따르면 …근거는 언제나 결정된 현실적 존재자들에 대한 언급이다(PR 256).
>
> 모든 것은 어떤 곳에 있음이 틀림없다; 그리고 여기서 '어떤 곳'이란 '어떤 현실적 존재자'를 의미한다. 따라서 우주의 일반적 가능태는 어떤 곳에 있음이 틀림없다; 왜냐하면 그것은 실현되지 않는 현실적 존재자들에게 그 자신의 가장 가까운 관련성을 유지하기 때문이다.

이 '가장 가까운 관련성'이 새로움의 발생을 규제하는 목적인으로서 그 이후의 합생에서 재현된다.

따라서 '가장 가까운 관련성'은 신의 원초적 정신 속에 있는 관련성을 의미한다(PR 46).

자연에서 추이를 경험하는 하나의 중요한 양상은 그런 경험이 언제나 지역화되고 어떤 한정된 경계들 내에서 일어난다는 것이다. 즉 그것은 추이의 구성단위(unit) 혹은 현실적 존재자에게서 발생한다. 우주의 모든 양상들은 이 추이의 구성단위들 중의 하나와 관련되어야만 한다. 그러므로 우리는 의미 관련 학설이 본래 그 자체의 방식에서 구조화되고 기능하는 이유를, 경험의 세계 내에 있는 어떤 현실적 존재자에게서 발견해야만 한다. 의미 관련 학설의 구조와 기능에 대한 근거는 비-시간적 현실적 존재자인 신의 원초적 활동 속에서 발견되어야만 한다. 활동의 구성단위(사건들 혹은 현실적 존재자들)를 이루는 우주에 대한 종교적 함축들 중의 하나는, 활동의 구성단위인 신이 모든 다른 구성단위들에 대해 주된 관련이 있다는 것이다. 화이트헤드가 그의 우주론에서 신이라고 부르는 것은 전 우주의 구조와 기능에 대한 주된 근거인 활동의 구성단위를 의미한다. 신은 활동의 구성단위이지 대상이나 사물이 아니라고 보는 것은 중요한 일이다. 신의 특성을 나타내는 완전한 활동은 매우 난해해서 우리가 고찰하려는 범위를 훨씬 넘어서 버린다. 하지만 의미 관련 학설을 위한 근거를 제공하는 저 특수한 기능에 주목하는 것은 의미가 있다. 즉 일반적 가능태를 현실화하는 가장 가까운 관련성은 신의 원초적인 질서화이다.

신의 원초적 본성을 특징짓는 활동은 일반적 가능태의 영역에 대한 가치평가이다. 이것은 경험 세계에서 현실화와 관련된 가능태의 계층 구조를 창조한다. 신은 이 원초적 활동에서 자유롭고 한계가 없는 가능태의 영역에 대해 가치 판단을 부여한다. 이때 선택된 가치는 가능한 행위에 대한 관련성의 질서를 만들어 내는 방향이다. 그래서 가능한 활동은 질적인 평가를 제공하며, 이 평가는 활동의 통일체 속으로 포함되기 위한 그 자신의 적절성을 설정한다. 임의의 현실적 존재자와 관계하여, 각각의 등급화된 가능태는 어느 정도 다른 것과 관련 내지 방향을 가진다. 단 하나의 가능태도 언제나 동일하게 등급화된 관련을 가지지는 못한다. 왜냐하면 각각의 현실적 존재자의 방향은 어떤 인과적 변환에서 다른 인과적 변환으로 바뀔 때마다 달라지기 때문이다. 그러므로 신의 원초적 본성에서 가치평가된 '관련된 가능태'들은 임의의 개별적인 현실태에 관계해서 어떤 절대적인 방향을 갖고 있지 않다. 그러나 한정된 일반적인 방향이 있으며, 이때 방향은 이 가치평가를 통해서 표현된다. 그리고 이것은 신의 최초의 목적이라고 불린다.

> 신에게 굽힐 수 없는 사실은 '질서'를 향한 목적으로서의 가치평가이다. 그리고 '질서'는 조정된 대비들로부터 발생하는 느낌의 패턴화된 강도를 갖는 현실태들을 허용하는 사회를 의미한다(PR 244).

연장-방향-결합에 의해 그 특징을 보여주는 우주는 연장된-방향지워진-결합된 자연의 추이의 단위를 구성한다. 만약 어떤 경우에 다른 두 가지보다 훨씬 원초적인 것으로서 이 세 가지 특성들 중에서 하나만을 택한다면, 이때 근본적인 원칙은 신이 방향을 주기 위하여 최초의 목적을 제공한다는 명제가 될 것이다. 방향은 경험된다. 이것은 그 방향이 한계를 지니고 있고 본래 원자적이라는 것을 의미한다. 즉 그것은 어떤 것을(혹은 어떤 것으로부터, 어떤 것으로) 통과하는 방향이다. 그러므로 연장성이 방향성으로부터 도출된다. 이와 유사하게 만약 방향이 자연에서 활동의 일부 혹은 모든 통일체들을 통해서 한 번 이상 경험된다면, 이때 방향은 적어도 가능태의 영역을 가로지르는 연속적인 것임에 틀림없으며, 그래서 현실적 사실의 영역에 결합됨에 틀림없다. 그러므로 결합성은 또한 방향성으로부터 도출된다.

화이트헤드는 우주론적 가정(PR 294) 속에서 최소한의 논리도 제시하려고 하지 않는다. 그러나 가정된 존재론적 원리와 자연의 추이 속에서 경험된 유한의 단위에 근거해서 위의 결론이 도출될 때, 발생하는 여타 모든 것이 도출될 수 있는 근본적인 현상은 신에 의한 가능태의 원초적 가치평가라는 사실이 나타나는 것이다. 신의 이러한 활동이 자연의 창조적 진전의 하부구조를 이루는 방향성을 창출한다. 이로부터 연장적 결합이라는 개념의 다른 두 가지 근본적인 공리들이 도출된다. 그러므로 연장적 결합이라는 개념의 가장 중요한 양상들 중의 하나는, 존재들 간의 결합의 구조를 통해서 경험의 세계에서 한 존재에서 다른 존재에로의 방향의 변환을 전달하는 것이다. 그 주요한 변환은 신의 최초의 목적이 자연의 추이에서 현실태로 나타나는 각각의 통일체를 전달하는 것이다. 그 이후에 각각 일어나는 방향의 변환이라는 것은 신의 목적과 한 사건에서 다른 사건으로 감각의 패턴의 부분으로서 변형되어가는 방향성이라는 양자와 관련이 된다.

신의 최초의 목적은 의미 관련 학설에서 처음으로 나타나는 범주인 일정성과 순서에 관한 목적이다. 여기에서 순서란, 어떤 결합의 유형을 인내하거나 허용하는 세계이다. 그 예로 심홍색 구름을 들 수 있다. PR에서 화이트헤드가 밝혔듯이, 앞에서 대략적으로 드러난 구조를 통해서 볼 때 현실적 존재자들 간의 결합이란, 한 사건이 한정되는 감각 패턴을 창조하는 느낌들이다. 느낌 이론은 그 자체가 연구대상이다. 이것에 관해서 다루는 것은 본 주제의 범위를 넘어서는 일이다.

여기서 주의해야 할 점은, 정서라는 심리적 개념이 화이트헤드가 전문 용어로 사용하는 느낌이라는 용어와 별개의 것이라는 사실이다. 느낌들은 한 사건이 다른 사건에로 변환되는 결합들이다. 그러므로 느낌의 구조는 연장적 결합에 의해서 표현된 전체적 구조에 대한 척도이다. 또한 연장적 결합은 사건들의 위상학에도 하나의 척도이다. 반면에 대상들의 기하학도 여전히 다른 척도로 존재한다. 우리는 지금까지 연구한 주제인 「느낌의 위상학」을 여러 가지 단계로 나누어서 기술해 보았다.

신의 최초의 목적은 신으로부터 현실화된 사건, 즉 진행 중인 사건을 어떻게 느낌(결합)으로 변환시키는가? 개별적 사건들을 서로 위상학적으로 동등해지도록 하는 것은, 그들의 결합(구성의 동일성과 순서)을 지속시키는 감각 패턴(느낌)의 이동이었음을 기억하라. 이와 유사한 기준이 신으로부터 한 현실적 존재자에게 느낌의 변환으로 적용된다. 변환된 느낌인 목적은 고양된 대비 속에서 느낌의 강도를 증가시키는 것이다. 결합을 느낌이라는 용어로 대체할 때, 우리는 대비 속에서 증가된 결합성을 가진다. 자연의 추이에 대한 신의 방향은 존재들 간의 결합을 증가시키는 것이다. 이것은 단순히 양적인 증대가 아니며, 결합성을 증가시키는 강도(intensity)이다.

연장적 결합의 개념의 중요성은 원초적인 현실적 존재자와 경험의 세계 사이의 근본적인 관계성을 드러내는 것이다. 의미 관련 학설이란, 관련된 가능태들에 대한 신의 원초적인 가치평가가 연장적으로 결합된 존재자들의 일정한 질서를 지향하는 조작이다. 경험의 가장 근본적인 단위들을 탐구함으로써, 화이트헤드는 그것들의 관계성의 근본적인 구조를 발견하고자 하였다. 그가 발견한 것은 자연의 창조적 전진에서 명시된 원초적으로 연장된-방향지워진-결합된 우주였다.

이 방식에서 우리는 행동의 통일체로서 신을 세계의 본성의 통합적인 부분으로 본다. 화이트헤드는 자연의 추이라는 변환을 통해서도 위상학적으로 불변하는 구조의 요소들에 대한 경험의 세계를 탐구하였다. 존재론적 원리에 의해서 이 불변하는 구조의 요소들(연장, 방향, 결합)은 경험의 근본적인 통일체로 예증됨으로써 그것들이 본래 존재해야만 하는 근거를 발견한다. 만약 그 호소가 경험의 영역을 넘어선 요소에서 행해진다면, 이때 그 체계는 자의적으로 외적인 원천에 의해서 한정되어야만 한다. 화이트헤드에게서 이것은 형이상학적 원리로 수락될 수 없는 것이다. 그러므로 신의 본성은 경험의 통일체 속에 있는 경험의 요소로 발견되어야만 한다. 이것은 앞의 각각의 장에서 요약했던 경험의 분석에서 도출된 형이상학적 원리들에서 직접적으로 수반된다. 화이트헤드는 이러한 분석을 통해서 어떤 것도 증명하려고 하지 않았다. 그는 오직 체계적으로 표현된 것을 드러내려고 했을 뿐이다. 이 체계의 구조는 의미 관련 학설에서 연장적 결합의 개념과 그 기능에 의해 명백히 나타난다. 이 체계는 신의 본성에 관하여 어떤 것도 증명하지 않으며, 오직 경험으로써 그 본성을 드러낸다.

화이트헤드는 자신의 도식에서 경험을 분석할 때, 형이상학적 원리의 철저한 적용을 통해서만 신의 본성과 속성을 진술했다. 이 방식에서 화이트헤드는 우주론적 체계 내에서 일관성을 주장하고자 한다. 신이 어떤 체계에서 예증이라기보다는 예외로 주어진다면, 그 체계의 형이상학적 원리들은 경험에서 완벽히 도출되지 않는다. 우주에서 화이트헤드의 신이 원초적 창조성과 동일시된다는 것은 여러 가지로 시사하는 바가 많으나, 이것을 실증적으로 증명하는 일은 어렵다. 분명히 신은 그 창조성의 예증이다. 그러나 이 원리와 더불어서 어느 정도의 자유가 이 세계에 주어지므로, 모든 것이 신에 의해서 결정된다고 할 수는 없다. 우리는 이 연구를 통해서 연장적 결합이 어떻게 전개되었는지를 밝혔으며, 이를 통해 방향의 공리가 그 연장적 결합에서 근본적이라는 사실을 제시했다. 연장과 결합은 이 공리로부터 도출될 수 있으며, 따라서 그것들은 의미 관련 학설의 구조에 종속된 공리로 간주될 수 있다. 그러므로 화이트헤드의 신은 그의 우주론에서 이 근본적 '방향성'에 대한 선구자로 제시될 가능성이 있는 것처럼 보인다.

만약 일반적 가능태를 현실화와 관련시키는 신의 원초적인 가치평가가 자연의 추이인 경험의 근본적 활동에 대하여 방향을 제공한다면, 그리고 만약 그 가치평가가 자연적 추이의 연장된-방향지워진-결합된 구조를 구성한다면, 화이트헤드의 신은 '자신의 우주론의 정합성과 일관성을 위한 형이상학적 필연성'이라는 직접적 결론으로 드러날 수 있다.

참 고 문 헌

1차 참고 문헌

화이트헤드의 저작들

A. N. Whitehead, *Adventures of Ideas.* New York: Macmillan, 1933.

A. N. Whitehead, *The Aims of Education and Other Essays.* New York: The Free Press, 1929.

A. N. Whitehead, *The Axioms of Descriptive Geometry.* Cambridge Tracts in Mathematics and Mathematical Physics. Cambridge: Cambridge University Press, 1907; New York: Hafter Publishing Co. , 1971.

A. N. Whitehead, *The Axioms of Projective Geometry.* Cambridge Tracts in Mathematics and Mathematical Physics. Cambridge: Cambridge University Press, 1906; New York: Hafter Publishing Co. , 1971.

A. N. Whitehead, *The Concept of Nature.* Cambridge: Cambridge University Press, 1920.

A. N. Whitehead, *An Enquiry Concerning the Principles of Natural Knowledge.* Cambridge: Cambridge University Press, 1919.

A. N. Whitehead, *Essays in Science and Philosophy.* New York: William Brenden & Son, 1948.

A. N. Whitehead, *The Function of Reason.* Boston: Beacon Press, 1958.

A. N. Whitehead, *"The Geodesic Geometry of Surface in Non-Euclidean Space"*, Proceeding of the London Mathematics Society, 29 (1897-1898), 275-324.

A. N. Whitehead, *"Indication, Classes, Numbers, Validation"*, Mind, 43 (1934), 281-297.

A. N. Whitehead, *Interpretation of Science.* Edited by A. H. Johson. New York : Bobbs-Merrill Co. , 1961.

A. N. Whitehead, *An Introduction to Mathematics*. New York; Cambridge University Press, 1948.

A. N. Whitehead, "*The Logic of Relations, Logical Substitution Groups, and Cardinal Numbers*", American Journal of Mathematics, 25 (1903), 157-178.

A. N. Whitehead, *Modes of Thought*. New York; Macmillan, 1938.

A. N. Whitehead, "*On Mathematical Concepts of the Material World*", Philosophical Transactions of The Royal Society of London. Ser. A, 205 (1906), 465-525. Reprinted in A. N. Whitehead, an Anthology, ed. F. S. C. Northrup and Mason W. Gross, pp. 7-82. New York: Macmillan, 1953.

A . N. Whitehead, *Principia Mathematics*. Co-authord with Bertrand Russell. Cambridge: Cambridge University Press, 1910-1912.

A . N. Whitehead, *The Principle of Relativity, with applications to Physical Science*. Cambridge: Cambridge University Press, 1922.

A . N. Whitehead, *Process and Reality*. New York: The Free Press, 1977.

A . N. Whitehead, "*The Relational Theory of Space*", Trans by Patrick Hurley, with commentary, #1259 in Philosophy Research Archives, 4 (1978).

A . N. Whitehead, *Science and the Modern World*. New York: Macmillan, 1925.

A . N. Whitehead, *Symbolism: Its Meaning and Effect*. New York: Macmiian, 1927.

A . N. Whitehead, *A Treatise on Universal Algebra*. Cambridge: Cambridge University Press, 1898.

2차 참고 문헌

Akeley, Lewis E, "*Wholes and Prehensive Unities for physics and philosophy*". Journal of Philosophy, 24 (1927), 589-608.

Alstons, William P. "*Simple Location*." Review of Meta-physics, 8 (1954-195), 334-341.

Alstons, William P. "*Whitehead's Denial of Simple Location*." Journal of Philosophy, 24 (1951), 713-721.

Ariel, Robert Andrew. "*A Mathematical Root of Whitehead's Cosmological Thought*." Process Studies, 4, no. 2 (1974) 107-113.

Ariel, Robert, Andrew. "*Recent Empirical Disconfirmation of Whitehead's Relativity Theory*." Process Studies, 4 (1974), 285-287.

Arnold, B. H. *Intuitive Concepts in Elementary Topology*. New Jersey: Prentice-hall, 1962.

Band, William. "*A Comparison of Whitehead's with Einstein's Law of Gravitation*." Philosophical Magazine, 7 (1929), 1183-86.

Band, William. "*Dr. A. N. Whitehead's Theory of Absolute Acceleration*." Philosophical Magazine, 7 (1929), 434-440.

Barbour, Ian G. Issues in Science and Religion. New York: Harper & Row, 1971.

Bennett, James O. "*A Process View of Causality*." Tulane Studies in Philosophy, 23 (1974), 1-12.

Blackwell, Richard J. "*Whitehead and the Problem of Simultaneity.*" Modern Schoolman, 41 (1963), 62-72.

Boyle, Marjorie O'Rourke. "*Interpoints: A Model for Divine Spacetime*." Process Studies, 5 (1975), 191-194.

Bright, Lawrence, O.P. *Whitehead's Philosophy of physics*. New York: Sheed & Ward, 1958.

Broad, C. D. "*Alfred North Whitehead* (1861-1947)." Mind, 57 (1948), 139-148.

Broad, C. D. *Scientific Thought.* New York: Harcourt, Brace, 1927.

Brown, Delwin; James, Ralph E., Jr.; and Reeves, Gene, eds.

Process Philosophy and Christian Thought. Indianapolis: Bobbs-Merrill Co., 1971.

Burgers, J. M. "*Comments on Shimony's Paper.*" Boston Studies in the Philosophy of Science, vol. 2, ed. R. S.

Cohen and M. W. Wartofsky, pp. 331-342. New York: Humanities Press, 1965.

Burgers, J. M. "*The Measuring Process in Quantum Theory.*" Reviews of Modern Physics, 35 (1963), 145-150.

Capek, Milic. "*The Elusive Nature of the Past.*" Experience, Existence and the Good: Essays in Honor of Paul Weiss, ed. Irwin C. Lieb. Carbondale: Southern Illinois University Press, 1961.

Capek, Milic. "*Note about Whitehead's Definitions of Co-presence.*" Philosophy of Science, 24 (1957), 79-86.

Capek, Milic. *The Philosophical Impact of Contemporary Physics.* New York: Van Nostrand Press, 1961.

Capek, Milic. "*Simple Location and Fragmentation of Reality.*" Process and Divinity, ed. W. R. Reese and Eugene Freeman, PP. 79-100. La Salle, Ill.: Open Court Publishing, 1964.

Chappell, Vere C. "*Time and Zeno's Arrow.*" Journal of Philosophy, 59 (1962), 197-213.

Chappell, Vere C. "*Whitehead's Metaphysics.*" Review of Metaphysics, 13 (1959), 278-304.

Chappell, Vere C. "*Whitehead's Theory of Becoming*" Journal of Philosophy, 58 (1961), 516-528.

Chiaraviglio, Lucio. "*Extension and Abstraction.*" Process and Divinity:

Philosophical Essays in Honor of Charles Hartshorne, ed. William L. Reese and Eugene Freeman.

Chiaraviglio, Lucio. "*Strains*." Journal of Philosophy, 58 (1961)、 528—534。

Chiaraviglio, Lucio. "*Whitehead's Theory of Prehensions*." Alfred North Whitehead: Essays on His Philosophy, ed. George L. Kline. Englewood Cliffs: Prentice-Hall, 1963.

Christian, William A. *An Interpretation of Whitehead's Metaphysics*. New Haven: Yale University Press, 1959.

Clark, G A. "*The Problem of Two Bodies in Whitehead's Theory.*" Proceedings of the Royal Society of Edinburgh, Ser. A, 64 (1954), 49-56.

Courant, Richard. "*Mathematics in the Modern World*."Scientific American, September 1964, pp. 41-49.

Courant, Robert, and Robbins, Herbert. "*Topology.*" *The World of Mathematics*, ed. James R. Newman, pp. 581-599. New York: Simon & Schuster, 1956.

de Laguna, Theodore. "*Extensive Abstraction: A Suggestion.*" Philosophical Review, 30 (1921), 216-218.

de Laguna, Theodore. "*The Nature of Space-I.*" Journal of Philosophy, 19 (1922), de 393-407.

de Laguna, Theodore. "*The Nature of Space-II.*" Journal of Philosophy, 19 (1922), 421-440.

de Laguna, Theodore. "*Point Line and Surface, as Sets of Solids.*"

d′ Espagnet, Bernard. "*The Quantum Theory and Reality.*" Scientific American, November 1979, pp. 158-181.

Dyer, J. A., and Schild, A. "*The Center of Mass Motion in a Conservative Gravitational Theory of Whitehead's Type*." Journal of Mathematical Analysis and Application, 4 (1962), 328-340.

Eddington, A. S. "*A Comparison of Whitehead's and Einstein's Formulae.*" Nature, 113 (1924), 192.

Einstein, Albert. *Relatlvity: The Special and the General Theory.* New York: Crown Publishers, 1961.

Fitch, Frederic B. "*The Consistency of the Ramified 'principia'*" Journal of Symbolic Logic, 3 (1938), 140-149.

Fitzgerald, Janet A. *Alfred North Whitehead's Philosophy of Space and Time.* Washington, D.C.: University of America press, 1979.

Folse, Henry J., Jr. "*Complementarity, Bell's Theorem, and the Framework of Process Metaphysics.*" Process Studies, 11 (1981), 259-273.

Folse, Henry J., Jr. "*Copenhagen Interpretation of Quantum Theory and Whitehead's Philosophy of Organism*" Tulane Studies in Philosophy, 23 (1974), 32-47.

Fowler, Dean. "*Disconfirmation of Whitehead's Relativity Theory-A Critical Reply.*" Process Studies, 4 (1974), 288-290.

Fowler, Dean. "*Whitehead's Theory of Relativity.*" Process Studies, 5 (1975), 159-174.

Gale, Richard M. "*Has the Present any Duration?*" Nous, 5 (1971), 39-47.

Godsey, R. Kirby. "*Relation and Substance in Whitehead's Metaphysics.*" Tulane Studies in Philosophy, 24 (1975), 12-22.

Godel, Kurt. "*A Remark about the Relaionship between Relativity Theory and Idealistic Philosophy.*" Albert Einstein: Philosopher-Scientist, ed. Paul A. Schilpp, pp. 459-474. La Salle, I11.: Open Court Publishing, 1970.

Grunbaum, Adolf. *Philosophical Problems of Space and Time.* Dordrecht, Holland: D. Reidel Publishing, 1974.

Grunbaum, Adolf. "*Relativity and the Atomicity of Becoming.*" Review of Metaphysics, 4 (1950), 143-186.

Grunbaum, Adolf. "*Whitehead's Method of Extensive Abstraction.*" British Journal for the Philosophy of Science, 4 (1953), 215-226.

Grunbaum, Adolf. "*Whitehead's Philosophy of Science.*" Philosophical Review, 71 (1962), 218-229.

Hammerschmidt, William W. *Whitehead's Philosophy of Time.* New York: King's Crown Press, 1947.

Harrah, David. *"The Influence of Logic and Mathematics on Whitehead"* Journal of the History of Ideas, 20 (1959), 420-430.

Hartshorne, Charles. *"Bell's Theorem and Stapp's Revised View of Space-Time."* Process Studies, 7 (1977), 183-192.

Henry, Granville C., Jr. *"Whitehead's Philosophical Response to the New Mathematics."* Southern Journal of Philosophy, 7 (1969), 341-349.

Hooper, Sydney E. *"Whitehead's 'Relational Theory of Space'; Text, Translation and Commentary."* #1259 in Philosophy Research Archives, 4 (1978).

Jones, William B. *"Bell's Theorem, H. P. Stapp and Process Theism"* Process Studies, 7 (1977), 250-261.

Kline, Morris. *"Geometry."* Scientific American, September 1962, pp. 60-69.

Kline, Morris. *"Projective Geometry."* The World of Mathematics, ed. James R. Newman, PP. 622-641. New York: Simon & Schuster, 1956.

Kraus, Elizabeth. *The Metaphysics of Experience.* New York: Fordham University press, 1979.

Kraus, Elizabeth. *"On Behalf of the Unhappy Reader: A Response to Lee F. Worth."* Process Studies, 9 (1979), 125-133.

Lango John W. *"The Logic of Simultaneity."* Journal of Philosophy, 66 (1969), 340-350.

Lawrence, Nathaniel. *"Single Location, Simple Location, and Misplaced Concreteness."* Review of Metaphysics, 7 (1953), 225-247.

Lawrence, Nathaniel. *"Whitehead's Method of Extensive Abstraction."* Philosophy of Science, 17 (1950), 142-163.

Lawrence, Nathaniel. *"Whitehead's Philosophical Development: A Critical History of the Background of process and Reality.* Berkeley: University of California Press, 1956.

Leblanc, Hugues. *The Algebra of Logic and the Theory of Deduction." * Alfred North Whitehead: Essays on His Philosophy, ed. George L. Kline, pp. 27-32. Englewood Cliffs: Prentice-Hall, 1963.

Leclerc, Ivor. *The Nature of Physical Existence.* London: George Allen & Unwin, 1972.

Leclerc, Ivor. *"The Problem of the Physical Existent."* International Philosophical Quarterly, 9 (1969), 40-62.

Leclerc, Ivor. *"Whitehead and the Problem of Extension." In Alfred North Whitehead: Essays on His Philosophy,* ed. George L. Kline, pp. 117-123. Englewood Cliffs: Prentice-Hall, 1963.

Leclerc, Ivor. Whitehead's Metaphysics: *An Introductory Exposition.* London: George Allen * Unwin 1963.

Lenzen, V. F. *"Scientific Ideas and Experience."* University of California Publications in Philosophy, 8 (1926), 175-189.

Lewis, C. I. *"The Categories of Natural Knowledge"* The Philosophy of Alfred North Whitehead, ed. Paul A. Schilpp, pp. 701-744. New York: Tudor Publishing Co., 1951.

Lowe, Victor. *"A. N. Whitehead on His Mathematical Goals: A Letter of 1912."* Annals of Science, 32 (1975), 85-101.

Lowe, Victor. *Understanding Whitehead.* Baltimore: Johns Hopkins Press, 1966.

Lowe, Victor. *"Whitehead's Philosophical Development."* The Philosophy of Alfred North Whitehead, ed. Paul A. Schilpp, pp. 17-124. New York: Tudor Publishing Co., 1951.

.Lowe, Victor. *"Whitehead's Philosophical of Science." Whitehead and the Modern World Science, Metaphysics, and Civilization: Three Essays on the Thought of Alfred North Whitehead,* by Victor Lowe, Charles Hartshorne, and Allison H. Johnson. Boston: Beacon press, 1950; reprinted by Books for Libraries Press, 1972.

Lynch, J. A. *"Time-Systems as Perspectives."* Journal of Philosophy, 26 (1929), 657-662.

Madigan, Patrick S. *"Sapce in Leibniz and Whitehead"* Tulane Studies in Philosophy. 24 (1975), 48-57.

Martin, Richard M. *"On Whitehead's Concept of Abstractive Hierarchies."* Philosophy and Phenomenological Research, 20 (1960), 374-382.

Martin, Richard M. *"Whitehead's Categoreal Scheme and Other Papers.* The Hague, Netherlands: Martinus Nijhoff, 1974.

Mays, Wolfe. *The Philosophy of Whitehead.* New York: Macmillan, 1959.

Mays, Wolfe. *"The Relevance of 'On Mathematical Concepts of the Material World' to Whitehead's Philosophy." The Relevance of Whitehead,* ed. Ivor Leclerc. New York: Humanities Press, 1961.

Mays, Wolfe. "*Whitehead and the Philosophy of Time.*" Studium Generale, 23 (1970), 509-524.

Mays, Wolfe. "*Whitehead's Philosophy of Science and Metaphysics.* The Hague, Netherlands: Martinus Nijhoff, 1977.

Mays, Wolfe. *"Whitehead's Theory of Abstraction."* Proceedings of the Aristotelian Society, 52 (1951), 95-118.

McGilvary, Evander B. *"Space-Time, Simple Location, and Prehension."* The Philosophy of Alfred North Whitehead, ed. Paul A. Schilpp, pp. 209-239. New York: Tudor Publishing Co., 1951.

Mener, Karl. *"The Theory of Relativity and Geomerty." Albert Einstein: Philosopher-Scientist,* ed. Paul A. Schilpp, pp. 459-474. La Salle, Ill.: Open Court Publishing, 1970.

Mener, Karl. *"Topology without Points."* The Rice Institute Pamphlet, 27 (January 1940), 80-107.

Miller, David. L. *"Whitehead's Extension Continuum"* Philosophy of Science, 13 (1946), 144-149.

Miller, E. V. *"The Emergence of Relativity in A. N. Whitehead's Philosophy."*

Australian Journal of Psychology and Philosophy, 1 (1923), 256-267

Nagel. Ernest. *"The Structure of Science: Problems in the Logic of Scientific Explanation.* New York: Harcourt, Brace and World, 1961.

Ni, W. T. *"Theoretical Frameworks for Testing Relativistic Gravity, IV."* Astrophysics Journal, 176 (1972), 769-796.

Nobo, Jorge. *"Whitehead's principle of Relativity."* Process Studies, 8 (1978), 1-20

Northrop, F. S. C. *Science and First Principles.* New York: Macmillan, 1931.

Northrop, F. S. C. *"The Unitary Field Theory of Einstein and Its Bearing on the Macroscopic Atomic Theory."* Monist, 40 (1930), 325-338.

Northrop, F. S. C. *"Whitehead's Philosophy of Science."* The Philosophy of Alfred North Whitehead, ed. Paul A. Schilpp, pp. 125-163. La Salle, lll.: Open Court Publishing, 1941.

Palter, Robert. *"Philosophic Principles and Scientific. Theory."* Philosophy of Science, 23 (1956), 111-135.

Palter, Robert. *"The Place of Mathematics in Whitehead's Philosophy."* Journal of Philosophy, 58 (1961), 565-576. Slightly revised in Alfred North Whitehead: Essays on His Philosophy, ed. George L. Kline, pp. 41-52. Englewood Cliffs: Prentice-Hall, 1963.

Palter, Robert. *"Science and Its History in the Philosophy of Whitehead" Process and Divinity,* ed. William L. Reese and Eugene Freeman, pp. 51-78. La Salle, lll.: Open Court Publishing, 1964.

Palter, Robert. *"Whitehead's Philosophy of Science.* Chicago: University of Chicago Press, 1960.

Plamondon, Ann L. *"Whitehead's Principle of Relativity."* Process Studies, 8 (1978), 1-20.

Pols, Edward. *Whitehead's Metaphysics: A Critical Examination of Process and Reality.* Carbondale: Southern Illinois University Press, 1967.

Quine, Willard V. O. *"Whitehead and Rise of Modern Logic." The Philosophy of Alfred North Whitehead,* ed. Paul A. Schilpp, pp. 125-163. La Salle, Ill Open Court Publishing, 1941.

Rayner, C. B *"The Application · of the Whitehead Theory of Relativity to Nonstatic, Spherically Symmetrical Systems."* Proceedings of the Royal Society of London, 222 (1954), 509-526.

Rayner, C. B *"The Effects of Rotation in the Central Body on Its Planetary Orbits, after the Whitehead Theory of Gravitation."* Proceeding of the Royal Society of London, 232 (1955), 135-148.

Rayner, C. B *"Whitehead's Law of Gravitation in a Space-Time of Constant Curvature."* Proceedings of the Physics Society of London, sec. B, 68(1955), 944-950.

Roberts, George W. *"A Problem in Whitehead's Doctrine of Abstractive Hierarchies."* Philosophy and Phenomenological Research, 28 (1967), 437-439.

Schild, A. *"Conservative Gravitational Theories of Whitehead's Type." Recent Developments in General Relativity,* ed. S. Bazanski et al., 409-413. New York: Pergamon Press, 1962.

Schild, A. *"Gravitational Theories of the Whitehead Type and the Principle of Equivalence."* Proceedings of the International School of Physics, "Enrico Fermi" Course 20, Academic, 1963, pp. 69-115.

Schild, A. "*On Gravitational Theories of Whitehead's Type."* Proceedings of the Royal Society of London, Ser. A, 235 (1956), 202-209.

Shimony, Abner. "*Quantum Physics and the Philosophy of Whitehead" Philosophy in America,* ed. Max Black, pp. 240-261. Ithaca: Cornell University Press, 1965.

Sinha, Ajit Kumar. *"For the Best Paper Showing That Motion Is or Is not Possible in Whitehead's Later Philosophy."* Review of Metaphysics, 15 (1961), 144-147.

Sipfle, David A *"On the Intelligibility of the Epochal Theory of Time."* Monist,

53 (1969), 505-518.

Sklar, Lawrence, *Space, Time and Spacetime.* Berkeley: University of California Press, 1974.

Stapleton, Olaf. *"The Location of Physical Objects."* Journal of Philosophical Studies, 4 (1929), 64-75.

Stapp, Henry P. *"Quantum Mechanics, Local Causality, and Process Philosophy."*, Process Studies, (1973), 177-182.

Stapp, Henry P. *"Whitehead's Approach to Quantum Theory and the Generalized Bell's Theorem" Foundations of Physics*, 9 (1979), 1-25.

Stebbing, L. Susan; Braithwaite, R. B.; and Wrinch, D. *"Symposium: Is the 'Fallacy of Simple Location' a Fallacy?"* Proceedings of the Aristotelian Society Supplement, 7 (1927), 207-243.

Stein, H. "*A note on Time and Relativity Theory.*" Journal of Philosophy, 67 (1970), 289-294.

Stein, H. *"On Einstein-Minkowski Space-Time."* Journal of Philosophy, 67 (1968), 5-23.

Synge, John L. *"Note on the Whitehead-Rayner Expanding Universe."* Proceedings of the Royal Society of London, Ser. A, 224 (1954), 336-338.

Synge, John L. *"Orbits and Rays in the Gravitational Field of a Finite Sphere According to the Theory of Alfred North Whitehead."* Proceedings of the Royal Society of London, Ser. A, 211 (1952), 303-319.

Synge, John L. *Relativity: The Special Theory.* London: North Holland Publishing Co., 1965.

Synge, John L. *The Relativity Theory of A. N. Whitehead.* Baltimore: University of Maryland, 1951.

Temple, G. *"Central Orbits in Relativistics Dynamics Treated by the Hamilton-Jacobi Method."* Philosophical Magazine, Ser. 6, 48, no. 284 (1924), 277-292.

Temple, G. *"A Generalization of Professor Whitehead's Theory of Relativity."*

Proceedings of the Physical Society of London, 36 (1923-1924), 176-193.

Ushenko, Andrew P. *"Einstein's Influence on Philosophy." Albert Einstein: Philosopher-Scientist,* ed. Paul A. Schilpp, pp. 632-645. La Salle, Ill,: Open Court Publishing, 1970.

Ushenko, Andrew P. *"The Logic of Events: An Introduction to a Philosophy of Time."* University of California Publications in Philosophy, 12 (1929), 1-180.

Ushenko, Andrew P. "*A Note on Whitehead and Relativity."* Jorunal of Philosophy, 47 (1950), 100-102.

Veblen, Oswald. *"Certain Aspects of Modern Geometry."* The Rice Institute Pamphlet, 21 (October 1934), 207-255.

Werth, Lee. "*The Untenability of Whitehead's Extensive Connection."* Process Studies, 8 (1978), 37-44.

Whitbeck, Caroline. *"Simultaneity and Distance."* Journal of Philosophy, 66 (1969), 329-440.

Whitrow, G, J., and Morduch, G. E., and Morduch, G. E. "*General Relativity and Lorentz-Invariant Theories of Gravitation."* Nature, 188 (1960), 790-804.

Whitrow, G, J., and Morduch, G. E., *"Relativistic Theories of Gravitation." Vistas in Astronomy, vol. 6,* ed. A. Beer. New York: Pergamon Press, 1965.

Wilder, R. L. *"Evolution of the Topological Concept of 'Connected'"* The American Mathematical Monthly, 85 (November 1978), 720-726.

Will, Clifford M. *"Einstein on the Firing Line"* Physics Today, 25 (1972), 23-29.

Will, Clifford M. *"Relativistic Gravity in the Solar System, II: Anisotropy in the Newtonian Gravitational Constant."* Astrophysical Journal, 169 (1971), 141-156.

역자 후기

<화이트헤드> <느낌> <위상학>. 이 책은 제목을 이루고 있는 어휘들로부터 우리를 유혹한다. 제목에 맞추어서 화이트헤드에 관한 간략한 소개를 하고, 느낌이라는 구체적인 경험 속에 어떤 구조가 내재되어 있는지를 살펴보고, 최종적으로 위상학이 철학과 어떤 연관성을 가질 수 있는지를 짚어볼 것이다.

화이트헤드에게서 엿볼 수 있고, 그의 「과정과 실재」가 현대의 가장 위대한 철학 책들 중의 하나로 평가받는 이유인, 그 경험-이념적인 기초 개념들의 목록을 들 수 있다. 이와 같은 기초 개념들은 환영이나 허상들에 적용되는 한에서 '환상적'이라 불러야 하지만, 그 밖의 여러 관점에서도 재현의 범주들과 구별된다. 우선 이 기초 개념들은 실제적 경험의 조건이지, 결코 가능한 경험의 조건으로 그치는 것이 아니다(「차이와 반복」 364/595).

그는 속성의 도식에 대한 근본적인 비판, 원리들의 거대한 놀이, 범주들의 다양화, 보편과 사건의 일치, 개념에서 주어로의 변형에 다시 착수한다: 엄청난 욕심, 비트겐슈타인의 제자들이 자신들의 난해한 문제들, 자만, 공포에 도달하기 전까지, 이것은 임시적으로 앵글로-아메리카의 최후의 위대한 철학이다(「주름」 103/140).

우리는 「과정과 실재」가 얼마나 깊이 사유되었고, 큰 의미를 담고 있는지를 보여주기 위해 들뢰즈(Deleuze)의 주장을 빌렸다. 들뢰즈는

21세기에도 철학이 형이상학이라고 불릴 수 있다는 사실을 보여준 대표적인 철학자이다. 그러한 들뢰즈가 「차이와 반복」과 「주름」이라는 저서에서 프랑스 철학자도 아니고 영미철학에서 거의 불모의 지대에 갇혀 있는 화이트헤드를 재현의 범주에서 벗어난 위대한 철학자라고 부르고 있다.

그런데 들뢰즈가 말하는 이 '엄청난 욕심'은 어디서 나올 수 있었을까? 화이트헤드가 이러한 위험하고 대담한 모험을 시도할 수 있었던 사유의 힘은 어디서 나온 것일까? 우리는 이것을 화이트헤드의 일생이 적혀 있는 영국 케임브리지 대학교 트리니티 칼리지 채플의 비문을 통해 확인해볼 수 있다.

이 대학에서 62년간 특별 연구원이었고, 한동안 강사직에 근무하다. 그리고 런던에서 수학과 교수, 마지막에는 미국 케임브리지에서 철학과 교수를 거쳐 명예교수가 되다. 말하자면 두 개의 조국에서 첫째는 수학, 둘째는 물리학 그리고 셋째는 형이상학의 세 학문 영역에 헌신했던 삼중의 생애를 보내다. 영국 왕립협회 및 영국 학술원 회원이며, 인문학의 모범이 되는 인물. 서기 1947년 12월 30일 작고. 향년 87세.

우리는 한 사람의 인생에 대한 이 짧은 비문이 어떤 의미를 담고 있는지에 대해 살펴보도록 하자. 19세기와 20세기는 근대의 세계관을 대표하는 뉴턴 이후에 가장 근본적인 관념의 모험이 전개된 시기였다. 예컨대, 이 시기는 사영 기하학, 위상수학, 집합론, 상대성 이론, 양자역학 등이 전개되었다. 화이트헤드 역시 이러한 영역들에 대한 직접적인 연구를 감행했다. 20세기의 철학적 저서들 가운데서 가장 난해하고 뛰어난 저서로 알려져 있는 「과정과 실재」는 이와 같은 여정을 겪은 후에 나온 것이다. 이 저서를 통해 화이트헤드는 그가 평생 탐구한 모든 학문적 성과를 집대성하였다. 그런 점에서 이 저서에는 그의 초기 연구 영역에 해당하는 수학-논리학 및 물리학의 연구가 녹여져 있다. 그렇다면 그가 초기 및 중기에 탐구한 수리 논리학과 물리학은 어떤 특성을 담지하고 있는 것일까? 그것은 한 마디로 말해 '관계'라 할 수 있다. 하지만 우리는 그 관계라는 단어 속에 엄청난 복잡함이 숨겨져 있음을 알아야 한다.

화이트헤드는 1891-1913년에 해당하는 수학을 탐구한 시기에는 산술의 기초, 기호 논리학, 집합과 관계 논리학, 논리 유형에 주된 관심을 표명했다. 수학에 대한 그의 최초의 저서는 1891년에 착수해서 1898년에 나온 「보편대수론」(*A Treatise on Universal Algebra*)이다. 이 저서는 해밀턴, 부울의 영향에서 나온 새로운 대수학을 탐구한 역작이다. 이 저서의 특징은 일부의 영역을 제외하고 모든 사고의 영역이 추론을 이용해서 계산이 전개될 수 있다는 라이프니츠의 방법을 수용한 것이라 할 수 있다. 특히 이 저서에서 우리는 화이트헤드가 연장적 결합으로 나아가는 암시적인 실마리를 얻을 수 있다. 그는 라이프니츠의 전통을 계승해서 거리나 양보다는 관계나 질을 중시하는 수학에 천착했음을 짐작할 수 있다. 이것은 철학적으로 내적 관계에 초점을 맞추는 수학을 연구했음을 보여주며, 대체적으로 그것은 데카르트 및 뉴턴이 중심이 된 양이나 측정을 다루는 외적 관계를 다루는 기하학의 대척점에 있다. 이 번역서에서 집중적으로 다루어지는 사영기하학과 화법기하학은 내적 관계를 다루는 기하학들이라고 할 수 있다. 따라서 화이트헤드의 철학이 유기체 철학이라고 불리고, 내적 관계를 중시한다는 것은 단순한 직관에서 비롯된 것이 아니라, 바로 이와 같은 기하학의 방향 속에서 이루어진 것이다.

화이트헤드 자신이 밝힌 최고의 논문은 1905년에 발표한 "물질 세계의 수학적 개념들"(On Mathematical Concepts of the Material World)이다. 여기서 그는 엄격한 수리-논리학적 공리를 통해서 뉴턴의 시공간, 라이프니츠의 시공간, 러셀의 시공간 등에 대해 분석한다. 이 논문의 가장 큰 의미는 시공간을 정의하기 위해서 사용한 '점'(point)이 더 이상 원초적이지 않고 파생적이라는 사실을 밝히고, 그 대안으로 선형적 실재(linear entity)를 제시했다는 것이다. 이는 화이트헤드가 사영 기하학과 위상 기하학의 개념을 통해 시공간을 고찰한 결과였다. 차후에 이것은 화이트헤드의 '사건' 개념과 '현실적 존재자'의 개념이 탄생하게 되는 주된 배경이 된다. 이에 대한 자세한 논의는 이 책에 기술되어 있다.

한편 콰인(Quine)에 따르면 모든 시대에 가장 위대한 지적 기념비 중의 하나이며, 오직 저자들과 괴델(Gödel)만이 읽었다고 할 정도로 당시에는 난해하면서도 획기적인 저서가 존재하는데, 그것은 화이트헤드가 러셀과 더불어 공저한 「프린치피아 마테마티카」(*Principia Mathematica*)이다. 괴델은 자신의 논문에서 이 저서의 목적이 결코 이루어질 수 없다는 사실을 밝혔다. 완전성을 향한 수학자들의 꿈은 일정한 한계가 있다는 사실이 드러난다. 하지만 화이트헤드는 1910년에 1권, 1912년에 2권, 1913년에 3권이 나온 이 저서에서 사용한 ∧, ∨ 등의 기호를 통해 명사 혹은 양적 개념보다는 동사 혹은 관계 개념이 더 중요하다는 사실을 잘 보여주었다. 이것은 명사 중심이 아니라 동사 중심 혹은 사건 중심의 사유에 획기적인 영향을 미친다.

러셀과의 작업이 종결된 후, 화이트헤드는 자연 3부작이라고 부르는 「자연 인식의 원리에 관한 연구」(*An Inquiry concerning the Principle of Natural Knowledge,* 1919), 「자연의 개념」(*The*

Concept of Nature, 1920) 및 「상대성의 원리」(*The Principles of Relativity, with Applications to Physical Science*, 1922)를 출판한다. 이 저서들에서 그는 그때까지 자연 과학에서 암암리에 가정되고 있던 기본적인 개념들인 물질, 시간, 공간 등의 개념이 자연을 설명하기에 불충분한다는 사실을 지적한다. 그리고 과학적 대상과 일상적 경험 사이의 이원론을 극복할 새로운 개념들을 제시한다. 또한 화이트헤드는 자신의 과학 철학적 입장에서 상대성 이론의 의미를 새롭게 정립한다. 당시 아인슈타인도 그 해석에 큰 흥미를 가졌다. 이 해석의 근본적인 차이가 발생한 이유는 공간이나 동시성 문제를 과학에만 한정한 아인슈타인에 비해서, 화이트헤드가 일상경험과 과학적 개념의 상관성 속에서 그 의미를 파악했다는 것에서 비롯된다. 다시 말해서 아인슈타인은 '대상'을 통해 시공간의 원리를 이해하였다면, 화이트헤드는 '사건'을 통해 시공간의 의미를 이해하였다. 사건을 통한 시공간의 이해의 수학적 기초는 바로 위상 기하학의 '결합'에 대한 이해와 직결된다. 이와 같은 차이점도 이 저서에서 자세하게 분석되고 있다.

한편 화이트헤드는 이때부터 자연과 과학의 '이분화'의 문제에 대한 해결에 자신의 전 생애를 건다. 과학을 통해 자연을 보는 것이 아니라, 자연을 통해 과학을 보는 방식을 탐색한다. 그것이 '의미관련'(significance) 개념을 만들어내며, 이후에 그것은 '연장적 결합'이라는 개념이 탄생하게 되는 배경이 된다. 의미 관련은 사물들의 관계성을 이해하는 가장 원초적인 지각 양태이다. 이와 같은 의미 관련의 개념이 위상학과 밀접한 관련이 있다는 점을 키튼은 이 책에서 자세하게 밝히고 있다.

화이트헤드는 수학, 논리학, 물리학에 있어서 뛰어난 전문가로 인정받은 후에, 미국으로 이주해서 철학 교수로 활동한다. 그것도 63살에 말이다. 관념의 모험은 나이와 무관하다는 것을 화이트헤드가 몸소 보여준다. 그는 철학을 고작 12년 정도만 가르쳤고, 이때 「과학과 근대세계」, 「과정과 실재」, 「관념의 모험」 등의 저서를 출판했다. 짧은 시기에도 불구하고 그는 미국의 6대 고전철학자로 알려지게 되었고 비문에 적혀 있듯이 인문학의 모범이 되었다. 화이트헤드의 사변철학의 가장 큰 특징은 실재 속에 가치가 내재한다고 보고, 그 가치들 중에 진과 선보다는 미의 가치를 가장 보편적인 것으로 본다는 점이다. 화이트헤드는 "철학을 위한 출발점으로서, 가장 무시되었기 때문에 가장 생산적인 출발점은 현재 우리가 미학이라고 부르는 가치론이라는 것이 나의 신념"이라고 말했다. 예컨대, 종교는 예술이다. 진보는 예술이다. 삶은 예술이다. 문학은 예술이다. 관찰은 예술이다. 대학을 조직하는 일은 예술이다. 문명은 예술이다. 이와 같이 화이트헤드는 모든 인간 활동을 일종의 미적 행위로 본다. 이 책에서는 신에 대한 우리의 느낌이 연장적 결합이라는 개념과 어떤 관련이 있는지를 기술하고 있다. 따라서 관계와 가치에 대한 새로운 사유의 모험을 감행하려는 화이트헤드의 '엄청난 욕심'은 바로 일련의 학문적 성과를 통해 얻어낸 험난한 과정에 의해 빚어진 것이다.

이와 같이 화이트헤드 철학에는 19세기와 20세기 동안 문명이 겪은 사상의 여정이 고스란히 녹아 있다. 그런 점에서 한국에서 철학을 전공해서 화이트헤드를 이해한다는 것은 도저히 불가능한 작업이다. 특히 「과정과 실재」 의 4부에 나오는 그의 시공간이론은 어려움 그 자체라 할 수 있다. 이것을 어떻게 이해할 것인가? 해석과 이해는 다른 문제이다. 이것은 16 쪽 정도밖에 안 되지만, 쉽게 이해할 수 없는 내용을 담고 있다. 역자는 그 내용을 이해하기 위해 잠시나마 수학과 대학원에서 대수학과 위상학을 배우기 위해서 외도(?)를 감행했지만, 실패로

끝났다. 그 외도에서 얻은 수확은 학문의 융합은 이른 시기에 해야 한다는 것이다.

그나마 이 여행에서 찾은 책이 키튼(Keeton)의 「느낌의 위상학」이다. 키튼 역시 역자와 동일한 질문 속에서 화이트헤드의 사상적 여정을 추적하고 있다. 화이트헤드가 출발한 개념의 기원은 어디인가? 역자는 키튼이 지나온 길을 밟아가면서 화이트헤드의 시공간이론을 이해하려고 시도했다. 물론 그 길 역시 쉽지는 않았으나, 그나마 이 저서는 화이트헤드의 시공간 이론을 이해할 수 있는 나침반의 역할을 해주었다. 역자는 이 책을 읽는 독자들 역시 나와 비슷한 심정으로 키튼이 탐색한 이 여정을 쫓아갈 것이라고 본다.

화이트헤드의 과정 철학에 대한 연구가들은 일반적으로 그의 초기 작품에 나타난 수학적 기초를 설명하지 않은 채, 그의 형이상학을 설명한다. 이러한 연구 경향은 그의 철학을 더욱 난해하게 할 뿐만 아니라, 그의 개념적 작업을 매우 모호하게 만든다. 우리는 화이트헤드의 시공간 개념이 현대 과학 및 수학의 연구 결과와 맞물려 있다는 사실을 잘 알고 있다. 하지만 우리는 화이트헤드의 낯선 용어와 개념에 발목이 잡히는 경우가 허다하다. 그런 점에서 이 책은 화이트헤드의 철학 개념이 수학과 과학 개념과 어떤 상관성이 있는지를 짚어준다는 점에서 매우 의미심장한 작업의 결과라고 본다. 따라서 이 책은 화이트헤드의 개념 중에서 가장 난해한 연장적 결합을 이해하는 데 핵심적인 역할을 할 것이다.

이 책에서 탐구된 전체 기획은 바로 화이트헤드의 과정 철학의 범주들이 현대 수학에 대한 철저한 검토와 연구를 통해 구성되었다는 사실을 보여주는 것이다. 책의 저자인 키튼(keeton)은 이 연구를 통해 화이트헤드의 연장적 결합의 개념 혹은 시공간 이론이 위상학의 개념들과 연관이 있음을 밝혀낸다. 그러므로 이 책의 제목을 "느낌의 위상학"이라 칭한 것은 바로 이런 이유 때문이다. 즉, 연장적 결합이 어떻게 전개되고, 그것이 어떤 함의를 가지는지를 밝히는 것이다. 느낌이란 감정이나 정서를 의미하는 것이 아니라 일종의 긍정적 파악 혹은 구성을 의미한다. 우리가 일상적으로 경험하는 다양한 대상들, 물리적 대상들(나무, 책상, 망치), 정서적 대상들(사랑, 두려움, 즐거움), 개념적 대상들(관념들, 명제들, 판단들), 과학적 대상들(렙톤, 열, 쿼크), 정신적 대상들(신, 진리, 은총)은 모두 연장적 결합을 통해 느껴지는 것이다.

이 책에서 우리는 키튼이 탐구한 연장적 결합이라는 개념을 통해서 화이트헤드의 초기, 중기 및 후기 저서의 연관성을 검토할 수 있다. 키튼에 따르면, 연장적 결합의 개념은 의미 관련(significance) 학설의 전개 속에서 가장 쉽사리 발견된다. 의미 관련 학설의 세 가지 기본적인 범주들은 화이트헤드의 철학적 도식에서 연장적 결합의 중요성과 기능을 드러낸다. 그리하여 키튼은 이 책의 2장에서 일정성과 순서(uniformity and order)를, 3장에서는 관계성(relatedness)을, 4장에서는 사실의 요인들(factors of fact, of entities)을, 5장에서는 의미 관련과 위상학을, 6장에서는 연장적 결합과 신과의 관련을 탐구한다.

한편 동양철학이 수양과 정치에 초점을 둔다면, 서양 철학은 자연과학이나 수학의 발전과 그 궤를 같이 한다. 화이트헤드는 자신의 사변철학을 우주론이라고 할 때, 지금까지 서양에는 두 가지 우주론이 있었다고 한다. 하나는 플라톤의 「티마이오스」의 우주론이고, 다른 하나는 뉴턴의 「프린치피아 마테마티카」라고 한다. 그것은 수학을 통해 자연의 질서를 설명하는 저서들이다. 그렇다면 화이트헤드에게 우주론은 수학의 전개 과정과 결코 분리될 수 없는 양상이다. 수학은 건축,

정치, 사회, 종교 등 다양한 영역과 관련이 있다. 예컨대, 고대 그리스 건축물이 유한선분의 개념의 영향 속에서 구성되었다면, 중세의 대표적 건축물인 성당은 무한 선분이라는 개념의 영향 속에서 구성되었다고 할 수 있다.

화이트헤드가 자신의 유기체 철학을 일종의 우주론이라고 한 것은 바로 수학의 전개와 밀접한 관련이 있다. 그렇다면 화이트헤드는 어떤 수학을 현대 사회의 세계관과 연관짓는가? 그가 바라는 새로운 세계관의 구조는 사영기하학이나 위상학을 통해 전개된 것이다. 물론 그것만이 우리의 경험의 양태를 전부 설명할 수는 없다. 그것은 '잘못된 구체성의 오류'를 범하게 된다. 하지만 위상수학이나 사영기하학은 양이 아니라 질을 통해 세계를 볼 수 있게 하는 체계적 준거점이 된다. 다시 말해서 근대의 정치, 철학, 사회, 종교 등이 양과 측정의 우주론에 기반하고 있다면, 새로운 우주론 하에서의 정치, 철학, 사회, 종교 등은 성질과 관계가 중심이 되는 우주론을 필요로 한다는 사실이다.

그렇다면 오늘날 철학에 요구된 중요한 과제 중의 하나는 바로 위상학을 어떻게 철학에 접목시키느냐 하는 것이다. 그것은 새로운 철학을 구성하기 위한 주춧돌이다. 이런 점에서 화이트헤드의 철학은 그런 작업을 시도한 선구적인 철학이라고 할 수 있다. 그런데 많은 사람들은 위상학이 왜 철학에서 중요한 의미를 가지는지에 대해 여전히 의문을 가지고 있다. 이럴 때는 한국에서 어느 정도 지명도가 있는 분을 인용하여 그 중요성을 드러내는 것이 좋을 것 같다. 이정우는 르네 톰(Tome)을 소개하면서 위상학의 중요성에 대해 다음과 같이 언급한다.

현대의 수학은 위상학이다. 위상학은 불연속을 기술할 수 있는 새로운 수학적 기법을 제시했다. 플라톤의 철학이 유클리드 기하학을 기반으로

하고 있고 베르그손의 철학이 근대의 수학, 즉 무한소미분을 기반으로 하고 있다면 오늘날의 철학은 바로 현대의 수학, 즉 위상학을 그 근간으로 하고 있는 것이다. 그렇다면 이제 위상학을 기본 바탕으로 플라톤이나 베르그송의 것에 버금가는 하나의 장대한 현대 형이상학을 구축해볼 수 있으리라. 그렇게 되면 칸트와 헤겔 이후 실증과학과의 연계성을 잃어버리고 주관화되어버린 형이상학은 위대한 'meta ta physica'의 전통—즉 과학과 관계없는 형이상학이 아닌 과학을 충분히 소화하고서 행하는 형이상학의 전통—을 다시 찾을 수 있을 것이다.

번역자는 화이트헤드가 이러한 맥락에 가장 근접한 철학자라고 생각한다. 물론 앞에서 언급한 들뢰즈 및 다른 철학자들 역시 그런 작업을 수행했다고 볼 수 있다. 하지만 수학과 과학에 관련된 평생의 작업과 경력에 비추어 볼 때, 화이트헤드야말로 수학, 논리학, 과학을 충분히 소화한 이상적인 형이상학자라고 할 수 있다. 이것은 결코 무례한 언사는 아닐 것이다. 특히 키튼이 이 책에서 주장한 내용을 통해, 우리는 그것이 결코 허풍이나 과장된 주장이 아니라는 점을 분명하게 이해하게 될 것이다.

특히 프리고진(Prigogine)과 함께 「혼돈으로부터 질서」를 저술한 스탕제(Stengers)는 2005년에 「*Penser avec Whitehead; Thinking with Whitehead*: 2011」라는 책에서 '자연의 이분법'(the bifurcation of nature)의 문제는 화이트헤드의 철학을 통해서 그 대안을 제시할 수 있다고 주장했으며, 이 점에서 화이트헤드는 "우리 시대의 철학자"라고 주장했다. 무엇보다 그녀는 이 문제에 관한 화이트헤드의 대안이 앨런 소칼 등이 「지적 사기」에서 지적한 문제, 대다수의 철학자들이 과학을 제대로 이해하지 못하고 오도하고 있다고 비판했던 그들의 오만한 태도에 대해 정당한 응답을 제공할 수 있다고 보았다.

이 책의 번역은 대구에 적을 두고 있는 "과정 사상 연구소"에서 빚어진 것이다. 지방에서 한 사상가를 이해하기 위해 아주 긴 시간 동안 연구 모임을 가진다는 것은 결코 쉬운 일이 아니다. 이 모임은 학부시절에 안형관 선생님의 영미철학 수업을 듣게 된 인연에서 시작되었다. 대학교 3학년 겨울방학에 역자와 친구들이 신라 시대의 고승인 원효의 자취가 흠뻑 젖어 있는 경주 분황사에 모여 안형관 선생님과 「과정과 실재」를 읽은 것에서 이 모임이 시작되었다. 역자는 분황사의 작고 아담한 스님 방에서 선생님이 내뿜는 엄청난 담배 연기를 마시면서 화이트헤드의 난해한 개념을 이해하지 못하면서 꾸벅 꾸벅 졸고 있었던 추억이 자못 생생하다. 그 날 경주는 엄청난 눈이 내렸다. 역자는 결국 집에 못가고 경주에서 꼬박 밤을 지새웠다. 화이트헤드('백두'[白頭]) 철학과의 만남은 그렇게 시작되었고, 지금까지 지속되고 있다. 이 졸고의 번역에 많은 분들의 노고가 녹아 있다. 우선 안형관 선생님의 훌륭하신 인품과 성실함이 역자를 지금까지 공부하게 한 원동력이 되었고 이 번역 역시 선생님의 추천으로 시작된 것이기에, 선생님께 충심으로 감사의 말씀을 전한다. 과정 사상 연구소를 실질적으로 운영하시는 이태호 선생님, 정숙경 선생님께도 정말 감사하며, 그 외에도 저와 함께 공부한 많은 분들께 감사를 드린다. 이 책의 편집 및 출판에 많은 수고를 해주신 이문출판사에도 진심으로 감사드리고 싶다.